上海市高水平地方高校(学科)建设项目资助
CSSCI来源集刊

法律方法

第47卷

主编　陈金钊　谢　晖
执行主编　杨铜铜

法律出版社
LAW PRESS·CHINA
北京

图书在版编目（CIP）数据

法律方法．第 47 卷 / 陈金钊，谢晖主编．-- 北京：法律出版社，2024
ISBN 978-7-5197-8936-7

Ⅰ．①法… Ⅱ．①陈… ②谢… Ⅲ．①法律—文集
Ⅳ．① D9-53

中国国家版本馆 CIP 数据核字（2024）第 054392 号

法律方法（第 47 卷）
FALÜ FANGFA（DI-47 JUAN）

陈金钊
谢　晖 主编

策划编辑 朱　峰
责任编辑 朱　峰　韩梦超
装帧设计 汪奇峰

出版发行 法律出版社
编辑统筹 辞书·融出版编辑部
责任校对 晁明慧
责任印制 吕亚莉
经　　销 新华书店

开本 710 毫米 ×1000 毫米 1/16
印张 18　　**字数** 388 千
版本 2024 年 4 月第 1 版
印次 2024 年 4 月第 1 次印刷
印刷 北京建宏印刷有限公司

地址：北京市丰台区莲花池西里 7 号（100073）
网址：www.lawpress.com.cn
投稿邮箱：info@lawpress.com.cn
举报盗版邮箱：jbwq@lawpress.com.cn

销售电话：010-83938349
客服电话：010-83938350
咨询电话：010-63939796

书号：ISBN 978-7-5197-8936-7
定价：76.00 元
凡购买本社图书，如有印装错误，我社负责退换。电话：010-83938349

法律方法

第47卷

卷首语

面向实践的法律方法论

执行主编　杨铜铜

法治的实现不仅需要宏观的顶层设计，而且需要微观的法律方法论支撑。一直以来，法律方法论都被视为司法裁判正当化的学说，在直接意义上，法律方法论为司法裁判提供思维引导与操作准则，致力于维护法秩序统一性；而在间接意义上，法律方法论维护着民主原则。正如魏德士指出的，方法论在根本意义上涉及权力配置问题。由于我国法治建设起步较晚，有关法律方法论的学习与训练滞后于法治发达国家，这让我们意识到亟须填补相关知识的短板。相对而言，我国有关法律方法论的研究已初具规模，并形成了几大研究矩阵：一是在法律方法论的基础理论上，在引介德国等国家法律方法论的基础上，形成了以法律发现、法律解释、法律推理、法律论证、法律修辞、法律语言、利益衡量等为主体内容的法律方法论体系。二是在法律方法论的实践运用上，无论是学术界还是实务界都在致力法律方法论的具体化运用，将法律方法论作为解决纠纷、实现裁判可接受性的重要工具性手段。三是在法律方法论的领域拓展上，法律方法论已不再固守传统的研究领域范围，而是与现代新兴技术相结合，在自动化行政、自动化裁判、类案检索、法律检索等领域被深度地研究与运用。

然而，在取得上述研究成果的同时，我们也注意到法律方法论研究的哲学化、抽象化等问题。法律方法论是一门实践性科学，具有强烈的问题导向，是指引法律适用的操作化准则，不仅能够限制法官的自由裁量权，而且可以用来反驳错误的观点、论证合理的观点，并从各种观点中寻求最佳的裁判结论。因此，如何解决法律方法论研究的复杂化、哲学化倾向，将法律方法论作为指导司法实践的技术路线与操作准则，推动法律方法论研究的本体化与精细化，是现今法律方法论研究的着力点。当前我们注意到，已有不少学者聚焦法律方法论的实践品格，将法律方法论运用到个案分析、类案分析当中，例如，以法秩序统一性为目标，以中国司法实践为立足点，形成了以指导性案例为中心的研究热点，致力于法律适用的统一性，维护法制的权威与尊严。与此同时，许多学者对传统的法律方法论进行系统补足与理论创新，重构出许多具有启发性、前瞻性的观点，并将研究成果运用到实践分析当中，也达成了较为广泛的共识。这启发我们，在未来的研究中，我们既需要秉持传统的教义学思维，遵守法律方法论的基本要求，熟悉司法实践中已经形成的思维规则与操作准则，又需要我们勇于创新与改革，对传统法律方法论的不足与缺陷进行系统性改造，推进法律方法论研究的进一步繁荣。

创刊于2002年的《法律方法》，迄今已经出版46卷，为法律方法论人才的培养，法律方法论研究的普及、深化、繁荣，提供了专业化的学术交流平台。自创刊以来，《法律方法》始终秉持“繁荣法律方法研究，服务中国法治实践，培养方法论学术新进”的宗旨，致力推动中国法律方法论研究，并持续鼓励与培养年轻学者的发展。多年来，幸赖学术界同人的支持、出版界同人的合作，促使《法律方法》的成熟与稳定。接下来，《法律方法》将继续围绕着法律方法论的基础理论与实践运用，回应实践需求，为我国的法治建设提供技术路线与规则指引。本卷共刊发14篇文章，分为“法律方法理论”“刑法方法论”“其他部门方法论”“域外比较”四个专题。

“法律方法理论”专题刊发三篇文章，其中，邵帅华的《论立法原意的价值及其确定方法》一文指出，立法原意的确定是法律解释方法论中的一个核心议题，当前关于立法原意是否可能确定仍然悬而未决。关于立法原意的确定问题可以区分为概念、价值、方法三个子问题，并基于上述三个子问题的回答认为立法原意的确定是可能的。朱泽辰的《司法裁判中的后果主义考量及其限度》一文指出，研究司法裁判中的后果主义可以更好地理解司法裁判的复杂性，并建构公正、合理的法律体系。司法实践中，后果主义司法方法在纠正形式主义、吸纳学术成果以及推动实现法治等方面具有重要价值，但是为确保法律与社会效果的平衡，仍需关注其潜在隐患和风险，确定其司法运用的限度。张洪新的《“法理中国”的修辞构造及方法论意涵》一文指出，“法理”是法理学研究的中心议题，理应成为法学的共同关注议题。在此背景下，“法理中国”命题之建构，应当回到中国实践，深入检索中国历史中有关“法”“理”的各自义项，提炼“法理中国”的理论意涵，并在整体层面上理解“法理”“法理中国”。

“刑法方法论”专题刊发四篇文章，其中，肖志珂的《刑法客观目的解释的困境与出路》一文指出，刑法的客观目的解释理论主要从以法益为基础、以实质刑法为理念、以刑事政策为导向、以目的内容为法源等四个维度展开。客观目的解释有利于推动刑法规范解释的发展和完善，对解决司法实践中的疑难问题具有积极作用，但是其对刑法规范的消解现象也很明显。为此，应从内容合法性、结果正当性、主观限制性、社会相当性几个方面对客观目的解释的具体适用进行规制。寿媛君的《审判责任认定与法官裁判的博弈均衡——以刑事审判为考察范围》一文指出，《关于完善人民法院司法责任制的若干意见》中审判责任认定条款，非但不能激励法官独立裁判，反而将法官推向依赖上级、依赖规则的旧途。审判责任制度中，存在着裁判法官与上级法院之间存在博弈关系、裁判法官与证据规则之间的博弈关系、裁判法官与法律适用分析说理之间的博弈关系，以及审判责任与法官裁判行为的博弈关系。当前审判责任的认定方式将价值论的分配正义与认识论的经验法则杂糅，以结果主义本位评判法官行使审判权的正当性。为此，应从明确错案内涵、保障法官在审理案件的中立性，明确自由心证的法律地位、激励法官敢于自由裁量，强化裁判文书说理机制、激励法官阐明裁判结论的正当性以排除恣意专断三个层面激励法官依法审判、独立裁判以卸除责任。赖若涵的《论刑法领域公开个人信息的合理处理规则》一文指出，知情同意作为信息处理行为正当性判断基础的依据不足，内涵不够明确，不具有可行性，因而刑法公开个人信息处理规则亟待转向。为此，可以运用场景理论，按照个人自行公开与其他已经合法公开的分类形式，分别从处理目的的一致性与处理用途客观上的正向联系性两方面，展开“合理”内涵之判断，进而实现由知情同意向合理处理的转向。梁春程的《认罪认罚案件中被告人上诉权的制约》一文指出，认罪认罚从宽制度是中国特色社会主义刑事司法制度的重大完善，但在制度实施过程中，对认罪认罚案件的被告人反悔上诉，各地司法机关处理的方式和结果存在较大差异，影响了该项制度实施的统一性和规范性。认罪认罚的重点和实质是具体的认罪悔罪行为，“无正当理由上诉”不等同于被告人“不认罚”。保障认罪认罚案件量刑协商的平等性、自愿性、明知性，确保量刑减让程序和结果的合法、适当、具体，并落到实处，是防止被告人反悔上诉的治本之策。

“其他部门方法论”专题刊发三篇文章，其中，王耕的《人格权的立体结构解释及其现实展开》一文指出，我国《民法典》人格权独立成编除了外部社会环境、立法技术的发展，更为重要的是由人格权内部“固有利益—衍生利益”立体式利益结构所决定。固有利益包括基础固有利益和具体固有利益，两者决定人格权类型必须强制，基础固有利益决定一般人格权标准，具体固有利益则包括人格权编下具体人格权和数字人格权等。衍生利益因具备衍生型、交织性、非社会典型公开性特点而居于外围，其影响具体人格权的立法内容，涉及包括牵连利益、载体利益、信赖利益、公共利益在内的四方面。赵佩婕的《证券服务机构勤勉尽责标准解释论》一文指出，当前勤勉尽责的适用情况暴露出其解释适用的标准不统一不合理，存在异化为“深口袋”的问题倾向，背离了立法初衷。为此，勤勉尽责标准的解释，应留意“规整的目的”，聚焦于法律虚构的理性人模型的合理构建，以立法中经利益衡量形成的制度价值为基础，合理限制法官的自由裁量权，结合专家辅助和商事习惯的适用，使勤勉尽责标准回归以公平、秩序和效益为限的投资者保护立法原意。李海跃的《国际商事仲裁裁决效力阻断后的司法审查方法——以〈纽约公约〉适用为视角》一文指出，由于《纽约公约》无需国内法转化，可直接作为裁判依据援引，但是由于公约规定的不明确和国内法律标准的不统一，各国在独立行使司法主权进行司法审查的过程中，出现了对国际商事仲裁裁决终局效力完全不同的认定。而为了增强国际商事仲裁当事人对《纽约公约》适用的可预见性，应当依照有利于承认和执行仲裁裁决的原则，按照法律适用“四步法”，即该公约第5条第1款戊项适用的原则性、“更优权利条款”适用的优先性、国际礼让原则适用的补充性和公共秩序保留适用的排他性，通过公约项下法律适用方法的统一来减少司法审查结果的冲突。

“域外比较”专题刊发三篇文章，其中，海因·克茨著、成峥译的《比较法的新旧使命》一文指出，在法官造法时将比较法观点纳入考虑，是比较法早已众所周知、至今仍未实现的旧使命，而比较法的新使命是逐步形成“欧洲共同民法”。如今，法律“全球化”或“跨国化”的进程，对比较法研究方法和研究对象产生极大影响，法经济学分析则大大拓宽了论证范围。因而比较法也不能忽视法社会学的知识，法律文化比较，如一些从法律人类学或法律民族学的研究，是对传统比较法的重要补充，有助于纠正其过于“欧洲中心主义”的方法。海因里希·洪塞尔著、韦达译的《法律解释的修辞学基础》一文指出，法律解释是一种论证理论，法律解释的论证属性植根于其修辞学渊源。在修辞学的视野中，法律解释的发展即是由文义解释优先演变至目的解释主导的过程，法律解释中的修辞因素使整个解释过程更注重形成正确的论证，而非产生适当的理解。法律结论的得出受到认识与决断要素的影响，规范越具体，就越容易在不需决断的情况下确定其含义和目的。相反，规范越抽象含混，认识就变得更加困难，决断就越发重要。裁判过程，法院应进行能自圆其说且进行让各方信服的论证。雅罗米尔·萨维尔卡、凯文·阿什利著、孙自豪译的《大型语言模型在法律文本零样本语义标注中不可思议的有效性》一文指出，ChatGPT 的出现使得包括法律界在内的公众认识到大型语言模型（LLMs）的潜在用途。大型语言模型在零样本学习环境中具有对法律文本进行语义标注的能力，在向成熟的生成式人工智能系统过渡的过程中，通过检验 GPT-4 和 GPT-3.5-turbo（-16k）的性能，并将其与上一代 GPT 模型进行比较，结果显示 GPT-4 和 GPT-3.5-turbo（-16k）在涉及判决意见、合同条款或法律条文的三项法律文本注释任务中表现出色。通过利用最先进的大型语言模型的标注功能能够有效降低法律专业人士、教育工作者和学者现有高负荷工作负担成本，而且大型语言模型的零样本能力有可能使传统上只为一小部分精英法律业务及其客户保留的复杂工作实现大众化。

目　录

域外比较

法律方法理论

论立法原意的价值及其确定方法

邵帅华 *

摘　要　作为法律解释方法论中的一个核心议题，立法原意的确定始终伴随与之相对应的怀疑论主张。关于立法原意之确定是否可能的问题，仍旧悬而未决。而基于已有争论，该问题可以区分为三个子问题，即概念、价值和方法问题。在概念层面，借助对词义的分析，足以驳斥立法原意并不存在的怀疑论看法；同时吸收哲学解释学的观念，反对将立法原意等同于立法者意图或文本原初含义等单一要素的主张，而应将其理解为以文本含义为核心的多重要素的混合。在价值层面，“原意主义”对立法原意之重要性的辩护，忽视了情境要素，所以，应当通过问题的转换而将其改造为一种附情境的程度性主张。在方法层面，结合前述概念结构的分析和价值层面的情境划分，能够构造出复杂的语义策略，借助对不同策略的运用，反思传统法律解释方法的排序论的线性模型，而主张融贯论的多重策略同时出场的网状模型。

关键词　立法原意　哲学解释学　法律解释方法　法律文本

一、引言

20 世纪二三十年代，欧陆自由法运动以及美国法律现实主义兴起，作为“非

*　邵帅华，男，河南禹州人，中国人民大学法学院法学理论专业博士生，研究方向为法社会学、政法理论、法学方法论。

理性主义(唯意志论)”哲学思潮灌注进法学领域中的一股激流,不断冲击着“法律确定性”的大厦。一时间,人们恰如梦中惊醒,人人都高举反形式主义的大旗,法的确定性命题也开始变得岌岌可危。[①] 而在法律解释层面,法律确定性命题所内含的核心关注之一,便是立法原意的确定问题。[②] 虽然立法原意的确定与上述法律的确定性命题相比,在论题上更为具体,但这并不意味着前者只是一个技艺性的操作问题,更不能丝毫贬低其在理论和实践层面的复杂性。比如,美国宪法解释理论中存在一种原意(旨)主义(originalism)的解释方法,与此处讨论的立法原意的确定问题密切相关,但是在这一“原意主义”概念的统摄下却存在诸多争论。无论是从“旧原意主义”到“新原意主义”的过渡,[③] 还是从意图主义到文本主义的跨越,[④] 人们对何为“原意”始终存在不同理解。如当代美国宪法“原意主义”方法论的两位代表性人物:伯克(Bork)与斯卡利亚(Scalia),他们对“原意”的理解就存在较大区别。伯克认为法律(宪法)解释的原初理解(original understanding)是指立法时人们对于该文本词句的公共理解。[⑤] 斯卡利亚则强调依据文本、依托语境作出“合理解释”(reasonable construction),[⑥] 可见二者虽都更加重视文本,但对文本的理解却各有侧重。[⑦] 而国内法学术界有关立法原意的讨论,主要集中在宪法或刑法

---

① 参见邱昭继:《法律不确定性与法治:从比较法哲学的角度》,中国政法大学出版社2013年版,第57-90页。

② 有学者认为,法律不确定性主要表现在以下三个方面:一是法律概念的不确定,这是由语言本身的模糊性所导致;二是法律规则的不确定,是由法律规则的抽象性和法律漏洞所导致;三是法律规范竞合的不确定,是由不同法律规范在适用选择时的冲突所导致。参见沈敏荣:《论法律的不确定性》,载《江汉论坛》2000年第10期,第80页;邓建国、吕途:《法律的不确定性问题研究》,载《法治研究》2011年第4期,第78页。而上述三个方面似乎都关涉到“立法原意是什么?”这一问题。

③ See Keith E. Whittington, The New Originalism, Georgetown Journal of Law & Public Policy, Vol.2, no.2(2004), p.599.

④ 参见侯学宾:《美国宪法解释中的原旨主义——一种学术史的考察》,载《法制与社会发展》2008年第5期,第134-136页;范进学:《法律原意主义解释方法论》,法律出版社2017年版,第149-153页。

⑤ See Bork, Robert H., The Tempting of America: The Political Seduction of the Law, New York: Simon & Schuster, 1991, p.144.

⑥ Scalia, Antonin, A Matter of Interpretation: Federal Courts and the Law: An Essay, Princeton University Press, 1997, p.22-38. 斯卡利亚虽然接受“originalism”的称谓,但其更偏向于使用“textualism”,参见[美]安东尼·斯卡利亚:《联邦法院如何解释法律》,蒋惠岭等译,张泰苏校,中国法制出版社2017年版,“导读”第2页。

⑦ 从批评者的立场来看,德沃金认为仅仅对文本加以重视,并不能反映出对于法律(宪法)的忠诚,他主张对于宪法的解释要结合以往的宪法实践,寻求宪法的整体性,因为“对宪法文本的忠诚并没有穷尽宪法解释,在某些情况下,如果撇开宪法文本的执行历史,那么完整的宪法整体性所要求的结果或许就不能被宪法文本的最好解释所证成,甚至与之冲突”。参见[美]罗纳德·德沃金:《身披法袍的正义》,周林刚、翟志勇译,北京大学出版社2014年版,第141页。而波斯纳认为说话者和听者之间的相互理解,需要文本之

解释学的范畴内，以表示对“人权保障条款”和“罪刑法定原则”的尊重，[①] 但前者又主要表现为对西方宪法解释史的梳理；[②] 后者则主要表现为对两种传统的法律解释方法——客观解释和主观解释（或形式解释与实质解释）的争论。[③] 在更为抽象的法律方法论层面，“立法原意之确定”问题也并无明确的答案，比如，有的学者把立法原意等同于“立法者的原意”，并对立法原意的几种观点和可能的批评进行了总结，认为立法原意可能只是我们在法律解释中需要考虑的要素之一，除此之外，还需要兼顾文本和解释者，并着重强调了区分于传统解释模式的“融合模式”。[④] 也有学者则将确定立法原意的方法等同于“原意主义”（originalism）的方法，并对“原意主义”进行了细致的分类，包括严格与温和的原意主义、原初意图主义和原初文本主义等，认为原意限定于“文本和立法者意图当中”，而同时也尊重“非原意主义”的“法官造法”。[⑤] 但是，国内各种法律方法论的教材，则缺少对立法原意问题的直接讨论，该论题往往散落于各种具体法律解释方法的讨论当中，如文义、历史、目的、体系解释等，并对这些解释方法进行阶梯式的排序。[⑥]

从上述理论爬梳中能够析取出以下问题：什么是立法原意？在何种意义上强调立法原意？以及如何确定立法原意？而对于这三个问题，传统理论似乎并未给出完满的答案。比如，在概念上，立法原意除了意图和文本层面的理解之外，还包含着其他要素，而这些要素之间的关系也更为复杂。在价值论上，[⑦] 立法原意的确

外的东西来辅助，“把‘立法意图’实体化（单一的群体心智，乃至单个人的心智，这些概念都很成问题），这是对哲学的一种羞辱”，并进而主张在解释时有必要对比不同的解释的后果，并且在考虑相关因素之后，“那些后果更好的解释也许仅仅因为其后果更好就是‘正确的’解释”。参见［美］波斯纳：《法理学问题》，苏力译，中国政法大学出版社 2001 年版，第 132—133 页。

① 参见张明楷：《宪法与刑法的循环解释》，载《法学评论》2019 年第 1 期，第 11—27 页。

② 参见张翔：《美国宪法解释理论中的原旨主义》，载《山东社会科学》2005 年第 7 期，第 17—22 页；范进学：《美国宪法解释方法论》，法律出版社 2010 年版，第 42—111 页。

③ 参见梁根林：《罪刑法定视域中的刑法适用解释》，载《中国法学》2004 年第 3 期，第 122—133 页；陈兴良：《形式解释论的再宣示》，载《中国法学》2010 年第 4 期，第 27—48 页；田维：《论立法原意》，载《刑法论丛》2014 年第 3 卷，第 22—54 页。

④ 参见张志铭：《法律解释学》，中国人民大学出版社 2015 年版，第 25—38 页。

⑤ 参见范进学：《法律原意主义解释方法论》，法律出版社 2017 年版，第 258—320 页。

⑥ 参见郑永流：《法律方法阶梯》，北京大学出版社 2020 年版，第 129—153 页；葛洪义主编：《法律方法论》，中国人民大学出版社 2013 年版，第 81—96 页。

⑦ 这里的概念、价值和方法三个层面，分别对应上述三个问题，但需要进一步说明的是，此处的价值层面所对应的问题不是“立法原意的坚持是否有价值”，而是“应当在何种意义上强调立法原意”。换言之，这一方面是对“坚持立法原意在整体上是有价值的”这一命题的接受；另一方面，则是一种相对弱化的主张，它吸收了情境要素。而相较于传统理论直接从法治、民主等价值来整体上为确定立法原意而辩护，这一点是更需要强调的。因为从整体出发，“坚持立法原意是有价值的”这一命题，已经伴随人们对于法治的接受而逐渐沦为共识，失去了论辩意义。这一点将会在第三部分进行详细阐述。

定似乎不能等同于“originalism”,因为一方面该称谓脱胎于美国宪法解释理论,是否应该将一种“原旨主义”的理念投射到其他部门法当中值得商榷;另一方面,作为一种“主义”,预示着理论家的一种常规性的主张,如果存在“originalism”,就会存在“nonoriginalism”,而严格意义上的“nonoriginalism”是不存在的,① 因而将立法原意的确定等同于“原意主义”的主张,极易忽视情境要素。在方法层面,不能简单地将立法原意的确定,等同于立法者意图或词义的确定,也不能将其复杂要素间的关系化约为不同解释方法(文义、目的、体系等)之间的、阶层式的排序,因为这在某种程度上忽视了各种要素的相互构成和同时在场。而上述疑问都可归结于“立法原意之确定是否可能?”这一问题,以下内容便试图从概念、价值和方法三个层面依次展开论辩和澄清。

二、立法原意之存在的辩护与概念重构

作为现代意义上的法治国家,并以制定法为主要法律渊源。由立法者经过特定程序而实施的立法行为所造就的“文本”,自然成为司法裁判和人们日常守法的标准及依据。“立法(的)原意”中的“立法”作为定语修饰,在语义和语法结构上不存在问题,但此处的“立法”是指立法者,还是立法文本?当然,对这一问题的回答,需要结合其所修饰的“原意”一词的理解,所以,关键的问题在于:“原意”一词意指什么?“原”字作为汉语词汇,好像不难理解,可以指原来的、原初的或原本的,既可以声明与“此刻”状态的差异,也可以强调对真实情况的发现。但“意”字是指“意思”(meaning)还是指“意图”(intention)?若按照传统的解释,前者指词的含义,比如,“bank”除了“银行”之意外,还可以指“河岸”;后者则是词义表达所追寻的目标和价值,因此涉及的争论往往更为复杂。又如,我国《民法典》《英雄烈士保护法》《刑法》中所规定的“英雄烈士”一词该如何理解?对该词日常理解似乎没有太大争议,所谓“英烈”,当然是已经牺牲的英雄,但是,从立法的意图以及立法所追求的目标来看,这些法律保护的对象是否应当包括并未牺牲的英雄模范呢?② 接下来分别从“原”字和“意”字出发来考察是否存在立法原意

① 若在任何常规情形下都主张“超越文本”,那其实就是对于法治的否定,即使是法律现实主义或法的“自由发现”,也无法完全抛弃立法原意,这一点将在本部分第一小节进行说明。

② 参见周光权:《法秩序统一性的含义与刑法体系解释——以侵害英雄烈士名誉、荣誉为例》,载《华东政法大学学报》2022年第2期,第7页。

以及立法原意可能指什么。

(一)存在立法原意吗?

"原"字若理解为原初或原来的,那么结合其对应的词汇,就暗含着两种可能的理解:一方面,只要承认"现在的或变动的"就预设着存在"原初的或原有的";另一方面,指"原意"并不像面前的水杯那样"一目了然"地摆放在那里,其易受其他因素的影响而被误解、歪曲或改造,所以需要认真找寻"真实情况"。前一种理解类似于形而上学的因果预设,也即"所有事件的发生都是有原因的",①只要存在对"意"的考察,就意味着存在对"原意"的考察,这说明至少在概念上一定存在"原意"。而后一种理解则意味着对文本"易变性"的强调,就像波斯纳所言,文本(或立法者)的意图不能被"实体化",②它所呈现出的现实的词句只是"冰山一角",需要其他多种要素辅助才能实现对文本的理解。而从哲学解释学的角度出发,这些其他要素更是已经包容进文本的理解之中,构成了文本的一部分。概念上"原意"的存在无法被批评,所以,实践中对于立法原意的怀疑和批评,只是再一次强调了"意"的易变性,而这本身就包含在了"原意"一词的理解之中。

因而,无论是赫尔曼·坎托罗维奇(Hermann Kantorowicz)和埃利希(Eugen Ehrich)的法的"自由发现",③还是卢埃林与弗兰克分别代表的"规则怀疑论"和"事实怀疑论",④都只是在上述第二个方面,也即对立法原意易受扭曲和难以捕捉的承认,而不是完全否认立法原意的存在。相反,不拘泥于国家立法的"活法"与区别于"纸面规则"的"实在规则"一样,都是建立在立法原意存在之基础上。就像德沃金在针对道德价值判断的客观性问题的论证中,区分出内在怀疑论与外在怀疑论⑤,前者只是对某一具体价值主张之正确性的怀疑(如撒谎行为在道德上是错误的),而不是站在元伦理层面,对道德价值判断的客观性进行总体性的判断(如判断"好人"与"好电脑"不同,前者不存在客观的标准)。这里对于立法原意

① 参见[英]柯林伍德:《形而上学论》,段保良译,商务印书馆2022年版,第269-270页。

② 参见[美]波斯纳:《法理学问题》,苏力译,中国政法大学出版社2001年版,第132页。

③ 参见谢小瑶:《"活法"的蕴含与反思:读埃利希〈法社会学原理〉》,载《公法研究》2011年第1期,第495页。

④ 参见陈科:《论司法的可错性》,载《法学》2020年第12期,第80页。

⑤ 参见[美]罗纳德·德沃金:《刺猬的正义》,周望、徐宗立译,中国政法大学出版社2016年版,第31-32页。

客观性的怀疑，同样是内在的，因为这些论者只是主张立法原意易受社群共同体或法官个人观念的影响而被改变，所以，他们认为改变后的法律规则才是应当遵循和加以探讨的。

就如同承认某一观点是错误的时候，随之预设了正确观点的存在一样，在极力主张“行动中的法”与“实在规则”的同时，其实，就承认存在“行动影响和改造”之前的“书本中的法”与“纸面规则”，后者通常作为立法原意的载体。而法律现实主义者对于“立法原意并不存在”等类似怀疑论主张，实质上只是对其易变性的进一步说明。所以，若假设“意”字指“意思”，那么“立法的意思”与“立法原有的意思”似乎在语义上没有区别，而唯一的区别就是其中“原”字对“意思”之真实性的限定。以上对“原”字的分析，证明立法原意是存在的，但在实践中却容易被改变，因而加入“原”字，只是为强调要发现“立法的真实意涵”[①]。

（二）立法原意指什么？

“原”字所说明的易变性之出现的原因，除了其中所体现的时空（或先后）因素之外，更在于“立法”和“意”字所可能包含的多重理解。法律的制定是立法者的意志表达，是一种心理学的事实，还是说立法者只是作为一个“转换器”或“传声筒”，将法律文本背后的价值和利益概括起来加以表述？[②]而与之相应的是，法律解释的任务是查明立法者的本源意志，还是重视制定法本身的文本表述，而解释者在解释时，是否会存在“前见”的摄入，这种摄入又是否意味着对“原”字所强调的“真实性”的破坏？这些问题关涉立法原意指什么，即这里的“立法”和“意”该如何理解？

人们往往将法律与艺术作品的理解进行类比，因为二者不同于自然科学，本质上都被归属于精神科学的范畴，所以在本体论和认识论层面，都不同于对自然之物的理解。法律解释作为对社会实践的解释与艺术解释类似，所面对的解释对象，都是人们创造出来并有别于自己的作品，类似的解释具有某种创造性，都不仅仅关涉原因而同时关涉目的。[③]像伽达默尔所强调的那样，法学诠释学与精神科学

① 此处“立法的真实意涵”中的“立法”，既可能指“立法者”，也可能指“立法文本”。

② 参见［德］卡尔·拉伦茨：《法学方法论》，黄家镇译，商务印书馆2020年版，第57—69页。

③ 参见［美］罗纳德·德沃金：《法律帝国》，许杨勇译，三联书店2016年版，第40页。

诠释学之间并不存在巨大差别。① 欧美当代文学理论大师艾布拉姆斯在其著作《镜与灯》中所构建的文学批评理论的分析图式，对这一复杂问题的说明提供了有意思的视角。其主张任何艺术作品都会涉及四个要素，也即作品、艺术家、欣赏者和世界（作品源自、表现或反应的客观状态）。② 而作品作为理解的对象，与上述任何一种要素组合（或不组合）都意味着对作品可能存在的不同理解，比如，将作品与世界要素关联，往往将“艺术比作镜子”，是对外在事物的模仿；将作品与欣赏者关联，则往往与古典修辞学相关，认为“艺术乃驱使听众向善”；将作品与艺术家关联，则主张“艺术是内心世界的外化”，是“强烈情感的自然流溢”；而如果只关注艺术作品本身，则将艺术作品中的各个部分视作自足的整体，“以自身的标准来看待自身”。③（见图 1）

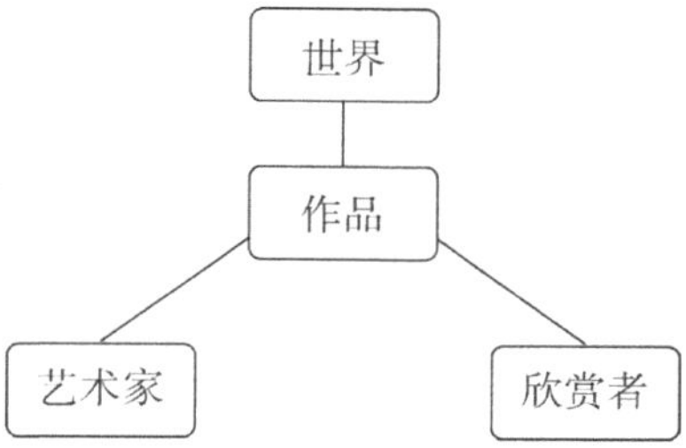

图 1　作品的要素组合

如果把法律视作此处的作品，不同的要素关联所形成的法律理解在法律理论和法律方法中同样屡见不鲜。比如，我古代县衙中的“明镜高悬”以及 13 世纪德意志习惯法典《萨克森明镜》等，都以镜为喻，来说明法律正视事实，以全面反映客观世界为宗旨。④ 法律论证理论中，以巴尔韦格和佩雷尔曼为代表的修辞学对听众所进行的类型学的研究，则同样是将文本的理解与听者关联。⑤ 通过上述类比，是为了说明此处的“立法”和“意”字可能包含不同的方面以及它们之间的相互关

① 参见［德］汉斯 – 格奥尔格·伽达默尔：《真理与方法——哲学诠释学的基本特征》，洪汉鼎译，商务印书馆 2010 年版，第 459 页。

② 参见［美］M.H. 艾布拉姆斯：《镜与灯：浪漫主义文论及批评传统》，郦稚牛、张照进、童庆生译，北京大学出版社 2004 年版，第 4–5 页。

③ 参见［美］M.H. 艾布拉姆斯：《镜与灯：浪漫主义文论及批评传统》，郦稚牛、张照进、童庆生译，北京大学出版社 2004 年版，第 25、54 页。

④ 参见高仰光：《〈萨克森明镜〉研究》，北京大学出版社 2008 年版，第 57 页。

⑤ See Eveline T. Feteris, Fundamentals of Legal Argumentation: A Survey of Theories on the Justification of Judicial Decisions, Springer, 2017, p.257.

系。对于法律“作品”的理解而言,相对于立法者的意图,立法文本明显处于更为核心的位置,所以此处的“立法”更易作为“立法文本”而不是“立法者”。但以文本为核心并不意味着只考虑文义。因为若单纯从文义出发,可能仅仅意味着法律文本在语言学层面所具备的具体含义是什么,[①]而如果从立法者或解释者的角度出发,可能意味着其真实意志的表达,如果从听众的角度出发,可能意味着某种实用性的目标,如果从外在世界的角度出发,可能意味着对实际生活的反映,体现在文本的解释层面,就是指文本的公众理解。当然,除了“意”字背后所代表的不同要素之间共时性的相互关系之外,不要忘记前述“原”字所暗含的历时性的维度,这使得作品对实际生活的反映或法律文本的公众理解也具备多样性。而从哲学解释学的立场出发,上述要素都揉进了文本的解释当中。(见图2)

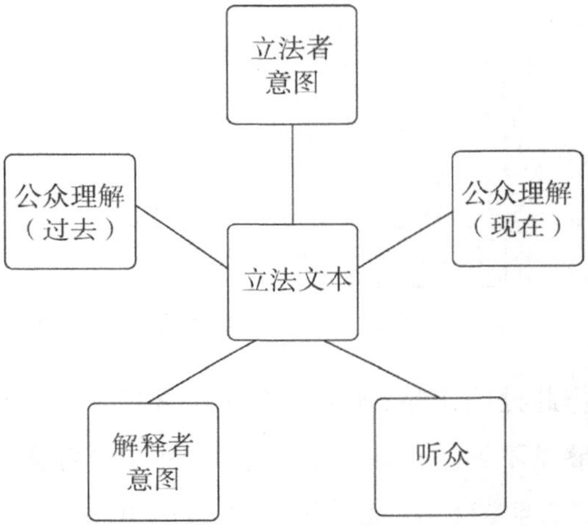

图2 立法文本的解释角度

因为在哲学解释学的理解当中,历史往往作为重要的考量因素,“面对任何文本,我们都生活于一种直接的意义期待之中,我们决不能直接地接触历史对象而客观地得知其历史价值……在任何情况下,都必须从过去与现代的连续性中去考察过去”。[②]与此同时,不同于现代科学的科学性,我们无法将法律解释的对象客

① 此处的文义问题,往往是指一个词所包含的多义性。而多义性面对的问题往往只是因词义的数量而造成的词义的模糊或共同理解上的困难,比如只知道“bank”具有银行的意思,而不知道其有另外的意思,但其实真正的问题是,解释者在面对多种词义时的选择标准是什么,是依据语境而作出常规的理解,还是基于某种意图而作出理解,在词义的“辖区”内,存在选择标准的多样性。

② [德]汉斯-格奥尔格·伽达默尔:《真理与方法——哲学诠释学的基本特征》,洪汉鼎译,商务印书馆2010年版,第462页。

观化，从而回避在“你”和“我”之间建立中介的任务，① 所以，解释者的前见是作为理解得以可能的必要条件，而不是限制理解的因素。由此，不同主体（包括解释者、立法者与听众）之间代表的“你和我”的联系，以及“过去与现在”的连续性，使得立法原意的确定必须兼顾多重要素。而“立法文本的真实意涵”便体现在以法律文本为基础的多重要素的相互融合之中。

所以，通过上述文学批评理论分析图式的类比和哲学解释学的重构，立法原意既不能仅仅理解为立法文本的原初含义，也不能仅仅理解为立法者的意图，而是以文本含义为核心的多重要素的混合，立法原意的确定过程也不再被理解为单纯依据文本或立法者意图等某单一要素而进行的。由于彼时文本的一般理解需要以此时文本的一般理解为前提，立法者意图的阐释需要以解释者的意图（或前见）为条件，因而时空维度和主体维度所内含的多重要素需同时出场。那么如何保证立法原意的客观性？看似如此复杂的展开过程，促使我们进一步反思，应当在何种意义上继续坚持立法原意？由此，可过渡到坚持立法原意的价值问题的范畴讨论当中。

三、确定立法原意的价值与情境

前文已述，即使是对立法原意保持怀疑和批评的法律现实主义者或主张“法的自由发现”者，在依据文本展开解释或创造的过程中，也都必须在概念层面预设立法原意之存在。另外，如果放弃对立法原意的追求，“不仅法制的基本信条、民主法治国的基本规则之一完全落空，而且由制定法来保证标准统一的功能，也就不再能实现（所以有人主张以判决先例的拘束力来作为替代品），最终法的安定性也将受到严重损害。”② 而对立法原意的坚持，同时包含着裁判者对其所依标准的忠诚，在真正的民主中，应该由人民自己来决定政治道德的基本问题，而法院应当扮演一种更加谦恭的角色。③ 所以，基于对现代法治和民主的一般理解，坚持立法原意的重要性也是不言而喻的。因而无论是概念角度，还是常识角度，我们都无法在整体上否认立法原意是存在的、同时是有价值的。

① 参见［德］汉斯－格奥尔格·伽达默尔：《真理与方法——哲学诠释学的基本特征》，洪汉鼎译，商务印书馆 2010 年版，第 471–472 页。

② ［德］卡尔·拉伦茨：《法学方法论》，黄家镇译，商务印书馆 2020 年版，第 205 页。

③ 参见［美］罗纳德·德沃金：《身披法袍的正义》，周林刚、翟志勇译，北京大学出版社 2014 年版，第 155–156 页。

但无论是从上述“原”字出发，论述其所预设的对易变性的强调，还是从“意”字开始，因其内含多重要素而具备的多义性，都使实践中对立法原意的确定和坚持似乎是十分困难的，甚或是不可能完成的事，难道真实的立法原意只存在于理论的预设之中，如同真空下的鲜活之物，一旦与空气及外界之物触碰，就会发生变质？与此同时，考虑到“原意”中所包含的时空维度，使得在特殊情形下确认立法原意似乎是不必要的。比如法律的理解始终与法律的实践和应用相伴随，但当实践所需之法已经突破了原有立法条文在适用上所具备的正当性时，立法原意似乎也就不再能够成为标准。上述两个疑问都说明，立法原意之价值性的整体辩护和其实践中的复杂理解是存在落差的，因而，坚持立法原意的价值问题的讨论必须容纳实践和情境要素。所以需要对价值问题进行转化，从“原意主义”的整体提问方式，即“坚持立法原意是否有价值”，转变为附情境的法律方法论的提问方式，即“应当在何种意义上坚持立法原意”，而这既是对价值层面原有问题提法的反思，同时也是对接下来有关方法层面之讨论的铺垫。

(一)价值问题的转化

国内有关立法原意的确定问题的讨论，往往与美国宪法解释理论相互关联，① 而在法律方法论层面便形成了对“originalism”的借鉴，与此同时，也会将“原意主义”(originalism)和“非原意主义”(nonoriginalism)这两种对抗性主张引入论辩当中，前者强调坚持立法原意的价值，而后者则否定之。但是“原意主义”的称谓忽视了情境化的因素，一方面提出了一种过于强硬的不当主张，另一方面则只是对原有的已获得普遍承认的法治和民主价值的重复，因而只是一种粗糙的论证，无法回应特殊情形下可能存在的放弃立法原意的主张。

首先，原意主义(或原旨主义)作为一种宪法解释方法，必然关乎对宪法性质和功能的整体理解，并且作为美国宪法解释方法，甚至与美国宪制史的本土理解相互关联。“原意主义法学或者原意主义虽在20世纪80年代后成为美国宪政争论最激烈的话题之一，但原意主义之核心理念——立法的意图就是法律——却根植于盎格鲁-美国宪政历史悠久之原则之中，它体现了自美国建国与传统形成以

① 参见范进学：《法律原意主义解释方法论》，法律出版社2017年版，第2-52页。

来的基本承诺"[①]。所以，不能忽视"原意主义"方法论的成文宪法（法体系中的特殊构成）基底及其相关的宪制历史，而随意地将这种"主义"扩展为一种一般的法律解释方法。

其次，"原意主义"作为一种立场，必然会塑造出其直觉上的论辩对手，即"非原意主义"的相反立场，[②]但是，从概念上讲，原意是必然存在的，我们无法找到一种理论常规性地"抛弃原意"，抛却文本，并将这种理论定义为"非原意主义"，如果存在，那也绝不可能是一种被现代基本法治理念所承认的理论。[③]而"原意主义"的整体主张却塑造出了"非原意主义"的假想敌。

最后，"原意主义"常常以民主和法治原则进行辩护，前者从人民意志中所提取出的正当性与后者所包含的法的可预测性的价值都与坚持立法原意的主张相协调。[④]但是，利用民主和法治原则所带来的整体性的辩护，无法否认在特殊情形下超越立法原意仍然是正当的，就像某一个法条运行的实际效果，并不会从根本上影响整个法体系的实效那样。比如，当出现实质的法律漏洞，根本就不存在实在法意义上的特定规范时，也当然谈不上对立法原意的坚持。另外，当面对抽象的法律原则，或者像"轻微的""无关紧要""重大的"等此种模糊概念时，立法原意所起的作用同样十分稀薄，此时立法者的意志在制定法的解释问题上并不具有最终的话语权，这一问题可能取决于进行法律解释时的立法者的意志对于我们当下的、我们生活其下的法秩序意味着什么。[⑤]如同立法中规定的"武器"一词，当判断"刀"是否属于武器时，我们当然能够从立法原意中获得答案，但是当判断"指甲剪"是否属于武器时，立法原意所起到的作用就会淡化。所以，在面对法律漏洞、正当性问题以及语言模糊性问题时，对立法原意的坚持就需要被弱化，甚至需要

---

① 范进学:《美国宪法解释方法论》，法律出版社 2010 年版，第 42 页。

② 参见范进学:《美国宪法解释方法论》，法律出版社 2010 年版，第 27-30 页。

③ 依据相似的逻辑，一些学者也对法律形式主义的存在提出过质疑。比如有学者声称从法律史的角度考察，所谓的法律形式主义根本就未曾存在。"证明'法律形式主义'的时代从来未真正存在过，就像证明鬼魂不存在一样……形式主义从未有自己的声音，形式主义法学的广泛信仰是由其批判者（Roscoe Pound, Jerome Frank, Grant Gilmore, and others）所写就的", Brian Z. Tamanaha, Beyond the Formalist-realist Divide: The Role of Politics in Judging, Princeton University Press, 2010, p.4.

④ 德沃金认为，民主价值存在不同理解，当民主不被理解为多数主义（也即多数人的统治），而是意味着"作为合作进行的事业"时，民主观念作为坚持立法原意的支持性论据就并非理所当然。参见[美]罗纳德·德沃金:《身披法袍的正义》，周林刚、翟志勇译，北京大学出版社 2014 年版，第 156 页。但这里同时潜藏了对于立法原意的不同理解，当立法原意不仅仅理解为立法时的"多数人"的意志时，坚持立法原意同样可能与"作为合作事业"的民主观念相协调。

⑤ 参见[德]卡尔·拉伦茨:《法学方法论》，黄家镇译，商务印书馆 2020 年版，第 205 页。

逃离“原意”而寻找新的依据。

上述论证意在说明,“原意主义”的称谓及其向一般的法律解释方法的转化并不值得追求,排除掉宪制语境和“主义”所包含的立场之争,只能将其弱化为对于坚持立法原意之重要性的强调;而其通过民主和法治价值对“原意主义”所进行的整体性的辩护,也仅仅是对立法原意之重要性的一般主张。“原意主义”想要论证的问题,只是坚持立法原意是否重要?而一般法律解释方法对坚持立法原意之重要性所提出的问题应当是附情境化的,也即应当在何种意义上强调立法原意?

(二)坚持立法原意作为一个程度性问题

经过上述问题转换,坚持立法原意的价值问题就转变为了应当在何种意义上坚持立法原意的问题。由此,依托于“原意主义”的、对坚持立法原意之普遍性的主张,就转化为附情境的、对坚持立法原意之程度性的主张。而如果坚持立法原意作为一种程度性的主张,借助于内外二分的逻辑,就至少包含着两种情境设定:一是内部关系,体现在一些情形下,在坚持立法原意的同时,可能存在不同分量的程度划分;二是外部关系,体现在一些情形下,可能需要超越立法原意。内部关系的论证,能够说明不同情境下的多重要素的分量权衡,使立法原意的确定不再僵化为对单一要素的确认,扩展了坚持立法原意可能适用之范围;而外部关系的论证,则能够反向说明立法原意的确认是有界限的,文本的可能含义之范围为其提供了最底线意义上的客观性。

1. 内部的情境设定

回到前面对于立法原意的概念的讨论,经由哲学解释学的重构,立法原意不再仅仅被理解为立法者的意图或是立法文本的原初含义,而是必须同时包含时空维度和主体维度所附加的多重要素,这些要素在特定的解释场景下同时出场,相互作用,最终确定某一文本所呈现的立法原意的内容是什么。正是由于多重要素的复杂关联,以及在不同情形下它们之间所体现出的分量差异,使立法原意的确定不再是“铁板一块”,而是存在一定的阈值和空间。

其一,虽然对于立法者意图的解释要以解释者,甚或听者的意图理解为前提,而对于过去文本的解释则要以此时文本所呈现的含义为条件,但是,在确定立法原意的过程中,解释的对象毕竟是立法者所创造的、过去的文本,立法原意的确认仍然是指向过去和文本创造者的。因此,在严格的立法原意的讨论中,这些立法者之外的主体意图和现在的文本含义都只是作为“背景知识”出场的；而在较温和的立法原意的讨论中，解释者或者听者的意图也可能占据更为重要的位置，此时它们虽然作为理解的条件，但同时也提供了显见的内容，而不仅仅作为“背景知识”。上述两种情形下都是在坚持立法原意，但坚持的程度却有所不同。比如《刑法》因坚持“罪刑法定”的价值和原则，可能对立法原意的确定更为严格，甚至会增加“从旧兼从轻”的原则限制，在解释时会提高过去文本含义和立法者意图的分量。相反，《民法》因坚持“意思自治”的价值和原则，而可能会对解释主体或当事人意志在规范内容和效果方面所起的作用更加宽容。①

其二，立法原意的确定以文本含义为基底，而语词的含义往往存在核心与边缘之分，这一点可以依靠哈特所声称的语言的“开放结构”(open texture)② 来进行说明，而且许多论著也会提到大量与概念模糊性相关的例子。③ 比如，当某个规则涉及“车辆”这一语词时，它的含义可能包括汽车、马车、电动车、脚踏车等，④ 如果将汽车作为典型用法，那么其他非汽车的“车辆”举例与该词的核心含义的距离是不同的，由此，立法原意之确认就存在浮动的可能性。以上通过立法原意之多重要素间的分量差异与语词含义的模糊性来说明立法原意确认过程中可能存在的解释空间，而这同时也说明了即使都认同对立法原意的坚持，也会存在强弱之分。

2. 外部的情境设定

外部的情境设定是指可能存在一些情形，在此情形下抛却立法原意仍然是正当的。所以按照传统理解，这当然不构成对“坚持立法原意是有价值的”这一命题的证立，相反，更像是从对立立场出发对该命题的一种驳斥。但是，经过上述价值问题提法的转换，当需要从价值层面考察“应当在何种意义上坚持立法原意”时，外部关系的考察就是有必要的，因为这一问题与“在何种意义上无需坚持立法原意”的问题其实是一体两面。而对后一问题的考察不仅在外部关系上再一次论

---

① 关于不同部门法的“完备价值”的论述，可参见陈景辉：《法典化与法体系的内部构成》，载《中外法学》2022 年第 5 期，第 1180 页。

② 参见［英］哈特：《法律的概念》(第 3 版)，许家馨、李冠宜译，中国法制出版社 2018 年版，第 187－201 页。

③ 如英国学者恩迪科特所构造的假想案例——“百万狂欢派对案”，参见［英］蒂莫西·A.O. 恩迪科特：《法律中的模糊性》，程朝阳译，北京大学出版社 2010 年版，第 74－75 页。

④ 德沃金作出过类似的举例，如“白金汉宫是住宅吗”？当然其认为这样纯粹的语词争论没有太大意义，参见［美］罗纳德·德沃金：《法律帝国》，许杨勇译，上海三联书店 2016 年版，第 31 页。

证了立法原意之程度性的主张,更重要的是,它反向说明了存在一个最低阈值,如果突破了该阈值所设定的界限,就不再是坚持立法原意。比如在前面的论述中提到,当出现法律漏洞时,立法原意往往只起到十分稀薄的作用,甚至在一些情形下被完全忽视,① 此处可以举一现实的案例进行说明。就像我国合同纠纷中有关情势变更的著名案件——原告山东盛隆置业集团有限公司与被告刘某波供暖合同纠纷。在本案中,原告本应该继续履行供暖合同,但由于政策变更(市政府部署,由热力公司统一供暖)、物价上涨(煤炭价格大涨)、经济条件变更(存款利率大降)等,导致继续履行合同已显失公平,而在当时的合同法中并未规定此原则。同时,此情形既不符合当时《合同法》第93条的约定解除情形,也不满足该法第94条的法定解除情形。但是在理论界存在有关"情势变更"的讨论,因此,法官在判决书中"依据法理通说,所谓的情势变更原则,指合同有效成立后,非因当事人双方的过错而发生情势变更,致使合同不能履行或如果履行会显失公平,因此根据诚实信用原则,当事人可以请求变更或解除合同……"对其进行了界定。并最终支持原告诉请,判决解除合同。在学术界,该案件被普遍认为是法官通过学说和法理填补法律漏洞的典型案例。② 此时,裁判者所考虑的并不是立法原意,而是对法律理论的援引。该案例说明,当法律文本(第93条和第94条)规定的内容无法容纳新的情形时,也即文本含义的"最大值"也无法解释这些情形时,立法原意就无须再坚持下去。由此,文本作为立法原意探索要素的核心,其含义的最大范围的界限同时构成了坚持立法原意之最低阈值,突破了文本含义的范围,即无须再坚持立法原意,而且这同时也构成了立法原意之客观性的最低保障。至少从语言交往的角度来说,意义(meaning)之普遍性应作为一种基本的预设,尽管这种预设可能是理想化的。③

总之,"原意主义"所提出的有关立法原意之价值问题的整体性主张或辩护必须被取代,也即必须从"坚持立法原意是否有价值"的疑问,转换成"应当在何种

① 当面对具体的法律漏洞时,可能存在另外一种主张,也即此时并不是"抛弃立法原意",而只是"不存在立法原意"。在概念部分已经证明,原意是始终存在的,当法律未规定某一情形时,同样表达了一种"意思",也即"不该将此情形纳入法律规制的范围之内"。另外,在具体场景中,法律漏洞的出现往往意味着原有特定文本与现实情形之间存在落差,原有文本的含义无法容纳现实情形,此时的漏洞仍然是存在立法文本的基础的,而有文本,便有文本之原意。

② 参见(2006)莱阳判决书,民一初字第76号。

③ 参见[德]哈贝马斯:《在事实与规范之间:关于法律和民主法治国的商谈理论》,童世骏译,三联书店2003年版,第14-15页。

意义上坚持立法原意”的疑问。而这种问题的转化内含着一个新的视角，从该视角出发，立法原意的确定不再是“可有或可无”的，而是存在一定的幅度和空间。这种程度性的理解以及其可能伴随的情境设定，使我们在方法论层面，对立法原意所包含的多重要素间的关系的处理，具备了可能的标准或方向。

四、立法原意之确定的策略与方法

法学方法论不仅是作为一门学科，更是作为一种特定的论域，而该论域所主要针对的问题便是“法学思想中确定性的丧失”。随着价值评判法学的转向、对涵摄模式的批评以及对法体系自主性的反思，法律判断中注入价值判断似乎已成为人们普遍接受的事实。但是，按照人们业已根深蒂固的看法，价值判断是无法进行科学审查的，它仅仅是判断者个人确信的表达。所以，法学方法论的主要目标就是：如何摆脱价值判断的任意性和决断性？① 而此目标的实现，与立法原意的确定问题息息相关。一方面，利用法学方法论的已有成果，能够便于在操作层面实现对立法原意的确定；另一方面，基于上述对立法原意的理解和此处的方法论分析，也有利于促进法学方法论目标的实现，尽管这种努力可能微末，但并非没有价值。那么，如何确定立法原意呢？

当引入哲学解释学的观念，对彼时文本的解释需要以该文本之此时理解为前提，解释者的前见同时成为解释活动得以可能的条件。② 所以，立法原意不能仅仅理解为立法者的意图或是文本的初始含义，而是包含着多重要素，这些要素会在立法原意的确定过程中同时出场，尽管不同要素所呈现的分量存在差异，并体现为对坚持立法原意的不同程度的主张。因此，时间上的横向排列和多元主体要素（前述的文本、解释者、立法者、听众等）之间的纵向拉扯，构成了立法原意在概念层面的基本结构。如图 3 所示：以时间为横坐标 X，以不同主体的排列为纵坐标 Y，其中文本处于坐标系的原点位置，“外在世界 1”代表过去人们对于某一文本的

---

① 参见［德］卡尔·拉伦茨：《法学方法论》，黄家镇译，商务印书馆 2020 年版，第 11 页。

② 伽达默尔区分了三种不同领域以及其对阐释学的不同侧重，其中语文学家往往将文本视为自足的对象，解释文本在语言学层面表达的具体含义，也即文本含义；历史学家则将文本作为历史的遗物，揭示文本自身未陈说、无须说而意指的东西，也即言辞背后的历史意义；而法律学家中特有的“独断论”只是一种误解。他们需要透视文本与实践应用之间的关联，在法律意义或法权意义的指引之下进行解释，也即法权意义。上述三个方面，最终会在法学阐释学当中实现统一性。参见［德］汉斯－格奥尔格·伽达默尔：《真理与方法——哲学诠释学的基本特征》，洪汉鼎译，商务印书馆 2010 年版，第 459-482 页。

公众理解,"外在世界 2"代表现在人们对于某一文本的公众理解,这两个点在纵坐标上的位置是不确定的,相比于立法者和解释者来说,既可能更接近于文本原初的意义,也可能更远离于文本原初的意义。

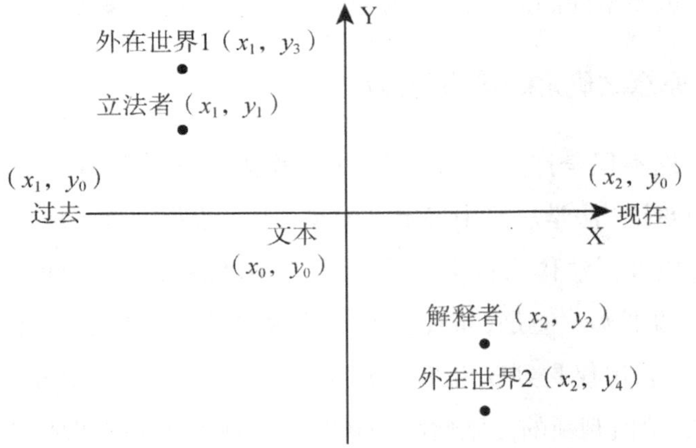

图 3　立法原意坐标系

在哲学解释学的指引之下,虽然上述结构具有复杂性。但是立法原意的确定必须以文本为中心,它是首要的抓手,也是解释的对象,而文本不只是罗列的符号,它包含着主张,上述不同要素可能分别代表着不同的主张,不同的主张引申出不同的解释倾向。所以,首先需要借助语义学的策略来确定这些符号意味着什么,否则就无法给予文本首要的位置,更无法确定立法原意。[①] 而依照图 3,至少存在以下五种策略:

策略①:将语义学意图指派给那些制定文本的人,来决定文本包含了什么主张,也即坐标(x_1, y_1)。

策略②:将语义学的意图限定在"当时的人们"对该语义的普遍理解上,这与制定者的理解之间可能存在差异,也即"外在世界 1"(x_1, y_3)。

策略③:将语义学的意图限定为解释者的个人理解上,也即坐标(x_2, y_2)。

策略④:将语义学的意图解释为现在人们的公共理解上,也即"外在世界 2"(x_2, y_4)。

策略⑤:依照文本的自足性而确定的文本含义(或意义),可能与上述任一坐

① 参见[美]罗纳德·德沃金:《身披法袍的正义》,周林刚、翟志勇译,北京大学出版社 2014 年版,第 151-152 页。

标点相重合，也即坐标(x_0, y_0)。

除了上述五种策略之外，针对法律规范所调整的对象或称之为“作品的听众”，还包含一种：

策略⑥：语义内的实用主义，服务于现实生活中或具体裁判情境下的不同目的，它可能弥散和游离在上述不同策略之中，作为一种强化某一策略之下文本含义（或意义）的主张，增加论据分量的理由。

上述不同策略，为进一步的立法原意的确定，提供了可能涉及的“当量”。但每一种策略内部并不是没有争议的，比如，针对“策略①”，立法者的意图是指其所作的语义学的内容（其说了什么）？还是其希望或期待或假定的方式来执行这份文件（立法者的期待）？当然，后者其实已经超脱出了语义学的策略，但是，当立法者的期待与言辞所表述内容在结果上一致时，这种区分仍然是有意义的。比如，某位公司的领导面对职位空缺，向其公司的经理出了一个指令，“寻找最胜任的人填补这个空缺”，并在不经意间向其他人说“我的儿子是该职位的候选人之一”，如果该领导期待其儿子被雇用，并且这位经理通过领导私下的“不经意表露”获取了这种期待，经理看似依照所谓的“领导的期待”，雇用了领导的儿子。从文本意义上来说，该经理并没有遵从领导的“原意”，但如果假定，之后同时发现领导的儿子也确实是最能胜任的人选，此时该经理是否遵从领导的“原意”？是文本之内的，还是文本之外的？[①] 所以，上述策略只是暂时的基点。以下内容便从该结构出发，结合价值层面所提出的情境设定，进一步讨论如何协调不同的策略。

（一）程度问题及不同策略的偏重

前述价值层面的论证，说明坚持立法原意是一个程度问题。比如，在面对法律漏洞时，文本的价值可能会极度弱化，其中所包含的实用主义的维度，即“策略⑥”会凸显出来，甚至会突破语义本身的保障，而成为超语义或超文本的独立要素，当然，若挣脱了文本，也就彻底放弃了立法原意。在更加注重“意思自治”的私法领域中同样会出现类似的偏重，如民法中对效率意识和“成本—收益”分析

---

① 参见［美］罗纳德·德沃金：《身披法袍的正义》，周林刚、翟志勇译，北京大学出版社2014年版，第147页，对该文所举的例子进行了改造和延伸。

方法的强调。[①] 与此同时,基于当事人之间的协商需要,会赋予裁判以可能的灵活性,因此,"策略③"往往也会起到显见的作用。但是,在面对规则中的语言模糊时,"策略②"或"策略④"则会凸显出来,当然,具体是选择"策略②"抑或"策略④",会受到"策略⑥"中实用主义面向所带入的分量权衡的影响,此时,"策略⑤"也会发挥作用,它的具体运用可以借助于一般法律解释方法中的体系解释来得到说明。

而在面对以"罪刑法定"为指导原则的刑法文本时,所有主观性的因素都会相应弱化,所以,无论是"策略①"所代表的法律制定者的主观意图,还是"策略③"所代表的法律解释者的主观意图,在立法原意确定上都只发挥间接的作用,其中最直接和最重要的因素,是"策略⑤",也即原初文本自身的意义。当然,"策略⑥"也会借助于刑法的教化作用和刑罚的预防功能而凸显出来,但这种凸显,必须以文本为基础,不能突破文本本身所包含的语义范围,它阻断了突破"坚持立法原意之最低阈值"的可能性,因而对外部关系的情境设定进行了严格的限制,会趋向于坚持立法原意之最严格的主张,表现为"法无明文规定不为罪,法无明文规定不处罚"。

对于往往以抽象条文为解释对象的宪法解释来说,"策略⑤"会因条文含义的模糊性而需要更多其他策略的援助,其中"策略①②"和"策略④⑥"所发挥的作用会依赖于人们对宪法的整体理解。而这种理解又会受到一国公民或共同体成员所经历的宪制传统或历史的影响。此时,如何进一步细化多重策略之间的关系,这是宪法解释学上的难题。但是,应当注重整体上的协调一致而非偏执地只择其一,才能充分说明多重要素之间的关系。关于此点的具体展开,第三小节再进一步论述。

(二)文本的建构与超文本的援助

如果把制定法的文本的理解看作动态的,那么立法原意之"真实情况"并不是已经摆放在那里而等待考掘的"矿藏",它是伴随解释活动而逐渐产生的。所以,从实践的角度出发,"法学不是简单地发现和分析其对象(现行法的整体)就

① 参见熊丙万:《中国民法学的效率意识》,载《中国法学》2018年第5期,第82页;戴昕、张永健:《比例原则还是成本收益分析法学方法的批判性重构》,载《中外法学》2018年第6期,第1519页。

可以获得的，而是必须将制定法、习惯法和法官判决作为其‘材料’，经过部分是创造性的工作才能获得。所以它不是完全复制性的，而是创造性的”。① 在具体裁判活动中，法官不仅需要普遍化的标准，而且需要将适用的标准具体化或个别化，这个过程可能会有立法、司法判决、习惯、法律交往的“无声影响”，甚至会涉及“常识的力量”。② 或者如德沃金所说，“创造性解释不是对话式的，而是建构性的（constructive），从建构性的观点来看，创造性解释是目的和对象的互动”。③ 由此，解释的过程或法律文本应用或具体化的过程，本身就是立法原意可能内容的一部分。

由此出发，文本含义虽然划定了文本与超（非）文本的界限，也即坚持立法原意与放弃或超越立法原意的外部情境设定。但是，超文本的内容的援助可能不仅仅是表现为更直白和明确的漏洞填补意义上的，因为在对文本原意的理解过程中，往往也需要超文本的其他规范渊源的援助，而这种援助可能潜藏在上述策略之中，隐而不彰。比如，“王某峰等与赵某祥等机动车交通事故责任纠纷”一案中，在解释我国原有《侵权责任法》第 11 条，并认定共同侵权时，一审判决书中提到，对该条特殊共同侵权的理解和适用，在原《侵权责任法》实施后的专家编写的条文释义中大多引用的案例就是本案这种两辆不同的汽车相继对同一受害人造成严重后果的案例，参与了原《侵权责任法》制定的著名法学家杨立新教授在《中华人民共和国侵权责任法条文释解与司法适用》一书中第 66 页至第 69 页对该条的讲解采用的就是与本案事实相同的案例，最高人民法院在《道路交通事故案件司法解释理解与适用》一书中对该条的讲解也采用了与本案相同的案例，对这种侵权的因果关系讲解为等价的因果关系，两辆机动车应负连带责任。④ 所以，该判决书中明确引用相关的法律学说对具体法条进行解释，此时作为“专家学说”的超文本的渊源其实已经转化为非权威性的理由（比如渗透进“策略②”或“策略⑥”的追求当中），作为实质因素，影响对权威文本的考量和权衡。这种超文本的视野，其实是从法律方法的前端出发，缓解了立法原意复杂性权衡的压力。每一次解释都是一种成文法与不成文法的结合，同时也是成文法构成要件与事实的结合，依

① ［德］卡尔·拉伦茨:《法学方法论》，黄家镇译，商务印书馆 2020 年版，第 131 页。
② 参见［德］卡尔·拉伦茨:《法学方法论》，黄家镇译，商务印书馆 2020 年版，第 157 页。
③ ［美］罗纳德·德沃金:《法律帝国》，许杨勇译，三联书店 2016 年版，第 42 页。
④ 参见（2017）冀民事判决书，0682 民初 1800 号。

靠上述结合，才能创造出真正实证的规范，以及其承载的立法原意。[①]

（三）融贯论的目标取向

其实经过上述分析，坚持立法原意的程度问题虽然能够说明不同策略选择上的偏重，但是，在探索立法原意的过程中，不同策略及其所代表的要素依旧是始终在场的。比如，根据前述哲学解释学的观点，"策略①"和"策略③"是无法单独存在的，所谓"立法者的意志"与"司法者的意志"在此语境之下本就相互勾连。由此出发，以下有关传统的法律解释方法的主张可能是不合理的。按照语义解释、体系解释、目的解释等传统法律解释方法的划分，在确定立法原意时，会形成一个固定的出场顺序。又如，首先考虑"文本自足的含义"；当其无法明确时，再考虑"立法时人们对文本语义的公众理解"；仍无法明确时，再考虑"当下人们对文本语义的普遍理解"；接着是"立法者的目的"；最后可能是"司法者的主观意志"。也即按照"策略⑤—策略②—策略①—策略④—策略③/⑥"进行排序，后一种策略的出场是以前一种策略的"失效"或"无法奏效"为前提的。当然，不同学者对"原意主义"的"信奉程度"不同，所以他们对于是否将上述某一方法视作探索立法原意之方法的接受度和容纳度也是不同的。

与此同时，上述不同解释方法之间的阶梯性排列，也即后一种策略的出场，要以前一种策略的失败为前提。使它们相互间形成了一种内在的张力，进而呈现出一种对抗性的姿态。比如，有学者主张，所谓的后果考量（也是上述包含实用主义面向的策略⑥）应当被压制，而视之为司法裁判中需要被"克服"的消极因素。[②]而且，其他法律渊源自然也无法被纳入"立法者意志"的考量当中，除非这些渊源是作为制定法文本的一部分，[③]否则这些因素与所谓的立法原意之间的距离似乎相较甚远。或者通过类似于"正式渊源与非正式渊源"的二元划分，[④]遵循严格的顺

① 参见［德］卡尔·拉伦茨：《法学方法论》，黄家镇译，商务印书馆2020年版，第185页。

② 参见孙海波：《"后果考量"与"法条主义"的较量——穿行于法律方法的噩梦与美梦之间》，载《法制与社会发展》2015年第2期，第167页。

③ 参见雷磊：《重构"法的渊源"范畴》，载《中国社会科学》2021年第6期，第147页；雷磊：《法的渊源理论：视角、性质与任务》，载《清华法学》2021年第4期，第23页。值得注意的是，此种理解不仅使得立法原意的探索实际上不可能，甚至也会使得"法律渊源"概念本身变得越来形式化，最终沦为与"法律形式"相似的概念，甚至变得无关紧要。

④ See E. Bodenheimer, Jurisprudence: The Philosophy and Method of the Law, Harvard University Press, Fourth Printing, 1981, p.325.

位规则，同样仍然未曾关注到二者可能同时在场。

如果把上述传统观点称为严格的“排序论”（所涉及的不仅仅是重要性的排序，它同时在方法操作上决定着不同因素的出场与否），那么基于哲学解释学观念所形成的策略模型则可称为“融贯论”。[①] 这一模型反对将立法原意视为由某个单一事实或要素所构成的，而是将其看作不同要素与文本事实之间的相互支持。那么上述多重要素及其所表现出的不同策略之间的关系就不是线性的，而是相互构成的网状结构。其中的主观因素（策略①、策略②、策略③、策略④）借助文本本身的力量（策略⑤）以及其中所能阐明的实用主义的目标取向（策略⑥）而相互贯通，并促使可能的矛盾之间的衡平或消解（如图 4 所示）。而且从实践的角度来看，这种融贯论是立法原意确定过程中需要追求的目标，它提供了具备合理性的操作指南；从理论的角度来看，它至少澄清了原有法律解释理论之中的错误观念，为进一步优化法律解释方法论提供了可能的方向。

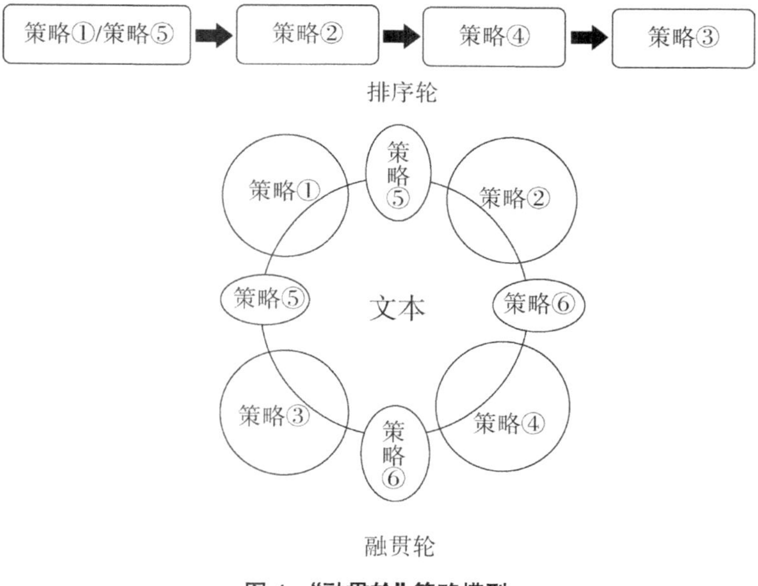

图 4 “融贯轮”策略模型

① 佩策尼克是持融贯论主张的一位代表性的学者，在《论法律与理性》一书中，他专章讨论这一主题。参见［瑞典］佩策尼克：《论法律与理性》，陈曦译，中国政法大学出版社 2015 年版，第 297–298 页。关于国内学者针对这一主题的研究，可参见侯学勇：《佩策尼克的融贯性理论研究》，载陈金钊、谢晖主编：《法律方法》（第 7 卷），中国法制出版社 2008 年版，第 172–190 页。

五、结语

确定立法原意是可能的吗？论述到此处，针对这一问题似乎已经有了相应答案。该问题至少需要从概念、价值和方法三个层面来回答。因为确定立法原意可能与否，包含着立法原意是什么，在何种意义上需要坚持立法原意以及立法原意如何确定三个层层推进的子问题。首先，在概念层面，对“原意”中“原”字的分析，能够对抗否认立法原意之存在的怀疑论主张，为进一步的讨论确立前提；而结合艺术批评理论图式的类比和哲学解释学的重构，对“原意”中“意”字的分析，则证明了立法原意包含时间维度和主体维度等多重要素的混合性质。其次，在价值层面，需要将“原意主义”所提出的“坚持立法原意是否有价值”的问题转换为“在何种意义上坚持立法原意”的问题，以更多地考虑情境要素，使得价值层面的讨论能够契合概念层面所确立的复杂要素结构。最后，在方法层面，结合立法原意内部所包含的多重要素，以及其在适用时所面对的多样情境，反思传统法律解释方法论中的排序论，而提出一种融贯主义的方法论主张。总之，上述三个层面的论辩与澄清，大致回答了：立法原意在概念上必然存在，但并不能将其等同于某一特定的要素（立法者意图或文本原初含义），而是以文本为核心的多重要素的混合，所以，与之相应，要对其在价值层面的原有问题提法和方法层面原有方法论模型进行反思，立法原意的确定是可能的，但需进一步正视其在理论构造和实践领域的复杂性。

（编辑：杨铜铜）

司法裁判中的后果主义考量及其限度*

朱泽辰**

摘　要　后果主义是一种强调在裁判过程中权衡不同结果实际后果的取向。深入研究后果主义的角色和限度，可以更好地理解司法裁判的复杂性，并构建公正、合理的法律体系。通过研究后果主义在司法实践中的具体应用形态与运作路径，阐述其在决策过程中的优势和潜在的问题。后果主义的应用也存在一定的限度，对后果主义在法律决策中的适用范围进行限度方面的思考，涉及后果主义的发生场域、与法条主义的关系、后果认定的系统性标准、论证的一致性要求以及在法律解释中的定位等方面，并指向后果主义在司法裁判中的可行性和适用性的探讨。

关键词　后果主义　法条主义　司法裁判　社会效果　法律解释

古罗马法学家塞尔苏斯将认识法律等同于掌握法律的内涵和效果，是最早关于法律的社会效果的论述。① 如今，经济的快速发展和社会的深入转型容易诱发多样的社会问题及复杂的矛盾纠纷，对疑难案件的处理稍有不慎就有可能演化成社会事件。司法裁判在现代法律体系中扮演着至关重要的角色，对社会秩序和公正的维护起着关键性作用。法官在疑难案件的处理过程中，有时会突破法律适用上

*　本文系国家社科基金后期资助项目“中国法治建设中的国家维度研究”（19FFXB056）的研究成果。

**　朱泽辰，女，山东泰安人，华东师范大学法学院博士研究生，研究方向为法律方法、司法理论。

①　参见［德］恩吉施：《法律思维导论》，郑永流译，法律出版社 2014 年版，第 31 页。

的严格形式主义,采用其他可论证的途径来综合案情并做出决策。[①] 基于此,后果主义成为一种备受关注的裁判取向,它强调在裁判中通过广泛权衡道德、经济、政策以及舆论等因素,统筹考量不同结果的实际后果。后果主义司法方法在纠正形式主义、吸纳学术成果以及推动实现法治等方面具有重要价值,而为确保法律与社会效果平衡,需关注其潜在隐患和风险,避免超越限度。因此,仍需深入研究其限定考量领域、建立认定标准和论证机制等方面问题。本文聚焦后果认定标准、方法隐患及司法者权力行使问题,讨论如何确保后果主义考量在司法裁判中不至于超越其应有的限度,以及在多元思维模式和规范坚持之间如何找到平衡点,旨在为深入理解后果主义在司法裁判中的作用提供理论与实践的双重探讨。

一、后果主义的界定和基本原理

后果主义强调一个决策的正确性取决于该决策对社会造成的影响以及相关后果,而不仅是决策本身是否正确。[②] 界定后果主义,可以与法条主义对比理解。法条主义是规范性法学理论的概念,而后果主义在概念层面相对较弱,更像是一个标注和描述性概念,用来阐述一种关注后果的司法立场以及相应的裁判策略。[③] 动态的后果主义作为一种推理方法是一种晚近才兴起的新型法律方法。传统的司法三段论推理是建立在现有的法律规则基础上,通过将案件事实纳入特定规则的范围,然后进行演绎推导以得出结论。这种推理模式被称为"基于规则的推理",其前提与法律规则紧密相连,表现为一种"规则→后果"的顺向推理。这一模式将全部的司法活动的重点聚焦在法律推理大、小前提的准备过程之中,而将结论的得出仅视作一种涵摄技术的应用。

与传统的顺向推理不同,"后果主义推理"则是以可能产生的后果作为起点,遵循一种"后果→规则→后果"的反方向,具体表现为通过评估后果的合理性来反向查找可以适用的法律规则。相较于基于现有法律规则的传统司法三段论模式,这种论证将判决的后果置于核心地位,把判决后果的好或坏直接作为支持或

---

① 参见杨知文:《司法裁决的后果主义论证》,载《法律科学》2009 版第 3 期,第 3 页。

② See Philip Pettit, "Consequentialism", Dartmouth Publishing Group, Vol. 6, 1993, p.233-234.

③ 参见孙跃:《后果主义司法方法的法理反思及完善路径——以指导案例 89 号为切入点》,载舒国滢主编:《法理——法哲学、法学方法论与人工智能》(第 5 卷),商务印书馆 2019 年版,第 221 页。

拒绝判决结论的理由。[1] 当决策的后果被认为是积极的和值得支持时，司法裁决便会支持该决策的结论；反之亦然。概括来说，后果主义是一种对相关后果的预测和评价来实现对裁决的正当性证明的推理模式。

如此一来，与基于规则的推理相比较，基于后果的推理在内涵上有如下四个特征：首先，后果主义推理以逆向推理作为其逻辑起点；其次，后果主义更加强调实际正义而非仅仅形式正义的推动和维护；再次，后果主义推理将一个裁决带来的可欲后果视作支持该裁决的合理依据；最后，即便从规则推导的结论可能不合理，但其推导过程仍然遵循法治原则和整体法秩序，而后果主义推理可能会考虑法律之外的后果，从而作出“超越法律”的裁决。

后果主义在英美国家的司法实践中相当普遍，而对后果主义理念的见解也各不相同。霍姆斯论述了经验在法律中的关键作用。[2] 波斯纳则将后果主义引入司法裁判领域，主张法官应该基于案件的具体事实和裁判结果，而不是抽象概念或口号来作出决策。[3] 卡多佐强调了社会效用在司法程序中的重要性，认为司法的核心价值不仅在于法律本身，更在于通过司法实现社会的最大利益和效果。[4] 与以上对实用主义的拥护不同，德沃金对于以功利性后果为依据来辩护法律提出异议，认为法律不应仅仅以此来评判。[5] 另外，麦考密克的研究发现后果主义裁判模式在各种案件和司法领域广泛存在，该模式强调理性逻辑和实践经验的重要性，同时其并不改变法律推理的核心仍然是演绎推理、三段论模式和涵摄技术。[6] 这些不同观点展示了后果主义在司法中的多样性和复杂性。

---

① See Flavia Carbonell. “Reasoning by Consequences: Applying Different Argumentation Structures to the Analysis of Consequentialist Reasoning in Judicial Decisions”, Sum, Vol. 3, 2011, p.273.

② 该书开篇陈述到，“法律的生命不在于逻辑，而在于经验。对时代需要的感知，流行的道德和政治理论，对公共政策的直觉，不管你承认与否，甚至法官和他同胞所共有的偏见对人们决定是否遵守规则所起的作用都远远大于三段论。法律包含了一个民族许多世纪的发展历史。它不可能被当作由公理和推论组成的数学书”。参见［美］霍姆斯：《法律之道》，姚远译，厦门大学出版社 2015 年版，第 156 页。

③ 参见［美］波斯纳：《法官如何思考》，苏力译，北京大学出版社 2009 年版，第 217 页。

④ 参见［美］卡多佐：《司法过程的性质》，苏力译，商务印书馆 1998 年版，第 75–76 页。

⑤ 德沃金将矛头指向后果考量，认为法以公平和平等作为前提预设，而公平和平等并不是结果导向的。德沃金认为在疑难问题上，关注“什么能够奏效”是不可理喻的，因为法官、律师并没有客观准确的标准来判断“奏效”的内涵。参见［美］德沃金：《身披法袍的正义》，周林刚、翟志勇译，北京大学出版社 2014 年版，第 102 页。

⑥ 麦考密克指出，在处理案件时，法官理应对摆在其面前的各种可供选择的裁判规则所可能造成的后果予以审慎考量，以权衡利弊。参见［英］麦考密克：《法律推理与法律理论》，姜峰译，法律出版社 2005 年版，第 125 页。

反观国内，对以后果为导向裁判这一司法思维过程以及司法实践现象，学者们所使用的称谓不尽相同，如“后果主义裁判”“裁判中的后果考量”“结果导向的法律思维”“后果主义论证”“司法裁决中的逆推法”等。坚持法教义学立场的学者认为后果主义只是法教义学方法的一种补充。传统教义学推理强调“从前提到结论”的顺向推理，要求司法裁判受现行法律的约束。然而，无论是法条主义还是更灵活的法教义学都无法从根本上解决规则僵化的问题，法教义学所构建的合理推理和论证方式是否能给出一个合理的结果也受到质疑——因为无论规范如何被解释、推论，论证如何被展开，其得出的结论也未必正义。①

受国外学说及本土国情与审判实践的影响，有学者对上述理论进行比较研究，也有学者基于数年来国内法治变化以及对后果主义的讨论，对本土后果主义裁判观开展研究。从“法律效果”与“社会效果”相统一，到“政治效果”“法律效果”以及“社会效果”相统一，中国司法实务领域对后果主义的考量越发普遍。理论学界对后果主义的讨论呈现出百家争鸣之态，部分法律实用主义学者主张“超越法律”和“考量后果”，认为后果主义裁判方法应当替代传统的教义推理方法——后果主义考量作为实用主义审判的表现方式，强调论证过程以一种社会学的视角出发，着重衡量目的以及预测社会效果，但同样受到法律条文的限制，在其语义的可能范围内阐释意义和内容。② 尤其是在重大、轰动、疑难的案件中，法官一定会优先考虑后果，将后果的权衡置于司法活动的优先级，之后再根据得出的后果寻找合适的法律规则来进行论证。③

二、司法裁判中的后果主义考量

(一)后果主义在司法裁判中的应用形态

现代社会在评价裁判后果的实质衡量过程中展现出一种开放的姿态，追其根源，这些作为实质理由的根据都植根于一定的利益，是不同利益的要求、反应以及

① 如雷磊发现，无论是在法的发现还是在法的证立层面上，后果主义都无法一般性地成立，而后果论证可以为既有的法学方法所蕴含，至多只能在客观目的论证的框架内具有有限的独立性。参见雷磊：《反思司法裁判中的后果考量》，载《法学家》2019年第4期，第28页。

② 参见张志铭：《法律解释学》，中国人民大学出版社2015年版，第70页。

③ 如有学者借用法律经济学的支配性概念，认为“向前看”才是一种真正负责的司法态度，主张面向未来或注重后果。其更是提出“判决不仅要解决纠纷，还要通过解决纠纷向市场和社会传递激励信号。”参见桑本谦、李秀霞：《“向前看”：一种真正负责任的司法态度》，载《中国法律评论》2014年第3期，第226页。

展现。[①] 与法条主义裁判有所不同，后果主义推理所运用的理由往往并不直接来源于法律，而是蕴含在社会可能的反应中。通过分析典型案例可知，后果主义推理在我国的司法实践中存在五种应用形态，具体而言，广泛权衡了道德因素、经济发展、国家政策、公共舆论以及其他因素。当然，在司法实践的应用当中，这些后果考量因素之间的交叉和并存形态使得案件变得更加复杂，需要进行综合权衡。

1. 基于道德因素的后果考量

在知识范畴上，后果主义属于道德哲学中的一个重要概念。现实生活中，法律和道德之间的冲突时常发生，并且依照法律与诉诸道德来考量后果往往会产生截然相反的结论。[②] 因此，法官的后果主义推理需要考虑道德因素，这是判断决策的重要变量。[③] 在司法领域内，基于道德的后果主义考虑主要涉及判断某个决策是否道德上可接受，以及它是否增进人们的道德认同。经典案例如“张某英诉蒋某芳案”。[④] 根据《民法典》第 1123 条关于遗嘱继承的效力的规定以及第 8 条规定的公序良俗原则，两种法律标准会得出截然相反的结论——如果按照前者的规定来看待此案，显然会认可该遗嘱的合法性，因为该条文未明确排除“情人”或“二奶”等人的继承权。然而，本案的主审法官更注重考虑可能产生的各种社会影响。[⑤] 在这种后果主义思维下，法官在进行论证之前就已经考虑到了判决可能带来的社会影响。具体而言，承认该遗嘱的法律效力实际上意味着暗示、认可和支持“包二奶”或“养情妇”等行为，这与社会公共道德和良好风气相抵触。相反，如果要维护社会道德，反对“包二奶”等不当风气，就必须采取措施否定该遗嘱的效力。

2. 基于经济发展的后果考量

司法判决对经济产生的影响广泛而深远，涉及财产权益、商业环境、市场预期等方面。基于经济发展考量的后果主义裁判与法律经济学有关，旨在通过成本

① 参见杨知文：《利益衡量方法在后果主义裁判中的运用》，载李帅主编：《人大法律评论》2017 年第 2 辑，法律出版社 2017 年版，第 123 页。

② 参见［英］哈特：《法律的概念》（第 3 版），许家馨、李冠宜译，法律出版社 2018 年版，第 276 页。

③ See Robert S. Summers, Instrumentalism and American Legal Theory, Cornell University Press, 1982, p.114.

④ 具体案情参见（2001）纳溪区民事判决书，民初字第 561 号以及（2001）泸民一终字第 621 号。且无论该案在后果主义运用上的是否成功，不可否认的是，该案是一个运用后果主义裁判的典型例证。

⑤ 主审法官曾在接受记者采访时表示对判决后果的忧虑：“如果我们按照《继承法》的规定支持原告张学英的主张，那将有可能助长‘第三者’和‘包二奶’等不当社会行为，这违背了法律旨在体现公平和公正的原则。”参见王甘霖：《“社会公德”首成判案依据“第三者”为何不能继承遗产》，载《南方周末》2001 年 11 月 1 日，第 4 版。

和效益分析来确定最佳决策。司法实践中,法官倾向于选择成本最小化与收益最大化的方案,通常支持“责任规则”。[①] 如“武松打虎著作权纠纷案”展现了法官在审判实践中对经济发展的后果考量。[②] 一审法院判决被告停止侵权并向原告继承人赔偿损失。然而,鉴于被告酒厂已经使用了原告《武松打虎》图像注册商标并在市场上获得了较高知名度,维持一审判决将严重损害其市场效益。在这种情况下,停止侵权作为判决结果不符合诉讼效益要求,在当事人之间不能实现权利义务的平衡。由此,“不如在经济补偿方面做出更大努力,以使双方都能得到妥善补偿。”[③] 因此,尽管二审法院维持了一审法院关于认定被告构成侵权的判决,但有学者从促进经济发展的角度出发,对判决被告停止侵权提出不同意见。[④] 又如在“王某军非法经营案”中,一审法院判决王某军犯非法经营罪。[⑤] 该案中王某军收购玉米再卖给粮库的行为虽然具有行政违法性质,但像他这样的粮食经纪人数量甚多、机动灵活,可以帮助农民直接获取粮食市场的信息。如果对这类人的活动过多约束,可能会导致粮食流通性不足,进而损害农民的利益。该案最终由最高人民法院决定启动再审,并宣判王某军不构成犯罪。

3. 基于国家政策的后果考量

法院扮演着重要的政治角色,在司法实践中已经显露出政策制定的功能。[⑥] 一般而言,国家政策不会成为判决说理中法律推理和论证的依据,但种种现实问题的存在以及法律本身缺陷使政策考量进入司法裁判论证的地界。如“贾某龙故意杀人案”反映了基层农村治理的棘手,顺应了正对基层治理现状的国家政策潮流。[⑦] 从该案判决来看,法官认为还是应当通过死刑来遏制这种村民自治中存在的不良现象。即使存在“少杀慎杀”的刑事政策,法官还得在社会后果层面考量“要不要杀”。法律规范并不能单独决定判决走向,对基于政策的后果考量占了更大比重。此外,国

---

① 参见孙海波:《通过裁判后果论证裁判——法律推理新论》,载《法律科学》2015年第3期,第86页。

② 具体案情参见北京市海淀区人民法院民事判决书,(1996)海知初字第29号与北京市第一中级人民法院民事判决书,(1997)一中知终字第14号。

③ 孔祥俊:《论裁判的逻辑标准与政策标准——以知识产权法律适用问题为例》,载《法律适用》2007年第9期,第6页。

④ 这部分内容参见王彬:《司法裁决中的后果论思维》,载《法律科学》2019年第6期,第25页。

⑤ 具体案情参见内蒙古自治区巴彦淖尔市中级人民法院刑事判决书,(2017)内08刑再1号。

⑥ See Ronald Dworkin, The Supreme Court Phalanx: The Court's New Right-wing Bloc, New York Review of Books, 2008, p.233.

⑦ 具体案情参见河北省高级人民法院刑事裁定书,(2016)冀刑终27号。

家大力扶持的精神层面的政策也是司法裁判中的重要考量因素。最典型的如正义观念。在“广西驴友案”中，一审判决酌定被告按照一定的责任比例承担赔偿责任，在这个案件中法官在判决书的一段论证已经初显后果主义论证的雏型。[①] 主审法官在采访后表达，希望通过案件的法律后果来引导公众的行为方式，尽管一个判决可能对法律没有太大影响。[②] 类似案件还有“电梯劝阻吸烟致死案”。[③]

4. 基于公共舆论的后果考量

公共舆论在司法判决的后果考量中也扮演着重要角色。一些重大案件一经媒体发酵就容易引发舆论关注。舆论的压力促使法院考虑案件后果的公正性和合理性，对案件重新审视，确保判决结果符合朴素的道德或常理、情理。专业司法程序的判决可能与普通公众的常识和道义判断不一致，容易引发司法与民意的冲突。[④] 例如，“于欢案”中二审法官对一审判决刑事部分的撤销，是基于公共舆论后果考量的一个隐秘例证。[⑤] 在一审法院判处于欢无期徒刑后，一篇《刺死辱母者》的文章在网络上快速发酵，引发公众对人伦道德与正当防卫话题的讨论，舆论对于欢产生了强烈共情。虽然经过法庭调查被害人的行为并没有辱母文中描述的恶劣，但二审法官在判决书中仍然认定被害方存在恶劣手段侮辱于欢之母的重大过错。最高人民法院发布的指导案例 93 号裁判要点四中明确表示，在处理过度防卫案件时，如果发生了严重侮辱他人人格尊严或侵犯人伦的不当行为，需要充分考虑这种情况，以确保司法裁判既合乎法律规定，又符合社会公平正义原则。[⑥] 这是对公共舆论的一种回应。再如“许霆案”，许霆被一审法院判处无期徒刑。[⑦] 该案在一审判决后立即受到广泛关注，舆论普遍认为法院判处无期徒刑明显过重。法院的合理性论证遭受了民众的合理性质疑，这也是案件启动重审的重要原因。法官在法庭外的言论便印证了后果主义思维，具体表现为广州中院在重审时强调法律效果和社会效果的统一，根据案情的犯罪事实和社会危害程度，判定较轻的刑

---

① 具体案情参见广西壮族自治区南宁市青秀区人民法院民事判决书，（2006）青民一初字第 1428 号。

② 参见陈华婕、田波：《“驴友”案：主审法官“吃螃蟹”》，载《法律与生活》2007 年第 1 期，第 6 页。

③ 具体案情参见河南省郑州市金水区人民法院民事判决书，（2017）豫 0105 民初 14525 号。

④ See John Bell, Policy Arguments in Judicial Decisions, Oxford University Press, 1983, p.23-24.

⑤ 具体案情参见山东省聊城市中级人民法院刑事附带民事判决书，（2016）鲁 15 刑初 33 号与山东省高级人民法院刑事附带民事判决书，（2017）鲁刑终 151 号。

⑥ 请参见指导性案例 93 号于欢故意伤害案，最高人民法院审判委员会讨论通过，2018 年 6 月 20 日发布。

⑦ 具体案情参见广东省广州市中级人民法院刑事判决书，（2007）穗中法刑二初字第 196 号与广东省广州市中级人民法院刑事判决书，（2008）穗中法重字第 2 号。

罚。①这里的“充分考虑法律效果与社会效果的统一”就表明法院已经充分预见到判决后可能产生的社会效果——在此具体表现为公共舆论压力——而使其必须在论证中予以考虑。②

5. 影响后果考量的其他因素

除了将道德、经济、政策以及舆论等因素纳入后果考量范围，具体的司法实践还会考虑其他因素与后果。在司法实践中，法官不仅要履行公正、客观、独立的职责，还要保护自己的权益和职业尊严。首先，司法体系中存在层级制度，这导致下级法院的法官通常担心自己的判决可能会被上级法院发回重审或者改判。其次，信访制度使法官在裁判过程中更加审慎。法官明白他们的判决结果可能会受到公众的密切关注和评价，因此他们会更加慎重地考虑各种因素，以确保判决是公正合理的，并符合社会期望。③但无论判决结果正确与否，也无论信访是否有理，涉诉信访可能带来的接访、汇报、被有关部门调查等问题都表征着对法官工作的负面评价，也是每个法官力求避免的问题。最后，不合理的绩效考核指标和职务交叉权力的存在也对法官的后果考量产生影响。在纠纷频发、案件数量剧增的当下，法院面临巨大压力。形式化的绩效考核通常与晋升和职业发展有关，因此法官不得不考虑各种绩效指标的完成度，从维护自身职业利益的角度来看，这也成为法官在实际裁判中考虑的重要因素。

(二)后果主义裁判的运作路径与特征

后果主义在裁判实践中基本遵循“可适用性调查—后果的预测与评价—后果的适用与裁判的作出”的路径。④

第一步是可适用性调查阶段，这是整个后果主义裁判的起点。在这一步骤中，法官必须评估案件是否适合采用后果主义裁判的原则。这要求法官首先明确其首要责任是执行和适用法律。只有在根据现行法律标准的推导得出的判决看似不正义或不合理，或者在案件中缺乏现有法律标准时，法官才有可能考虑采用后

---

① 参见游春亮、邓新建、高艳梅:《前后量刑相差悬殊的背后——广州中院对许霆案的判后答疑》，载《法制日报》2008年4月1日，第5版。

② 参见杨知文:《司法判决证立的理由》，载《广东社会科学》2012年第4期，第252页。

③ 卡多佐说:“保持法律的一致性、公正是最基本的社会利益之一。与此相似，社会看重稳定、秩序、连贯。”参见[美]A. L. 考夫曼:《卡多佐》，张守东译，法律出版社2001年版，第217页。

④ 德国法学界对后果主义推理已经有不少出色的研究，参见Wolfgang Kilian, Juristische Entscheidung und elektronische Datenverarbeitung, 1974, p.207-237。

果主义裁判，以便更好地实现公平和社会正义。

第二步注重后果的预测与评价，是该路径的核心过程。在这个阶段，法官要综合考虑各种因素，包括伦理、经济、政策等，以评估不仅是法律效果，还包括法律之外的社会后果。法官需要推测不同判决结果可能对社会产生的影响，并评价这些影响的合理性。这种综合考量涉及更广泛的社会利益，旨在确保判决的结果有利于社会的整体利益。

后果主义裁判的第三步是将通过预测和评价获得的可期的社会后果应用到具体裁判中。这意味着法官需要将社会后果与案件的具体事实和法律问题相结合，以支持特定的判决结论。而在实际操作中，法官通常不会在判决书中明确表明他们的后果主义立场，而是巧妙地运用法律术语和裁判技巧达到这一目的。

基于此，后果主义在裁判实践中体现出启用背景的特殊性与结论的非终局性两方面特征。虽然在运用后果主义时套上合法性的外观以期望达到其所预想的后果，但有时这样的论证方式并不缜密。在中国司法实践中，演绎性推理是法官合法性论证的常规进路，也是最安全、成本最小的论证进路。上述案件的审理背景也多有相似之处，即这些案件在审理过程中或审理后受到了社会的极大关注，法官面临合理性论证的压力。① 后果主义就是在这种背景下被法官作为一种论证进路来选择的。此外，对于司法裁决的正当化而言，后果主义论证仍然不是一种终局性的论证，其证成还要接受其他论证形式的检验。这也就要求在论证过程中综合使用各种论证方法，通过交互印证，实现对裁决结果的最终证明。进言之，后果主义论证并不意味着后果论是法官考量的唯一标准，也不是说后果论是法官唯一的论证进路，而是说法官在各种备选答案中，在各种论证进路中，系统性后果是法官权衡的一个重要考量因素。②

三、后果主义考量的正当性与局限性

（一）后果主义考量的正当性

后果主义考量有助于纠正法官形式主义论证僵化趋势。在成文法的法文化背景里，形式主义推理是法官审理案件的首选推理进路。虽然在多数情形下形式主

---

① 参见［德］卢曼：《社会中的法律》，郑伊倩译，人民出版社2009年版，第199页。

② 参见唐娜、王彬：《结果导向的裁判思维——基于法官审判经验的实证研究》，载《法律适用》2020年第4期，第87-91页。

义推理可以保证司法裁决的有效性与可接受性，但从实践中法律规范本身的固有缺陷和疑难案件中特定的事实之间的紧张关系来看，形式主义推理在疑难案件中的可接受性经常会遭受质疑。① 通常来说，依法裁判要求法官严格遵循法律规则，通过运用法律发现、法律推理以及法律解释等方法为案件的解决提供妥当的依据。在疑难案件的处理中，法条主义司法方法限制并引导了后果主义司法方法的应用，而后者为法律推理、法律解释和法律论证等法律方法的运用提供了实质性的理由。这两种方法在很大程度上可以相互补充和合作，以提高案件裁决的合理性和可接受性。

后果主义考量有利于吸纳不同法学范式的卓越成果与实践智慧。从方法论的理论渊源来看，法条取向的法律方法与法律教义学联系密切，甚至其本身也是法律教义学的主要组成部分，而后果主义司法方法则带有浓厚的社科法学色彩。② 有学者在总结社科法学者与法教义学者展开的对话时，提炼出了社科法学的基本共识，指出后果主义考量的裁判方法同时关联了法律教义学和社科法学，因此具备从这两个不同法学范式中汲取理论资源的天然优势。③ 司法实践和社会发展的复杂性导致没有一种法学理论可以独自主导裁判，法学理论自身发展的不完备性决定两大学科在相互批判和竞争的同时需要彼此借鉴和发展。后果主义的裁判方法提供了一种综合性视角和方法，促进了不同法学范式之间的合作，增强了法官从理论研究到实际应用的可操作性。④

后果主义考量能够帮助司法者择取更为合理的法律解释理论。法律的解释能够使法律具体化、明确化以及体系化。⑤ 在法律解释实践中，各种解释方法的运用呈现出一种彼此融合的态势，没有哪一种解释方法是绝对有效的；完全主导和完全辅助地位的法律解释方法并不存在，各种解释方法均值得深入研究。⑥ 这也就导致在司法实践中，法律解释结果有时会存在冲突或竞合的情况，此时后果取

① See Roscoe Pound, “Law in Books and Law in Action”, American Law Review, Vol. 44, 1910, p.25-27.

② 参见李晟：《实践视角下的社科法学：以法教义学为对照》，载《法商研究》2014年第5期，第81-84页。

③ 参见侯猛：《社科法学的传统与挑战》，载《法商研究》2014年第5期，第75-77页。

④ See Philip Pettit, “Consequentialism”, Dartmouth Publishing Group, Vol. 6, 1993, p.235.

⑤ 参见杨仁寿：《法学方法论》，中国政法大学出版社2013年版，第133-134页。

⑥ 参见张志铭：《法律解释学》，中国人民大学出版社2015年版，第70页。

向法律解释运用的首要意义就在于帮助法官有效地筛选出较为合理的解释结论。①在疑难案件的审判过程中，司法者的思维习惯与偏好影响甚至决定着裁判结果的得出，隐含于司法者内心的思维过程常常决定法律的解释，而对社会效果的考量以及利弊得失的权衡是时刻存在于法律解释的思维过程中的。②可以说后果主义考量为法律解释提出了新思路，也为司法裁判的论证提供了可供参考的论辩理由。

后果主义考量能够协助法院更好地实现社会塑造功能。借助后果主义的裁判方法，法院不仅发挥了传统解决纠纷的职能，还可以通过案件审理来塑造社会秩序。③特别是在处理复杂案件时，涉及情感与法律、道德与法律、大众推理与法律专业人员推理以及精英思维与一般公众思维之间的交汇和对接，此时后果主义考量便展现出强烈的现实关怀意识。案件的审理不仅关乎当事人的权益，还涉及社会问题。法院的裁决将对社会产生深远的影响。从后果主义的角度看，法官会考虑判决是否有助于维护社会的公共利益、法律秩序和社会稳定。他们会权衡各种因素并把握社会发展的动态，包括社会道德价值观、公众接受度、公平正义等，以确保裁决结果为人乐于接受，对社会产生积极的影响。④通过积极运用后果主义论证，法院可以更好地履行社会秩序塑造和社会公正维护的职责，为社会的发展和进步做出积极贡献。

后果主义考量能够推动实现法治的真正内涵。法治不仅是“规则”之治而且也是规则“之治”，法律始终是通过调整社会关系来解决社会问题、增进社会福利的重要手段。法治追求的“良法善治”不仅要求要严格地按照法治思维和法律方法对社会进行治理，还要求这种治理所产生的效果也必须是良好的。⑤随着我国法治建设的推进和社会转型期各种社会矛盾的凸显，这就要求法院和法官不能仅仅“就案论案”，还应当考虑到案件可能产生的社会效果及其连锁反应，既要着眼于依法办案和案结事了，也要未雨绸缪地“向前看”。⑥从现实角度来看，“法律效果

① 参见杨知文:《后果取向法律解释的运用及其方法》,载《法制与社会发展》2016年第3期,第171页。

② 参见桑本谦:《法律解释的困境》,载《法学研究》2004年第5期,第9页。

③ See Lawrence Baum, American Courts: Process and policy (Seventh Edition), Wadsworth, Cengage learning, 2013, p.7–8.

④ 参见杨仁寿:《法学方法论》,中国政法大学出版社2013年版,第135页。

⑤ 参见于浩:《转型中国的法治化治理》,载《华东政法大学学报》2017年第2期,第78–80页。

⑥ 参见桑本谦、李秀霞:《“向前看”:一种真正负责任的司法态度》,载《中国法律评论》2014年第3期,第229页。

与社会效果相统一”是我国长期的司法理念，法官将案件的后果预测与权衡过程写入判决书，有利于促进司法公开，通过发挥典型案例以案释法的积极作用。由此可见，在坚守法治底线的前提下，对于后果的合理预测和充分考虑是实现司法社会效果的关键路径，也是实现法治内涵和建设中国法治的关键要素。①

（二）后果主义考量的局限性

1. 宏观话语层面的隐患

一方面，过分依赖于后果主义的裁判方式容易引发“通盘考量”泛滥，导致对社会效果论的异化。②司法实践中，后果主义法律推理常被套用于政策的“法律效果与社会效果相统一”的口号下，似乎是一种全新的法律方法。但法院对“后果”认知的不确定性使一些社会效果理论者错误地将社会效果论与后果主义裁判混为一谈，以“后果”的名义引入了法院的裁决。③这实则是一种不成功的尝试，是一种假象。后果主义裁判是一种更为精细和科学的方法论，与社会效果理论在基本原则和运作方法上存在显著差异。这种异化会使人们难以把握司法实践对于社会效果的态度，误导人们将司法“注重社会效果”与司法“以社会效果作为推理和论证的逻辑起点”错误地等同。此外，社会效果论的异化还会产生一种将社会效果等同于评价裁判可欲与否的唯一标准的趋势，催生将后果主义的推理方法视作司法裁判应当采纳的仅有路径的倾向。在这种情形下，司法裁判的后果导向性质容易在司法实践中导致“去法治化”的风险，其强调社会效果的外观也容易威胁法律的规范性及权威性。④

另一方面，后果主义考量也面临法律工具主义的危险。法律同时具有工具性价值与目标性价值，任何一种价值的缺失都会损害法律意义的完整。⑤司法裁判中过度强调裁判的功能性角色仅强调了法律的工具性价值，这种活动将判决的目标视为外在价值——这种价值独立于法律本身而存在，可能导致法律被视为实现特

---

① 参见王彬：《司法裁判中的“顺推法”与“逆推法”》，载《法制与社会发展》2014年第1期，第76页。

② 参见陈辉：《后果主义在司法裁判中的价值和定位》，载《法学家》2018年第4期，第40页。

③ 参见王彬：《司法裁决中的后果论思维》，载《法律科学》2019年第6期，第17-20页。

④ 博登海默指出：“为了作出一个正义的判决，法官必须确立立法者通过某条特定的法律所旨在保护的利益。”参见［美］E.博登海默：《法理学、法哲学与法律方法》，邓正来译，中国政法大学出版社2004年版，第151页。

⑤ 参见［英］约瑟夫·拉兹：《法律的权威》（第2版），朱峰译，法律出版社2021年版，第200页。

定目标的工具，使法律滑入法律工具主义的误区。在结果导向的司法裁决中，片面强调法律的工具性价值可能会使法律沦为可被替代的治理工具，从而削弱法律的权威性。在我国当前审判体制下，基于后果主义考量的裁判往往隐性地存在于法官的思维活动中，法官的工作重点不再是进行抽象的理论建构，而是通过运用各种知识工具使案件“获得好的结果”，如此一来可能会导致其行为偏离实体法的规定，颠覆法治的逻辑。[①] 此外，后果主义审判所导致的法律工具主义危险主要表现为“功利性司法”，其与公正有着相背离的天然趋势，往往只会助长裁判者的恣意性，不利于个案正义的实现。[②]

2. 微观技术层面的隐患

一方面，基于后果主义考量的推理方式存在明显的评价规则和标准缺失。相对于以法律规则为基础的传统推理，基于后果的推理在很多问题上显得模糊不清，破坏人们基于制定法所产生的正当期待，使之面临合理性危机。[③] 例如，什么样的后果应该被认为是积极的或消极的？如何确定用于评估后果的因素？如何证明某个行为与某个可预见效果之间的因果关系？目前还没有清晰的答案，这凸显了后果主义审判中评价后果的规则和标准的不足。此外，以后果为导向的司法裁判，其评价主体不明确，无法回答某个后果对于何者是有益或无益的。[④] 法官也并非预言家，即使是专业的社会学家或是经济学家，也无法准确预测某一事件产生的社会效果在纵向发展中是否变化、有何变化。值得注意的是，对后果的评价需要科学经验和统计分析的支持以保持一致性，而我国目前很少应用这些精细的方法；即使司法实践中熟练运用科学方法，也只能在一定限度内提升预测的准确率。[⑤] 忽视评价规则与标准而仅仅强调考量后果对社会事实的影响容易模糊与立法者活动之间的界限，导致司法者的裁量空间被无端扩大，消解规则的可预测性

---

① 参见张超:《能动司法与实用主义后果论——基于“法治”理念的一个检讨》，载《法律科学》2012年第5期，第3页。

② 参见杨知文:《后果取向法律解释的运用及其方法》，载《法制与社会发展》2016年第3期，第171页。

③ 参见陈金钊、焦宝乾等:《法律解释学》，中国政法大学出版社2006年版，第431页。

④ See Flavia Carbonell, “Reasoning by Consequences: Applying Different Argumentation Structures to the Analysis of Consequentialist Reasoning in Judicial Decisions”, Sum, Vol. 3, 2011, p.271.

⑤ 参见孙海波:《通过裁判后果论证裁判——法律推理新论》，载《法律科学》2015年第3期，第89页。

与确定性。[①]

另一方面，目前司法裁判在依据社会效果对裁判结论进行正当性论证时，并没有系统地阐明如何把后果取向融入法律解释中。[②]法治论者提出，当下国内诸多法学流派的主要观点存在对现行法律规范的效力进行程度不同的消解、修正、甚至废止的倾向，这些流派对带有教义学属性的法律解释学的基本观点进行批判，使法律人思维中的规范隐退。[③]司法实践中存在把裁判结论的合理证成等同于法律解释的误区，具体表现为许多后果取向解释假借目的解释名义，而在实质上却贯彻后果主义。在同样的情形下，解释者将解释的重心置于司法裁判的社会效果上，重点关注当前案件在应然层面上所服务的诉求，导致法律解释与裁判结论的合理性证成被混为一谈。[④]后果取向解释经常借助道德和政策等法外因素以及合理标准作为正当性的评价依据，并以此为基础，直接根据预期后果反向推导实现该后果所必要的解释观点，遵循一种用预期的社会效果反向制约法律解释的路径，将所要实现的后果诉求置于第一位，挤压文义与体系等解释方法的适用，忽视法规范因素，破坏法律解释方法的适用顺序。

3. 其他风险

后果主义在追求社会效果方面的倾向，也伴随一系列潜在风险。最主要的风险之一是可能会导致法官行使恣意和专断权力，强化偶然事件对判决的影响。这种情况下，司法的公正性可能受到挑战，法官的裁决可能更易受到主观因素的影响，而非法律的客观标准。由于社会效果存在不确定性以及难评估性，那些拥有更多物质资源和影响力的强势集团、强势主体对司法机构的干涉可能会加深。这不仅可能导致司法的依法独立性受到侵害，还可能使司法系统受到外部势力的操控，影响其本应的中立性和公正性。在这种情况下，需要深刻思考如何有效防范这些潜在风险。确定谁是这些强势主体，谁具有强大的物质力量，将决定着法院的裁判结果。为了维护司法的独立性和公正性，必须建立切实可行的机制，确保司法决策不受外部势力左右。此外，坚持在法律之外考量社会效果可能会使

---

① 参见张宇飞：《人性尊严的宪法解释方法及其问题——以克隆人宪法争议为例》，载《法学论坛》2009 年第 4 期，第 102 页。

② 参见戴津伟：《司法裁判后果取向解释的方法论应用》，载《法学》2020 年第 7 期，第 178-180 页。

③ 参见陈金钊：《法律人思维中的规范隐退》，载《中国法学》2012 年第 1 期，第 11-13 页。

④ 参见［德］卡尔·拉伦茨：《法学方法论》，陈爱娥译，商务印书馆 2003 年版，第 218 页。

得其他非法律因素影响司法实践，干涉法院的裁判。这些问题不仅仅影响着司法实践的稳定性和公平性，还对社会中的权力关系和公共利益产生深远影响，因此都是司法实践在进行后果主义考量时应当谨慎的理由，需要进行深入思考和研究。

四、司法裁判中后果主义考量的限度

（一）限定后果主义考量的发生场域

1. 时间上：在建立起系统性后果考量的基础上启动

启动后果主义论证应该有一个基础性理由以使论证正当化，以便为接受和适用特定的承认标准提供正当理由。①这个基础性理由必须基于某种更具一般性的法律论辩和证明理论之上，系统性后果考量是法官启动后果主义论证的基础性理由。这里的系统性既可把法律看成是能自成体系的法系统，也可以把法系统看成与社会其他系统构成更大的社会系统。系统性后果考量主要是指某个案件的判决足以引起在法律系统甚至是社会系统的基本性变化，与个案的裁决后果紧密相关，分别是引起法律系统内的冲突和引起系统性的社会后果。②在这个系统性体系中，所有因素都是相互影响、相互作用的，系统中任何因素的变化都会导致“牵一发而动全身”的连锁反应。③这种系统性后果足以使法官有足够的勇气与理由对将要裁决的案件从后果论视角进行权衡论证，以支持其所想要的或想要避免的某种判决效果。

2. 空间上：后果主义考量应限定于疑难案件的审判中

在司法实践中，疑难案件通常表现为法律与道德、社会发展或是价值判断存在分歧，从而使传统法律推理中的大前提难以形成，司法三段论无法运行。即便是在法律的解释过程中，司法者也倾向于利用表面形式推理掩盖事实价值判断，容易强化司法审判的主观恣意性。④作为一种裁判思维的后果考量，其目的就是在

① 参见［英］麦考密克：《法律推理与法律推论》，姜峰译，法律出版社2005年版，第135页。

② 关于这方面的研究，参见韦志明、余继田：《影响性案件中的后果主义论证》，载陈金钊、谢晖主编：《法律方法》（第14卷），山东人民出版社2013年版，第185-186页。

③ 参见蔡琳：《法律论证中的融贯论》，载《法制与社会发展》2006年第2期，第201页。

④ 参见王彬：《司法裁判中的“顺推法”与“逆推法”》，载《法制与社会发展》2014年第1期，第79页。

法律稳定性与社会变动性之间寻求一种平衡的支点。通常来说,法官对于后果应当有一种直觉,即通过结合经验来对判决的后果作出合理预测,使法律能够与社会变化保持基本一致的步调,而不是一味依据道德原则以及正式的法律分析。① 然而,需要注意的是,疑难案件不一定都适用后果主义裁判思维,因为疑难案件呈现出多种类型,如规范缺失型、理由冲突型和语义模糊型等。因此,学术界提出了多种方法,如目的解释、类比推理和利益权衡,以应对疑难案件,而这些方法不会超越现有法律框架,仍需符合法律规定。②

(二)厘清法律效果与社会效果的关系

在"法律效果和社会效果相统一"的司法政策下,正确处理二者的关系能够防止社会效果论的异化。学术界对于法律效果与社会效果之间的关系有三个主要观点。第一种观点是"统一论",认为法律效果应与社会效果相协调,甚至在必要时情愿权衡法律效果作出让步以实现社会效果。第二种观点是"分离论",主张这两个效果可以独立处理,因为认为社会对法治的需求很强烈,但法治觉悟和法治供给尚未匹配。③ 第三种观点是"折中论",认为应当区别对待对法律效果和社会效果。该观点从实务角度出发,认为基层法官应更多地考虑社会效果,而城市地区法官则需权衡法律效果和社会效果。在此,本文更倾向于支持"折中论"的观点,因为它有助于避免将法律效果与社会效果混淆。同时,在某些特定案件中,当严格适用法律标准导致极端不公正或难以接受的判决时,可以使用社会效果来审查法律效果,以期找出符合预期裁判结果的法律解释,但不是放弃或替代法律效果。

(三)作为法条主义司法方法的内嵌机制

长期以来,反对法条主义的观点甚嚣尘上,当前关键的任务是要明晰法条主义与紧邻的法律形式主义这一相关概念。实际上,法律形式主义更多的是一种法

---

① See Oliver Wendell Holmes, "The Path of the Law", Harvard Law Review, Vol. 10, 1897, p.183-184.

② 参见孙海波:《通过裁判后果论证裁判——法律推理新论》,载《法律科学》2015 年第 3 期,第 90 页。

③ 参见孔祥俊:《论法律效果与社会效果的统一——一项基本司法政策的法理分析》,载《法律适用》2005 年第 1 期,第 30 页。

学学说、法律哲学或法学派别，其核心理念强调法律的绝对确定性和无缺陷性。然而，法条主义关注的主要是实际法律，却不忽视价值判断；法条主义注重法律文本的解释，但又不受限于文本的字面义；法条主义强调法律的确定性和完备性，但并不认为法律是绝对确定和没有漏洞的，这也是为何法条主义一直保持活力的原因。后果主义司法方法是法条主义司法方法的内在机制，其目的是在处理复杂案件时调整法条主义，使之适用于各种复杂的案情。[①]在司法实践中，它参考抽象的伦理价值标准，这些标准是整体法律秩序的一部分，或至少与法律原则和价值相符。司法裁判并不是一种“超越法律”的裁判，法官不能如同立法者般突破现行法律的框架“俯视”法律，而是在框架内“仰视”法律，法官审判是一种“戴着镣铐跳舞”的过程。[②]后果主义裁判通常以法条主义的推理形式表现，但其背后隐含着后果考量。

（四）司法裁决中后果考量应受一致性论证的制约

如前文所述，当法律的解释存在疑义或在选择裁判规则方面存在争议时，后果论证被视为一种演绎证明的补充，而非最终性的论证形式。这一论证形式的重要性在复杂案例中变得尤为明显，因为在这些案例中，法官需要确保某一解释或法律规则的一致性逻辑与法律体系内的价值一致性相结合，以支持后果主义裁判。后果论证的核心概念在于通过考虑判决后果来验证裁判规则。这不仅作为判决推理的重要前提，同时也涵盖案件的事实，以确保逻辑推论的一致性。[③]这意味着后果论证是形式论证的补充和支持，其必须符合形式逻辑的标准。这一点至关重要，因为法官需要确保他们的决策是建立在坚实的法律原则和推理基础上。此外，法官在裁决案件时需要平衡考虑后果的吸引力，以满足法律体系内的价值标准。[④]这意味着他们必须考虑案件的社会影响、公共利益、个人权利等方面的因素，以确定最终的决策。这也反映了法官的角色不仅是法律的解释者，还是社会的仲

---

① 参见孙海波：《“后果考量”与“法条主义”的较量——穿行于法律方法的噩梦与美梦之间》，载《法制与社会发展》2015年第2期，第174页。

② 参见于浩：《法治、法律确定性与法律解释》，载陈金钊、谢晖主编：《法律方法》（第22卷），中国法制出版社2017年版，第159页。

③ See Richard A. Wasserstorm, “The Judicial Decision: Towards a Theory of Legal Justification”, Stanford University Press, 1961, p.25-28.

④ 参见［英］尼尔·麦考密克：《法律推理与法律理论》，姜峰译，法律出版社2005年版，第146页。

裁者,他们必须在法律与伦理之间找到平衡点。后果主义考量不仅是演绎证明的有力辅助,还是确保法律决策合理和一致的关键元素。法官需要运用后果论证来支持他们的决策,同时在法律体系内的价值标准和公共利益之间取得平衡,以确保正义的实现。这使后果论证成为法律体系中不可或缺的一部分。

(五)借用目的解释构造后果取向解释的可行进路

后果取向解释,按照日常文义,是依据后果确定法律解释结论。在具体运行过程中,司法者通过权衡不同解释及其影响,分析不同解释能够带来的各种后果,最终决定合理的法律解释结论。① 后果取向解释首先确定预期的合理后果,再倒推法律解释,将"后果取向"等同于"后果主义"。这种社会话语逻辑早在民国时期就流行一时,要求法律解释将寻求法真意与追求法规范妥恰适用并重,从而实现维护社会稳定、促进社会发展的目标。② 目的解释本身是一种目标导向的解释方法,具有一定的效果要求,离不开合理后果的导向作用。因此,目的解释可以作为沟通后果取向解释和法律解释之间的桥梁,使合理的后果主义考量和论证在法律解释中具有指导和评价功能成为可能。一方面,必须进行区分,以将后果取向的解释融入法律目的的解释中,这牵涉泛化后果取向与扩展目的解释以及持续扩展目标导向的关系。在多种目的因素中,必须明确区分法律规范的目的与法律之外的目标导向,以防止后果取向解释对目的解释造成扭曲。法外目的通常是通过法律的实施来达成的具体目标,通常包括政策和社会需求等要素。③ 在司法裁判中,法外目的通常表现为裁判的功能目标。而法内目的则是法律规范本身的目标。目的解释应以法内目的作为价值引导和功能导向的基础。因为功能目的需要通过法规本身的目的来实现,所以功能目的与规范目的、法外目的与法内目的之间存在递进关系。另一方面,目的解释与其他解释方法之间存在递进关系,当其他解释方法导致多种解释可能性或明显不公平结果时,可以借助目的解释来进行权衡、选择和修正。

① 参见杨知文:《后果取向法律解释的运用及其方法》,载《法制与社会发展》2016年第3期,第169页。

② 参见方乐:《民国时期法律解释的社会话语逻辑》,载张志铭主编:《师大法学》(第2辑),法律出版社2017年版,第280页。

③ 参见钱炜江:《论司法裁判中的目的解释》,载《法制与社会发展》2018年第5期,第187页。

（六）建立系统性的后果认定标准

为了避免后果主义审判的随意性，法官在考量裁判后果时应确保其具有一定的系统性。如果法官仅仅根据个案后果的可欲性来选择裁判理由，这将导致裁判实践的差异化。因此，后果主义只能提供有关地方性而非普遍性的司法指导，与“同案同判”的裁判伦理不符。因此，法律的适用和法官的裁决不应仅仅取决于个案裁决的特定后果，而应考虑到在类似案件中可能产生的系统性后果。① 法官的职责不仅在于解决当前的争议，还包括考虑他们的判决如何影响未来的相似案件。这类似于立法者在制定法律时考虑的事实和目标，他们的目标是通过审查判决的系统性影响来建立普遍有效的法律规则。在实践中，这意味着法官需要审慎考虑他们的判决如何适用于广泛的情境，不能仅仅依赖于当前案件的具体事实，而应该考虑类似案件中可能出现的相似事实和后果。这需要法官具有广泛的法律知识和敏锐的社会洞察力，以便更好地预测他们的判决可能对整个法律体系产生的影响。此外，法官还应该遵循一些基本的法律原则，以确保他们的判决不仅在个案中是公平和公正的，还应该是一种有利于社会正义和法治的判决。这些原则包括平等原则、法律的确定性和可预测性，以及法律的一致性。② 只有在遵循这些原则的情况下，法官的后果主义裁判才能真正成为一种有益于整个社会的司法实践，从而有助于建立普遍有效的法律规则，维护法治和社会正义。

五、结语

疑难案件引发司法裁判中法律效果与社会效果之间不协调的问题，完全依靠传统的形式难以既维持社会秩序又主持个案正义。后果主义强调在裁判中广泛权衡道德因素、经济发展、国家政策、公共舆论以及其他因素等，考量不同裁判结果的实际后果，是一种实用的司法哲学。后果取向的思维和方法可适用于所有仰赖实践理性以追求良善的行为，成为一种备受关注的裁判取向。与此同时，后果主义不是法官考量的唯一导向，而是为司法裁判提供了一条可行的论证进路。具体

① See Richard A. Posner, “Judge’s Writing Styles (and do they matter?)”, The University of Chicago Law Review, Vol. 4, 1995, p.57–59.

② 参见［美］塔玛纳哈：《法律工具主义对法治的危害》，陈虎、杨洁译，北京大学出版社 2016 年版，第 337 页。

到本文探讨的主题,一方面,不能将后果主义司法方法视为方法论中的洪水猛兽,应当认识到其在纠正形式主义论证、吸纳不同范式学术成果、协助法院塑造社会以及推动实现法治真正内涵等方面的价值和功用以及智识贡献。另一方面,要立足于法条主义的立场,在厘清法律效果和社会效果的关系的基础上,通过限定后果主义考量发生的场域、建立系统性的后果认定标准以及一致性的论证机制等,警惕后果主义司法方法在宏观话语和微观技术层面可能产生的隐患以及其他风险。应当始终明确:鼓励思维模式的多元与坚持规范并不冲突。后果主义考量并非突破规则的形式主义限制,司法裁判者也并非在后果论思维导引下对立法权造成僭越、冠冕堂皇地以后果论理由做出裁决,而是坚持"始于规范,终于规范"。

(编辑:杨知文)

"法理中国"的修辞构造及方法意涵

张洪新*

摘　要　"法理"是法学理学的中心主题，理应成为法学的共同关注。"法理中国"命题之建构，必须回到中国实践。中国"法理"之法并非思维，亦非客观实在，而是侧重动作，法由乱起，法治是治国理政的根本方式；中国"法理"之理并非西方理论理性，并非理论智慧的逻辑表达，而是一种实践理性，是实践智慧的直观表达，主观性、情之理与客观物、道之理，相融相生，汇聚起法理的全部价值与意义；中国"法理"整体依凭并最终导向公共理性，趋向于真理性认识，是一个开放而圆融的本体存在。

关键词　法理　训诂　公共理性

一、问题与方法

（一）"法理"的当前境况

由于受到"缺乏实践效果"和"与部门法知识重合"的双重怀疑，"法理学"的学科属性及重要性，历来遭受法学界尤其部门法学者的质疑。[①] 清晰厘定"法理学"

*　张洪新，男，山东临沂人，法学博士，法学博士后，周口师范学院政法学院副教授，研究方向为法律方法。

①　参见陈景辉：《法理论为什么是重要的——法学的知识框架及法理学在其中的位置》，载《法学》2014 年第 3 期，第 50-67 页。

的研究主题与研究方法，关联着“法理学”的“学科”地位，也是取得部门法学者认同的关键。近来，张文显在《法理：法理学的中心主题和法学的共同关注》中提出，应将“法理”作为“法理学”的研究对象。① 张文显指出，“法理”拥有理论与实践两个相面：在理论上，“法理”是一个具有丰富内涵要素的概念，包含“法之道理”“法之原理”“法之条理”“法之公理”“法之原则”“法之美德”“法之价值”“法理之学”等构成性内容；在实践，法理可作为兜底性法律渊源，增强司法文书的可接受性。以“法理”为中心主题和核心关注的中国法学，必然迈向中国法学的“法理时代”，“法治中国”必将呈现“法理中国”的鲜明品质。

或以为，张文显的“法理”呼吁，固然值得肯定和钦佩，可视为“法理学”学科本身的一种理论自觉。② 然而，考虑到以下两个方面原因，“法理中国”命题的建构仍然“任重而道远”：（1）在概念层面，尽管“法理”拥有丰富内涵要素，但共识性“法理”概念尚未被凝练出来，建构“法理中国”命题的主要范畴仍然不可见；（2）当前有关“法理”的理论意涵和实践效能的论述，仍然主要是在西方法律体系及知识框架中进行，即便“法理”重要，法理的“中国性”无法彰显。“法理中国”命题仍须予以深层次思考。

在此，“法理”语词本身便提示了一种努力和思考的方向。在西方知识框架内，“法理”作为法律原理或/和法律渊源是固定词，作为整体而存在和使用。然而，在中国尤其古代中国，“法”与“理”并非一固定语词，而是作为确定的单音词各自独立使用。中西方语词存在如此巨大差异，将决定当代中国法理学的建构截然不同于西方。逻辑上，“法理中国”命题是可能的，需要讨论中国法理学理论建构中一些重要的原点性问题：一是法理之法由何而起，法理的起点和依据问题涉及法的必要性；二是法理之理的展开路径为何，法理为“理性”之一种，而理性方法的选择，决定法理的进入路径，决定法理之法的呈现方式及水平；三是法理自身最终落脚于何处，终点涉及法理的目的和标准问题。对这些原点性问题的不同回答，决定了中国法理学建构的范畴、不同原则及方法论要义，形成“法理中国”命

① 参见张文显：《法理：法理学的中心主题和法学的共同关注》，载《清华法学》2017年第4期。

② 参见瞿郑龙：《如何理解“法理”？——法学理论角度的一个分析》，载《法制与社会发展》2018年第6期。

题的独特理论意涵。为此，建构中国自己的法理学，必须回到传统中国的实践，①深入检索传统中国的"法""理"传统，才能建立法理学的中国学派。

基于此，本文将作出论证，从阐释学意义上，运用训诂的方法，准确辨析"法"与"理"各自义项，进而厘定"法""理"的不同类型化构造及相互影响，能为中国法理学建构的原点性问题给出某种回答，给出作为主体中国的一种回答，"法理中国"命题建构也因此有所依凭，得以具体展开。

（二）汉字与训诂

辨析"法""理"的不同义项，首先需要理解汉字本身的构词方式。与西方拼音文字不同，一字可为一词，一词可为多义，是汉字的重要特点。从性质上讲，拼音文字只表音，汉字则兼表音和形，是形音义三者的统一。从训诂角度，阐释词义，既可以从形，即"以形索义"，也可以从音，即"以音索义"，也可以直接解释词义，即"义训"。②

就"以形索义"即字形分析而言，古代中国社会常用象形、指事、会意、形声、转注、假借等"六书"造字，③汉字造字这种客观规律体现为训诂方法中的"以形索义"。东汉许慎《说文解字》(以下简称《说文》)便是运用"以形索义"的典范。④每字解说，先解说字义，然后说明形体构造。说明形体构造时，凡象形字，则言"象某某之形"，如"毛，眉发之属及兽毛也。象形"；凡指事字，则曰"指事"，如"丄，高也。此古文上，指事也"；凡会意字，则曰"从某从某"，如"男，丈夫也。从田从力，言男用力于田也"；凡形声字，则曰"从某、某声"，如"讼，争也。从言，公声"；若会意而形声字，则曰"从某从某、某亦声"，如"舒，伸也。从蛇从予，予亦声。"在贯彻形义结合原则，《说文》并不是只以字义的说解去附会字形，而是能从文献上找到依据。

---

① 胡玉鸿认为，《唐律疏议》中的"理"具有丰富意涵，并非现代意义上的法律渊源，而是证成规则正当、理解法律意旨以及指导司法裁判的原理、理据、准据。参见胡玉鸿：《唐律说"理"》，载《中国社会科学》2023年第9期，第61-83页。本文认为"法理中国"需要返回到传统中国法实践中。不过，本文之论证并非拘泥于传统中国的某一法律文本，而是在思想这一层面检视"法理中国"命题的可能展开路径。

② 参见陆宗达：《训诂简论》，北京出版集团公司、北京出版社2016年版，第1-15页。

③ 参见刘又辛：《汉语汉字答问》，商务印书馆1997年版，第69页。

④ "文"指的是独体的象形表意的字，"字"指的是合体的表意字和形声词，因此题为《说文解字》，后世一般简称为《说文》。参见周祖谟：《许慎及其〈说文解字〉》，载周祖谟：《周祖谟语言学论文集》，商务印书馆2001年版，第432页。

所谓音训,即以音索义。运用以音索义的依据,并非在于文字的记事功能,而在于音义联系的社会约定性,“名无固宜,约之以命。约定俗称谓之宜,异于约者谓之不宜。”(《荀子·正名篇》)音义联系的社会约定性使同一声音可以表达多种完全无关的意义,产生大量异义同音词;相同或相近意义又完全用不同声音来表达,语言中又产生大量异音同义词。从训诂角度,音义联系的偶然性意味着要想诉诸“以音索义”求词之义,必须存在“音近义通”现象,以同根词为前提。“在同一词族中,派生词是音和义是从其语根的早已经约定俗成而结合在一起的音和义发展而来的,因此有了历史的可以追索的必然性。”①离开此前提,“以音索义”便陷入谬误,以至把一切语词的音义都看作是有机的联系,那就必然否定了语言的社会约定性,变成谬误,声音也就变成“小学家杀人的刀子”。②

所谓义训是指运用词义本身的内在规律,通过词与词之间意义的关联和多义词诸义项多关系对比,如同训、互训、共训、递训、反训等,比较其异,证明其同,以达到探求和判定词义的目的。义训既非形训,也为音训,而是不借助形、音而直接解释词义。传统儒家十三经中《尔雅》便是运用这种方法释义的。

无论采取何种方法,训诂之目的是通过回归历史上汉字的形成原理,识别文字的语言意义。但从阐释学视角,意义本身存在三个层次,即语言的层次、理论的层次与本体论的层次。③语言层次的意义即训诂文本文字的形、音、义的意义;理论层次的意义旨在扩展或转化某种特定文本的术语和短语意义,一个人可以诉诸某种假设或预设的观点,这个既定的文本是许多概念和命题的一种整体框架;本体论层次的意义涉及什么是理论有效性的终极标准,理论有效性的问题看作一种本体论的真理,因为真理是实在的概念。意义存在的这三个层次要求阐释经典须由考证及训诂文本文字始,在整合已有训诂以发现或激发新义理基础上,最终超越义理形成对文本的本体理解的本体诠释。基于此,如下“法”“理”义项的辨明也应遵守这种意义层次,如此才能形成整体层面上的“法理”,“法理中国”命题建构才有实现的可能。

① 陆宗达、王宁:《训诂学方法论》,中华书局2018年版,第75页。

② 参见陆宗达、王宁:《训诂学方法论》,中华书局2018年版,第117页。

③ 参见成中英:《本体诠释学》,载《成中英文集》(第1卷),中国人民大学出版社2017年版,第110-111页。

二、"法"之义项

(一)概念义项:模范

汉字"法"渊源久远,其确切成字年代似已不考据。但学者一般认为,"法"古体字是"灋"。① 论及法者,必由《说文》对"灋"的著名解说始。② 依《说文》释言:

> 灋,刑(荆)也。平之如水,从水;廌所以触不直者去之,从去。(《说文》卷十廌部)

此为《说文》原文。据此,法之概念义,在许慎及延续到清末,都是"刑"也。但此处"刑"并非现代意义上的刑罚、暴力、杀戮。③ 准确地说,《说文》原字是"荆",而非"刑"!那么,何为"荆"?《说文》并无"荆"字。依《说文》阐释体例,"荆",从井从刀。从井者,所以取其有秩序,从刀者,所以取其有解剖条理。《象》曰:"利用荆人,以正法也。"《荀子·强国篇》说:"荆范正,金锡美,工冶巧,火齐得,剖荆而莫邪已。"易言之,"荆"指有条不紊的模范义项,并有强制的意思。④

从比较互证角度,除"荆"与"灋"相通外,《尔雅·释诂第一》还指出了其他与"灋"相通的字,即"柯、宪、荆、范、辟、律、矩、则,法也。"⑤ 柯,《说文》:"柯,斧柄也。"宪,汉书韦贤传:"明明群司,执宪靡顾。"颜师古注:"言执天子之法,无所顾望也。"范:法则。《书·洪范》孔传:"洪,大也;范,法也。言天地之大法。"辟,《说文》:"辟,法也。"郑笺:"民之行为多邪辟者,乃女君臣之过,无自谓所建为法也。"律,本义为用声音表示自然变化的规律,为音律,所造器物为"律管",以"六律"体现声音组合与变化。⑥ 作为法令意义的"律",最迟可见于商。《易·师卦》:

① 据胡适考证,"金"字比"灋"来得古,"金"训模范的意思,参见胡适:《中国哲学史大纲》,民主与建设出版社2017年版,第262-263页。

② (东汉)许慎:《说文解字》,中州古籍出版社2015年版,第347页。

③ 将"灋"释为刑罚、杀戮、暴力,最早可见于近代刑法学者蔡枢衡,参见蔡枢衡:《中国刑法史》,广西人民出版社1983年版,第170页。传统法史学者所以将古"灋"字释为现代意义上刑罚、暴力、杀戮,一个重要依据是"灋"字音为"fǎ",与伐、罚同音。然而,以音索义作为训诂方法,论者没有注意到"灋"与"伐""罚"并非同根词,显然是一种过度诠释。

④ 参见邱汉平:《法律之语源》,载邱汉平:《邱汉平法学文集》,何勤华、洪佳期编,中国政法大学出版社2004年版,第28页。

⑤ 参见胡奇光、方环海:《尔雅译注》,上海古籍出版社2004年版,第16-17页。

⑥ 参见徐忠明:《道与器:关于"律"的文化解说》,载《吉林大学社会科学报》2008年第5期,第65-73页。

“初六,师出以律,否臧也。”孔疏:“律,法也,……使师出之时,当须以其法制整齐之。”① 法令意义上的“律”则有“均布”之义。

除将“荆”与“灋”相通,《尔雅》还将包括荆、法在内的字,训为“常”。《尔雅·释诂第一》:“典、荆、法、范、矩、律,常也。”② 典:经籍。《说文》:“典,五帝之书也。”引申为常道,准则。荆:通“型”。铸造器物的模具,引申为法则。《礼记·礼运》:“荆仁讲让”。郑注:“荆犹则也。”孔疏:“荆则也。民有仁者,用礼赏之以为则也。”范:模型。引申为典范,法则。《易·系辞上》:“范围天地之化而不过。”孔疏:“范为模范。”矩:画直角或方形用的曲尺。《孟子·告上》:“大匠诲人必以规矩。”赵岐:“规,所以为圆也;矩,所以为方也。”

可见,“灋”在《说文》中虽训为“荆”,但“荆”却非现代意义上刑罚、杀戮、暴力,法之概念意义是模型,一切模范都是法,法有固定不变之义。法的这种模型、不变之义意味着万物都必须效仿、符合。《广雅·释诂第一》:“法,合也。”《广雅疏义》:“法者,事之合也。今人语犹云合法。”③ 如吕思勉所言,“万物各有所当效之形,犹之欲成一物者,必有其模范。法之本训,为规矩绳尺之类,实即模范之义。万物所当效者之形,即法也。”④

(二)联想义项:公平

“灋”可训为模范,是法之本义,如何理解“灋”之另外两个形体,“水”与“去”?“水”之偏旁,是否蕴含公平、正义?为此,学者进行了大量讨论。如苏力认为,虽然“灋”有水偏旁,但水字旁并非一定意味着公平。⑤ 因为水之性质是多样的,既可以是流动的,也可以是柔和的、清的、易浑浊的,等等。与聚焦于法之水偏旁不同,王人博指出,古达中国哲人更多地从“水”的物质特性与品质建立起中国政治法律关系的原型,强调对“源头之水”的想象,水之“源头”看作“君”之象征,“流”则是“法”的意象,“高无上的君主既是法的事实上的创造者,也是为法律权威提供最可靠保障的源泉。”⑥

---

① 胡奇光、方环海:《尔雅译注》,上海古籍出版社 2004 年版,第 117 页。

② 胡奇光、方环海:《尔雅译注》,上海古籍出版社 2004 年版,第 15-16 页。

③ (清)钱大昭:《广雅疏义》(上册),黄建中、李发舜点校,中华书局 2016 年版,第 169 页。

④ 吕思勉:《先秦学术概论》,岳麓书社 2010 年版,第 84 页。

⑤ 参见苏力:《法的故事》,载《读书》1998 年第 7 期,第 21-31 页。

⑥ 王人博:《水:中国法思想的本喻》,载《法学研究》2010 年第 3 期,第 186-194 页。

从训诂角度，应该如何理解法与水之间的概念关联？或以为，依《说文》对“灋”之释言，“灋”为会意字，而非通常所说的形声字。“灋”作为会意字意味着必须结合构字部件，即从“水”“廌”之象形，求得“法”之整体意义。从文字学视角，决定“法”之本义的是作为“灋”组成之部件的三个偏旁中，即“水”“廌”与“去”，何者为部首。[①] 部首虽然也是偏旁，但并非所有偏旁都是部首，只有构成字义的偏旁才是部首。值得注意的是，“灋”是在《说文》卷十“廌部”得以释义，而非“水部”！那么，何为“廌”？

> 廌，解廌兽也，似山牛，一角；古者决狱，令触不直；象形，从豸省。（《说文》卷十廌部）

作为一种解决纠纷活动的称谓，“判决”是法之起源的原初形态，有神断、公正、裁判之义，只是后来才引、借、演化为“法”字。汉字造字之初，并非仅为语言交流，汉字的功能为记事，即以各种横竖弯曲的刻画及各种图画符号等视觉形象，来记忆事实、规范生活与保存经验。[②] 就字形分析而言，“六书”中“指事”是第一原则。许慎在《说文序》说：神农结绳为“治”。“灋”以“廌”作部首意味着任何有关“法”的想象，无论是否以“水”依据，都必须理解其中的“治”事。逻辑上，所以需要“治”，根源在于“乱”。《尔雅》《说文》都将“乱”释为“治也”。乱的本义是治理乱丝，但后来向它对立方面演变，转为表示治理的对象即紊乱、无秩序的事物。基于此，“水”符号构成法之形体部件，既非对法之制定方式的现实描述或法之内容公平正义的理想规定性，也并非古代哲人诗性想象的结果，而是源自治水经验，源于水之无常的“乱”，与古代中国“大禹治水”所深植的“圣人循道”的寓意有关，即“禹之治水，水之道也。”（《孟子·告子下》）经由“治”，水便与法取得结构性关联。

从“治事”（乱）的角度，将古代哲人有关水舟之喻、源头之水作为法思想的模型，显然是对法思想的过度想象和诠释。“水舟”之喻所以是法思想的过度想象，是由于无论水载舟还是覆舟，水不变，变的是舟，根在水，本身无乱，无法生出君民相互受益的意象；“源头之水”隐喻所以构成法思想的过度想象，则由于用源头

① 偏旁是合体字的构字部件，左方称为“偏”，右方称为“旁”，部首则是表义的偏旁。参见高世平：《论汉字偏旁部首的规律》，载《辞书研究》1983年第1期，第39–44页。

② 参见李泽厚：《由巫到礼　释礼归仁》，生活·读书·新知三联书店2015年版，第160页。

之水作为思考君与法之间关系，并非必要，因为君无论贤明圣德还是荒淫无德，法仍在，仍由君出，君与法的关系是线性的，而非紊乱。由水所生之想象内容虽然广泛，但并非所有都与法取得意义关联。就“治水”而生法之意象而言，唯有“乱”才有法律意义。因而，“公平”乃“治水”之结果，是事功，而非“水”之本性使然。

(三)社会义项：刑罚

无论从概念意义还是联想意义，“法”都不等同于“刑”，说传统中国法“以刑为主”显然言过其实。然而，事实是“刑”在古代中国法律传统中的确有其特殊性。或以为，从训诂角度，可以将“刑”视为法的社会意义。[①] 在起源处，代表刑罚的“灋”乃是从苗民输入中国本部，即“苗民弗用灵，制以刑，唯作五虐之刑，曰法”(尚书·吕刑)。

作为法的社会意义，“刑”有两个层面：一方面，纯粹的“刑罚”并非法律。虽然“刑罚”可以追溯上古时期，但“刑罚”作为法，作为律之一种“刑书”，却是社会发展的结果。而且“刑律”仅是各种法律制度之“一端”。[②] 刑入律之后，不仅包括“常刑”种类，如笞杖徒流死，即“刑名之制”，还包括犯罪要件，即“罪名之制”以及刑罚的适用原则，如“秋冬行刑”。另一方面，“刑”确定为法的组成部分之后，仍然是社会依赖的，是否以及确定何种行为为“罪名”、施加何种“刑罚”，要受制于不同社会时期的不同要求，此为历史之客观。因而，勿将“刑罚”和“法”混作一回事。刑罚成为“法”的一部分，便是“法”的刑罚，便有了限制。

综合以上分析，古代中国“法”义有三层：法之概念意义为“准则”“模型”，法并非刑罚；水构成法之形体之偏，并非对法之制定方式或内容的规定性，依汉字造字的指事原则，只有经由“治”水之事，水之“公平”才与法取得语义关联；包括刑罚在内的“刑”则是法的社会意义，刑在古代中国不同社会时期，种类和内容都不同，更受法之限制。

三、“理”之义项

作为哲学，宋明“理学”极为发达。于法律人而言，似乎没有讲述(复述)“理”

---

① 社会意义最能体现词汇学的现代性，参见许威汉:《训诂学》，商务印书馆2014年版，第63-66页。

② 参见杨一凡:《中华法系研究中的一个重大误区——“诸法合体、民刑不分”说质疑》，载《中国社会科学》2002年第6期，第78-94页。

义的必要。然而，此处分析并非作为哲学范畴的"理"，而是训诂学上的单音词"理"之义项。如"法"义训诂一样，"理"义探寻有时也须借助哲学，尤其借助宋明理学的经典文献。

（一）动词之"理"

在现代文化中，"理"即理性（reason），意指人的思想能力与思维方式。在西方哲学传统中，由亚里士多德逻辑学起，经由笛卡尔、康德和黑格尔，认知意义上的理性意涵，已达成共识。然而，在古代中国，"理"的概念是独立的，不与"性"结合使用，能指甚多。① 从词性上，"理"可作动词，亦可为名词。

作为动词的理，原初本义为"治"。与"灋"不同，在古代中国，"理"为形声字。王，代表玉；里 [lǐ] 声。《广雅·释诂一》："理者，治也。"《说文》玉部："理，治玉也。"段玉裁注："《战国策》：郑人谓玉之未理者为璞。是理为剖析也。玉虽志坚，而治之得其䚡理以成器不难，谓之理。凡天下一事一物，必推其情至于无憾而后即安。是之谓天理。是之谓善治。此引申之义也。"② 古代中国，"治"先由水而起。治之内容，则有治政、治身、治学。治政，如《慎子·威德》："天下无一贵，则理无由通，通理以天下也"，许富宏按："无由通，即国家的治理无法达到。通理，即达到治理"。③ 治身，如《法言·修身》："或问治己。曰：'治己以仲尼。"④ 治学，如《周礼·秋官·司约》："治神之约为上"，郑玄注："治者，理其相抵冒上下之差也。"⑤

作为动词，"理"之本义为"治"，然而，动词"理"还有引申于"治"之另一要义，即剖析。《说文》刀部："剖，判也。"剖，有判断、区分、辨识之义。《说文》刀部："辨，判也"。段氏作注曰："古，辨、判、别三字义同也。"⑥ 所谓"析"，《说文》木部释曰："破木也"。⑦ 析，本义为"分"，引申有解明、考量之义。作"解明"，如

---

① 有关"理"之义项分析，本文受益于张江先生《"理""性"辨》一文，参见张江：《"理""性"辨》，载《中国社会科学》2018 年第 9 期，第 176–203 页。

② （清）段玉裁：《说文解字注》，上海古籍出版社 1981 年版，第 15 页。

③ 许富宏：《慎子集校集注》，中华书局 2013 年版，第 17 页。

④ 汪荣宝：《法言义疏》，中华书局 1987 年版，第 93 页。

⑤ 郑玄注，贾公彦疏：《周礼注疏》，载阮元校刻：《十三经注疏》，中华书局 1980 年版，第 880–881 页。

⑥ （清）段玉裁：《说文解字注》，上海古籍出版社 1981 年版，第 180 页。

⑦ （清）段玉裁：《说文解字注》，上海古籍出版社 1981 年版，第 269 页。

《淮南子·俶真训》:“析才士之胫”,高诱注:“析,解。”[①]作“考量”,如《左太冲·魏都赋》:“析其法度”,李善注:“析,量也。”[②]“剖”“析”两字合用,亦见于古人文献,如朱子《答徐子融》:“非不读书讲义,而未尝潜心默究,剖析精微。”[③]动词“理”作为剖析义,功能更多地指向理的思维含义。不过,与西方理性(reason)之思维义不同,汉字“理”重在动作,以实践为起点,在动作过程中展开自身。根植于实践与对象,于实践与对象中寻求自身,而非疏离实践,阻隔对象,变成一种纯粹思辨。

理之本义为“治玉”,从语义学上讲,治玉者,祛璞寻玉,依纹成器,动作本身就有“通”义。如《淮南子·时则训》:“理关市,来商旅”,何宁注:“理,通也”;[④]《易·系辞上》:“推而行之曰通。”作为副词,“通”则有“皆”“共”之义。《后汉书·來歷传》:“属通谏何言?而今复背之!大臣承朝车,处国事,固复辗转若此乎?”杨树达引李贤注云:“通,犹共也。”[⑤]“通”含“共”之义意味着,对一事一物理之寻求必须达到“公共理解”“公共理性”,方算完备和合理。从阐释学角度,“治玉”虽由个人始,但通至“同然”,物之“理”才现。阐释的这种公共属性也为伽达默尔所强调,“一切了解和一切理解的目的都在于取得对事情的一致性。”[⑥]

进一步,从训诂学角度,在古代中国,“通”与“达”可以互训。《说文》辵部:“通,达也。”段式注:“达之训为形不相遇也,通正相反。《经传》中通达同训者。”[⑦]一正一反,反反复复,来来回回,可谓通达,如《玉篇》“无所不流曰通也。”就阐释而言,任何语词、物事之阐释,须通达公共,获得公共承认,古代中国语境下的阐释模式必然是公共阐释。在公共阐释模式下,“通达”可至“理”,如段式注“理”言:“凡天下一事一物,必推其情至于无憾而后即安。是之谓天理。是之谓善治。”[⑧]由此,“理”之本义虽为“治”,若治能“达”理,能“通”理,则为善治。“理”之动词义与名词义取得关联,问题是善治所达之理,是为何理?为此,须剖

---

① 何宁:《淮南子集释》,中华书局1998年版,第158页。

② 李善:《左太冲·魏都赋》,载萧统编:《六臣注文选》(卷6),中华书局2012年版,第134页。

③ 朱熹:《晦菴先生朱文公文集》,上海书店出版社1989年,第13页。

④ 何宁:《淮南子集释》,中华书局1998年版,第417页。

⑤ 杨树达:《词诠》,中华书局2004年版,第67页。

⑥ [德]伽达默尔:《真理与方法——哲学诠释学的基本特征》,洪汉鼎译,商务印书馆2010年版,第413页。

⑦ (清)段玉裁:《说文解字注》,上海古籍出版社1981年版,第71–72页。

⑧ (清)段玉裁:《说文解字注》,上海古籍出版社1981年版,第15页。

析"理"之名词义。

（二）名词之"理"

"理"之本义虽然为动词，但作为名词，理之义则更为久远，如《易·系辞上》："《易》简而天下之理得矣"。从训诂学角度，名词"理"有三类含义值得关注，即理可为道、礼与情。

首先，"理"为"道"，此为理之概念意义。《广雅·释诂》《玉篇》玉部均释："理，道也。"理虽可释为道，但要厘清"道"结构于"理"的层次与方式。

一是作为哲学范畴，理的最高层次为道。在古代中国哲人那里，尤其由老子始，"道"与"理"一致。道是中国思想中最崇高的概念，"所谓行道、修道、得道，都是以道为最终的目标。"① 虽一物一理，但万物万理归于一，道也。在本源处，按照无修饰的本然观点，道或所有事物的真正本质才得以呈现。

二是理为道之具体义涵，即道理、本质或者规律之义，表事情之缘由。"理对于事物，可规定之而不能在之。用这种看法，我们只能说，一某事物依照某理，而不能说一事物依照一切理。"② 从阐释目的来说，欲阐明具体对象事物的存在和意义，不能否定或回避该事物的本质。道为共名，而理有分殊，有这理便有这物，理之本质或规律使这物区别于他物。阐释此物，便是通达此物之本质，将理示之于人。

三是理为求道的方法。《孟子·告子上》："谓理也，义也"，赵岐注："理者，得道之理。"③ 作为求道的方法，动词"理"有"由""从"之义，表动作的起点。从"理"作动词有治玉、剖析、通达之义看，要想获得通过"理"而得"道"，首先由物本身开始追索，从分析文本开始，从所阐释之义获得公共承认为目的，是为获得某事理的适当方法。阐释虽然由分析而始，所释之语词具有多项能指，能生发多重意义，但被阐释之义项唯有通达公共，才是由理而求道的适当方法。

其次，"理"为"礼"。《玉篇》："礼，理也。"礼为理，是先秦儒家哲学的当然命题。然而，礼之视域下的理，需要区分"礼"结构于"理"的三种方式。

一是仪轨之理。从概念意义来说，礼乃最初为一种仪式、仪轨。《说文》："礼，

---

① 金岳霖：《论道》，中国人民大学出版社 2010 年版，第 17 页。

② 冯友兰：《新理学》，北京大学出版社 2014 年版，第 61 页。

③ 赵岐注，孙奭疏：《孟子正义》，载阮元校刻：《十三经注疏》，中华书局 1980 年版，第 2749 页。

履也。所以事神致福也。从示，从豊。豊亦声。”先秦儒家孔子所维护的周礼，本是周公所建立的氏族的规范化制度。但作为仪式、仪轨所形成的礼制，有两个方面：一是实质性的内容，即一种社会制度规范；二是它表现为一套仪轨性的东西。仪轨背后有实质性的东西，即人际关系的原则性规定。所谓仪轨，其实是人伦结构的外在表现形式而已。[①] 基于此，礼之概念义虽为仪轨，但仪轨背后的人伦原则，则是仪轨之理。

二是主观性之理。以孔孟荀为代表的先秦儒家所以成为中国文化的代表和象征，根本在于孔子以“仁”释“礼”，将社会外在规范化为个体的内在自觉，为汉民族的文化心理结构奠下了始基。[②] 人性哲学发展至极到朱子那里，便是“性，即理也”[③]。性可为理，是性之为性的当然命题。主观性可为理意味着性与理并非如西方所认为的截然对立，而是两者相融相通。性虽有善恶，但性具有超越本能和欲望的可能，具有可塑造、可圆满的潜质和因素。主观性可为理，必须以性率情，以理正性。

三是客观物之理。与孟子不同，荀子强调阐解“礼”作为准绳尺度的客观方面，由外而内，更注重作为制度的礼法纲纪，所谓“《礼》者，法之大分、类之纲纪也。”（《荀子·劝学》）在荀子那里，礼乃“度量分界”“养人之欲”“给人之求”之物（《荀子·礼论》），一种客观的准则、规矩。虽然孔孟荀一脉相承，都重视“礼”之个人修身方面，但从社会规范的整体统治立场出发，赋予礼以新的内容和含义，则是理解荀子所有思想的关键。[④] 作为准绳尺度的礼，是为客观物之理。此客观物之理“诚深”“诚大”“诚高”矣。（《荀子·礼论》）

最后，“理”为“情”。汉字“理”可释为“情”，这是“理”与西方传统理性的最大区别。《方言》“恌，理也”，郭璞注：“理，谓情理也。”[⑤] 在理的视域下谈论情，必问有三。

一是情为何物。《说文》心部：“情，人之阴气有欲者。”段氏作注，引董仲舒曰：“情者，人之欲也。人欲谓之情，情非制度不节”；引《礼记》曰：“何谓人情？

① 参见黄玉顺：《生活儒学：黄玉顺说儒》，孔学堂书局2014年版，第100—102页。
② 参见李泽厚：《孔子再评价》，载《中国社会科学》1980年第2期，第77—96页。
③ （宋）朱熹：《四书章句集注》，中华书局2016年版，第17页。
④ 参见李泽厚：《荀易庸记要》，载《文史哲》1985年第1期，第12—22页。
⑤ 周祖谟：《方言校释》，中华书局1993年版，第84页。

喜怒哀惧爱恶欲。七者不学而能”；引《左传》曰：“民有好恶喜怒哀乐，生于六气”；《孝经》援神契曰：“性生于阳以理执，情生于阴以系念。”① 无论情在各家观点有何不同，情都为自然，不学而能，是人性的本质和核心。

二是情有何为。此为情之目的论说辞。无论情表现为何物，在概念上，情总是特殊的，而性则多为普遍。从性所发之事，名为情，情即性已发。朱子说：“有这性便发出这情。因这情，便见得这性。因今日有这情，便见得有这性。”（《朱子语类·卷五》）由情性关系而言，情之目的，总是在于求尽性。如水之就下，就是具体的水求尽水的性。然而，在求尽性的过程中，程度却有大小、高低之分，情形有简单、复杂之别，使得情不尽性。情若尽性，须顺势依理，所谓“理有固然，势无必至。”② 逻辑上，情之求尽性，必然会使情依据并趋向于理。“情者心之用，人之所不能无，不是个不好底物。但其所以为情者，各有个当然之则。”③ 但无论依据还是趋向“理”，情都并非理之本身，为何说“情”可释为“理”。由此，必然涉及情与理的关系。

三是情何以为理。从性质上讲，理为客观，为天理、道理、事理，而情为主观，为人情、人欲、人性。理与情，乃相反之物。宋理学更有“存天理，灭人欲”的格言。然而，不应该表面理解理学这一格言。实际上，情与理本身就相含相融，彼此纠缠不分。需要从相生相克的意义上理解情与理之关系，情是理之基础，无情便无理。但并非所有情皆理，只有“情之不爽失”方为理。那么，何谓“情之不爽失”？张岱年认为，应该从情欲满足的普遍性、必要性着手，即“凡有普遍满足之可能，即不得不满足的，亦即必须满足的欲，皆不谓之人欲，而谓之天理。”④ 天理与人欲由此得以区分，各自得到满足和实现。至于何为“普遍”“必要”，显然有形而上的浓厚意味。中国的情理关系虽然制造了难以理解之处，但同时也开启了充分的想象空间。

综合以上考证，可将古代中国“理”之义总结如下：一是中国“理”有名词、动词两种词性，且重在动词义。作为动词，理有治玉、剖析、通达之义，三者皆为本义。理从“治玉”始，而欲从璞中求玉，从物中得内在理，皆为依对象而有所动作，

① （清）段玉裁：《说文解字注》，上海古籍出版社 1981 年版，第 502 页。
② 金岳霖：《论道》，中国人民大学出版社 2010 年版，第 199 页。
③ （宋）陈淳：《北溪字义》，熊国祯、高流水点校，中华书局 1983 年版，第 14 页。
④ 张岱年：《中国哲学大纲》（下），中华书局 2017 年版，第 575 页。

从对象、经验与实践中“剖析”和归纳，最终“通达”公共，获得公共承认，方为完备和合理。二是作为名词，“理”有“道”“礼”“情”三义。“道”“礼”“情”本身，亦有丰富内涵，各有结构于“理”的方式：“理”既可以是道之具体义项，为道理、规律，也可以为求道的方法；就“理”与“礼”之关联而言，“理”可为仪轨之理、性之理与物之理；“理”与“情”的相互纠缠和蕴含，乃区别西方理论理性之关键，至于一事一物之前的乃是情，情性为一体。对（古代）中国人而言，情性标准乃一切是非的首要标准，理乃情性中理，理为实践智慧的直观表达，而非西方理论理性的逻辑推演。

四、从“法”“理”到“法理”

在古代中国，运用训诂方法，可以看出作为单音词，法和理各有其丰富义项，“法”“理”皆为实词。问题在于：古代中国作为单音词而各有义项的“法”“理”，能否构成复词？想要把握古代“法理中国”的理论意涵，需要对汉字构词方式有初步了解。

（一）汉字的构词方式

从语法角度，汉字构词是指就复词内部组合问题。单词无所谓构成问题，单词即结构单纯的词。除少数的几个兼词外，古代单词都为单音词，如“山”“火”，都可独立生成意义。通常来说，古代汉字构词的方式，大体可分为并列式、结合式、组合式三类。①

首先，就并列方式而言，又可分为叠词、同类、对待三类。（1）叠词是具有独立意义词的重叠。叠词与叠字不同，叠字是字的重叠，叠成之后形成新的意义，如潇潇北风劲；叠字所形成的新意义，不一定能从原来的字面上找到。叠词，则是就原词的意义加以繁复，对原词的意义并无变更，如“家家习以俗，人人迷不悟。”（《桃花源记》）的“家家”“人人”。（2）同类，即把意义相同或者相近的字结合着使用。如“填塞门户”（《聊斋志异·促织》）的“门户”。此类复词的意义一般比原来两词的本义有所扩大。（3）对待是指意义的对待而言，通常为意义相反的词结合在一起。对待最为普遍的情形是形容词，如“沾水则高下不平”（《梦溪笔谈》）的“高

---

① 参见杨伯峻：《文言语法》，商务印书馆 2014 年版，第 16 页。

下"。无论以何种方式并列，所形成新词之义与原词并无性质上增减，所构之词仍然能从其成分获得，即有实体词并列而成的，构词仍然是实体词性质，由述说词并列而成，构词仍然是述说性质。

其次，结合式构词是由两个不同类的词不平等的结合，结合以后，性质不一定和原来相同。结合式构词又分为两类：一类是黏附结构，另一类是主从结构。黏附结构的短语是由小品词黏附于其他的词，并改变原来那词的性质的短语。譬如"女亦无所思，女亦无所忆"(《木兰辞》)的"所思""所忆"便是由小品词所黏附于动词思忆而成，由动词变成名词。主从结构的构词是由一个词作中心词，而由其他性质不一定相同的词作附加成分结合而成的短语。构词的性质依随中心词的性质，并不发生改变。如"薄产奇货"《聊斋志异·促织》中心词"产""货"都是名词，这种构词也相应是名词性短语。

最后，组合式构词是由不同性质的词用不平等的方式所组合，但无所谓中心词。其结构既不同于联合式，也不同于结合式，结构分为四类：主谓结构，如"劳苦而功高"(《资治通鉴》)的"功高"；动宾结构，如"张袂成阴、挥汗如雨"(《晏子春秋·内杂篇下》)的"张袂""挥汗"是动宾结构，此处为主语；介宾结构，一般作副词性短语，如"自此，冀之南，汉之阴无陇断焉"(《列子·汤问》)的"自此"；动补结构，如"捕得三两头"《聊斋志异·促织》的"捕得"，以下一个动作补出上一个动作的结果。

(二)"法理"的类型化构造

既然并列、结合与组合为汉字构词的方式，"法""理"二字如何具体构成?

首先，就并列构成而言，"法""理"显然无法构成叠词，但可以构成同类，因为法之概念义为准则、模型，有客观、不可变更之义，理为道则有道理、规律之义，意义接近，可构为"道法"(无"法道")，如"道私者乱，道法者治"(《韩非子·诡使》)；理为礼有仪轨之理、主观性之理与客观物之理，与法之模型、公平与刑罚义项同类，构成"礼法"(无"法礼")，如"何晏、阮籍素有高名于世，口谈浮虚，不遵礼法"(《晋书·裴頠传》)。由于法有客观之义，理为情则为主观，"法""理"还可构成对待词"(情)理法"，如"那金桂素性为人，毫无闺阁理法"(《红楼梦》第九十回)；亦可构成"法理"，如"薀亦机辩，所论法理，言若悬河"(《隋书·裴薀传》)，此"法理"意指法律、法理原理,而无对待之义项。

其次,就结合式构词而言,由于"法""理"皆为实词,无法形成黏附,但可构成主从结构复词。理作动词为治,名词"法"与动词"理"既可构成偏"法"的主从结构,即法治,如"昔者先君桓公之地狭于今,修法治,广政教,以霸诸侯"(《晏子春秋·谏上九》),强调法的治理,而不是人、道德或其他主体的治理;也可构成偏"理"的主从结构,即治法,如"论者谓有治人无治法,吾以谓有治法而后有治人"(《明夷待访录·原法》),强调法本身的良善。

最后,就"法""理"的组合式构词而言,由于"法"为名词,"理"则有动词与名词两种词类,名词"法"与动词"治",可构词为主谓构词与动宾结构构词,主谓组合式构词,即法治;动宾式构词,即治法。显然,仅从语词本身来看,"法治"和"治法"作为"法""理"两种构词,既可能是有中心词的组合式构词,也可能是无中心词的组合式构词。而有无中心词,对"法""理"构词生发的理论意涵有着显著不同。

综合以上分析,依汉字构词方式,"法""理"可形成为法治(治法)、道法、礼法与(情)理法四个核心范畴。从训诂角度,无论"法""理"两词如何构造与组合,所构造之词所生发理论意涵,都必须一方面在古代经典文献中找到相应证据,核实于文本;另一方面在古代哲人的思想观念中寻得知识上支援,即便不是传统儒家正统思想。若非如此,在古代中国的语境中,辨明"法""理",容易滑向一种纯粹文字上的游戏。

五、"法理中国"命题的修辞展开

辨明"法""理"义项旨在说明,"法理"是从人对自然和自我的深切经验中展现出来的一种真实存在。以法治(治法)、道法、礼法与(情)理法作为古代中国法理学的四个核心范畴,在此可以提出"法理中国"研究的五个基本命题。

(一)法之本体:"礼法一体"

法史学者通常认为,传统中国法是一个有机的统一体,礼法一体是传统中国法结构的总体精神。[①] 在有机系统中,本体具有决定性,从本质上认识事物,也就是

① 参见张中秋:《中国传统法理法哲学论》,法律出版社2023年版,第5-11页。

从根本上把握了事物的特征。基于此，虽然传统中国法呈现为礼法一体的结构，只不过，结构在礼法一体中的"法理"实则是一种礼为本体的存在。"法理"的这种礼之本体存在体现为三个方面。

一是作为祭祀、仪式、仪轨之义的"礼"，奠定政府权力的合法性基础，所谓"国之大事，在祭在戎"(《左传·成公十三年》)。改朝换代频繁的传统中国，新朝面临的首要问题便是政权的合法性和合理性。作为仪式、象征之"礼"首要功能在于为君主"加冕"，使天接受。作为传统中国文化的一个核心政治观念，礼具有多重而复杂的内涵，但学者一般同意礼的首要义项和最初模样指涉的是宗教的祭祀仪式。对古代中国人亦如其他文明中的古代人而言，宗教活动是维持生活的重要能量。① 对于国家而言，礼维系着国家权力的合法性和正统性。

二是作为客观物之理的"礼"，在传统中国法结构中起着类似"根本法"的作用，不仅包括刑法在内的其他法形式在立法、执法方面必须符合"礼"的精神与原则，而且规则、制度意义上的法律，必须与"礼"之精神与原则相吻合。② 在此，必须重视"礼"之于治国理政所具有的"纲纪"和"统类"的作用，如荀子所强调："礼者，法之大分，类之纲纪也"(《荀子·劝学篇》)、"学者以圣王为师，法其法，以求其统类"(《荀子·解蔽》)。在荀子礼治思想的构造里，"纲纪"和"统类"以及"礼义"的关系极其重要，在礼义的发展过程中的公理被称为"统类"，即同类事物共有的道理。③ 因而，礼既是创制规则制度意义上的法的根本原则，也是类推事理的依据。不可变易的客观之"理"存在于人心，是人人都能体会的，因此遵循此理而制定的行为规范，能够顺于人心。

三是作为主观性之理的"礼"，在实在法的适用过程中，"礼"构成实在法的重要内容，以礼入法，体现礼的宗旨和精神。尤其董仲舒以降"以经决议"，视"经义"的效力等于法律，甚至高于法律。在此，法律并非像西方社会那样以规则的形式被抽象化和客观化，并非高高站在裁判规范的位置之上，相反，法律"在每个人

---

① 库朗热认为，宗教是奠定古代城邦社会的基础，参见[法]库朗热:《古代城邦：古希腊罗马祭祀权利和政制研究》，谭立铸译，华东师范大学出版社2006年版，第31页以下。

② 参见马小红:《中华法系中"礼""律"关系之辨正——质疑中国法律史研究中的某些"定论"》，载《法学研究》2014年第1期，第171-189页。

③ 参见[韩]张铉根:《观念的变迁：中国古代政治思想的演变》，叶梦怡译，浙江人民出版社2022年版，第261-264页。

的心中”。[①]对一般规则的考量必须结合并契合于正常中国人的主观情理，这种主观情理是普遍适用于同类情形的妥帖的道理，其核心内容就是所有人都认可的逻辑，从而浑然一体地存在于正常中国人的心中，在与每个具体案件的相遇中，经过不断地相互调整、磨合和适应，从而呈现具体的形态。

虽然礼为法理之本体，但就解决政治权力合法性问题而言，“礼”本身仍然并非充分，还应包括之后的“事治”，使百姓接受。如孟子言：

> 使之主祭，而百姓享之，是天受之；使之主事，而事治，百姓安之，是民受之也。(《孟子·万章上》)

而欲取得“事治”，必然在“戎”，在“兵”，在“刑”，在“法”。以国家法典来规范国家生活秩序，把法律延伸到礼俗，把礼俗升格为法律，由此重新确立思想、伦理和生活的准则。[②]要从根本上确立政权合法性和民族信心，应诉诸对政权同一文明和共同伦理的认同，这种认同的同一性基础，只能是超越个体生命、政治权力、地理区域的普遍性真理，所谓“正其末者，须端其本”(《隋书·李文博传》)。而所谓“本”便是作为基础本源的“道”，或现实存在的观念性层面的“理”，法理的礼之本体需要扩展到道的层面。

(二)法之由来：“道法自然”

虽然法理之法以礼作为本体而存在，但这种存在并非仅呈现为客观存在的礼，同时也是道之理在客观存在中完全实现的过程，是一种开放而圆融的体系。“道”是传统中国文化的最高范畴，其基本构成是阳与阴这种对立统一的辩证关系。从事物构成的原初意义上，道是事物的存在形式。然而，按照传统中国思维，阳代表德性，表达着事物的内在属性和存在依据，在事物构成的意义上，作为原理意义上的道实际上已经含有了德，这个道也可以被称为“道德原理”，即道德是事物的统一原理，是传统中国人视法之为法的正当性的理据所在。[③]只不过，须要提及的是，将道之理贯穿于法的实现过程，并非将某种实质价值、道德伦理纳入法

① [日]寺田浩明：《清代传统法秩序》，王亚新监译，广西师范大学出版社2023年版，第410-412页。

② 参见葛兆光：《中国思想史》(第2卷)，复旦大学出版社2019年版，第154页。

③ 参见张中秋：《中国传统法理法哲学论》，法律出版社2023年版，第190页。

中，而是由法之内在道理、内在事理而自己使然，所谓“道法自然”（《道德经》第二十五章）。道是法得以发生和实现的逻辑之一。[①]那么，何为“自然”？“自然”虽是道家的核心观念，但《老子》《庄子》《列子》等书中，对“自然”，只是用其语，而不加以阐释，对“自然”首先做出解释的是王充：

> 天动不欲以生，而物自生，此则自然也。施气不欲为物，而物自为，此则无为也。（《论衡·自然》）

由此可知，所谓“自然”，便是“物自生”“物自为”，物自己如此、自己使然，而不是他生、他为，旨在排斥外在力量的干涉，外在干涉或影响显然不是“自然”。问题是，“自生”“自为”是否必然是“自然”？对此，罗安宪指出，“自然”之“然”是“非为”“本来如此”，是顺向的，是无意的，是相对于“是”而言的，不是“是”，不是“为”，更不是“执”。[②]因而，“自然”拥有两层排斥性内涵：一是排斥“他然”，排斥“他为”，即排斥外在力量的强迫，“自然”之“自”突出与生俱来的、甚至不可改变的性质，强调的是随性而发、率性而行、不执意、不强迫的性质。在此，事物本身皆有一种内生的机能和天机，可以不借外力而自行发动，而使事物运作，这就是“自然而然”，“自然”决定了事物的形体、性向、行为，使其各合所宜。[③]二是排斥“我然”，排斥“我是”，即排斥内在力量、自我意愿的驱使，意欲、执意如何都不是“自然”，强调“非为”，突出“非执”的性质。

拥有两层排斥性内涵的“自然”，意味着并不存在统一的“道”的自然与“法”的自然。在物各有性、顺其性而“然”的意义上，物各有其“自然”。所谓“道法自然”，亦即道以顺乎“自然”为法，以“自然”为法；在法乃模型，在必须效仿、符合的意义上，顺其物之“性”而然，是为法自然。王弼曰：“道不违自然，乃得其性，法自然也。法自然者，在方而法方，在圆而法圆，于自然无违也。自然者，无称之言，穷极之辞也。”[④]因而，“道法自然”不是说“道”“法”之上还有一个作为外在标准或者内在驱使的“自然”，而是道法顺性自然。“自然”并非物质性存在，亦非事实上存在，而是对某一状态或结果的说明。作为本体存在的法理之法，是道之

---

① 参见谢士衍：《法理的生成之道》，载《浙江社会科学》2019年第11期，第148–151页。

② 参见罗安宪：《论“自然”的两层排斥性意涵》，载《哲学研究》2019年第2期，第66–73页。

③ 参见张伟仁：《寻道：先秦政法理论刍议》，生活·读书·新知三联书店2023年版，第151–152页。

④ 王弼：《道德真经注》，载熊铁基、陈红星主编：《老子集成》（第1卷），宗教文化出版社2011年版，第217页。

理在顺物之性过程中的一种自我增值和自我实现。西方学者富勒所谓法是“使人类行为符合规则之治的事业”，[①] 抑或拉兹所称“法之自身德性”，[②] 皆有类似意涵。法之为法，源于法在艰难地探究自身的过程中界定、实现自身。

既然道、法本是个“自然”，那么“法治”如何可能？道虽是“自然”，本身不可见，但道仍然是个“名”，在名与实相分离的意义上，法之目的在于治“乱”。

（三）法之目的：“终身用法而不自知”

在治乱的意义上，“法治”是治国理政的根本方式，须臾不能去。“法治”作为“法”“理”之构词，应该是以法为中心词的结合式构词。从文字学视角，法字水之旁是治水之结果，有关法义项的任何想象，都必然以乱作为起点。既然有关法之想象意义基础在于“乱”，那么，一般而言，“乱”因何而起？在古代哲人那里，无论儒家还是法家，其观点是一致的，乱源于名实分离。如儒家“名不正则言不顺，言不顺则事不成”（《论语 · 子路》）；又如法家“万物具存，不以名正之，则乱”（《尹文子 · 大道上》）。

乱并非不善，从乱之根源看，在名与实的分离，在于法律与社会之间的脱节。从治之角度理解“法治”，关键问题在于如何弥合名与实的分离。对此，儒家是正名主义。如何正名呢？儒家用“春秋笔法”，多不主张用法律。[③] 然而，儒家正名主义弊病在于太注重“名”的表相，而不注重其实，忘了“名”是为“实”而设，成为侧重“虚名”的主张。[④] 从形上学角度观之，名与实的关系则复杂、辩证的多，如尹文子所言：

> 有形者必有名，有名者未必有形。形而不名，未必失其方圆白黑之实。名而不可不寻，名以检其差。故亦有名以检形，形以定名；名以定事，事以检名。察其所以然，则形名之与事物，无所隐其理矣。（《尹文子 · 大道上》）

---

① 参见［美］富勒：《法律的道德性》，郑戈译，商务印书馆 2011 年版，第 143 页。

② See Joseph Raz, “The Law’s Own Virtue”, Oxford Journal of Legal Studies, Vol.39, No.1, 2019, p.1.

③ 依《春秋》，儒家正名的方法，可为三层：其一，正名字，即订正一切名字的意义；其二，定名分，辨上下，使社会井井有条，等级森严；其三，寓褒贬，即将褒贬的判断寄托在记事之中，让人生畏惧之心，去恶趋善。参见胡适：《中国哲学史大纲》，民主与建设出版社 2017 年版，第 69−72 页。

④ 参见王振先：《中国古代法理学》，山西人民出版社 2015 年版，第 27 页。

不同儒家过于重名，法家主张"综核名实"。由名之角度看，法也可视为名。"名"与"法"为同样事物，两者都是全称，都有驾驭个体事物的效能。如"人"是名，可包含无数的实；"杀人者死"是法，亦可包含无数杀人的事实。但以法为名，必须以事实予以不断检验，方始获得法之理。法依事实而定名，更随事实而检其名。就正名而言，胡适认为，从纯粹儒家名学一变遂成纯粹法治主义，"这是中国法理学史的一大进步"。[①]

既然社会客观情势始终在变，问题是为什么要用"法"，而不用"礼"呢？或以为，就"变"而言，无论"礼"变，还是"法"变，"变"之关键在于社会客观情势之决断，适时决断担保"变"之必要，"变"之合法性。如韩非子言：

> 是以圣人不期修古，不法常可，论世之事，因为之备。……事异则备变。上古竞于道德，中世逐于智谋，当今争于气力。(《韩非子·五蠹》)

易言之，"当今"社会，必须始终用蕴含"气力"的法，而非道德，非智谋，方可使"名"跟上社会客观情势之"实"。用"气力"，用"法"，方可在各种竞争中获得胜利。对韩非子的"三世"之论断，钱钟书曾给出极高评价，"可谓'知兵之微'矣。抑有进者，三事得以并时齐出而合用，'上古'、'中世'与'当今'三者一以贯之。……今日西方之强每假'保护人权'为攻心之机括，正'竟于道德'之例耳。"[②]从治之角度看，传统中国法并非靠良善之法而治国理政，毋宁是立法、执法、变法等一以贯之的过程，一种"争于气力"的社会情势论断。先前法家如韩非子治国之道，以"势、法、术"为主要内容。先秦"百家争鸣"，各家各派都提出了各自治国之道，但唯有法家首先被统治者接纳为治国之道。[③]先秦儒家及后来儒学者，或言必称尧舜，或恢复"先王之法"，或主张"祖宗之法不可变"，从名实角度看，都不免迂腐，有些泥古不化，停留于"上古竟于道德"时代。就法亦为兵而言，就"当今"始终为当今而言，亦可以将用"法"治名与实的分离，表述为"终身用法而不自知"。

---

① 胡适：《中国哲学史大纲》，民主与建设出版社 2017 年版，第 255 页。

② 钱钟书：《管锥编》(一)，生活·读书·新知三联书店 2007 年版，第 368-369 页。

③ 参见徐大同：《先秦法家权势、法治、心术的治国之道》，载《政治学研究》2013 年第 5 期，第 114-119 页。

（四）法之效能："用法恒得法外意"

在"用法"在表动作的意义上，亦是治法，治法应该"事断于法"（《慎子·君人》）。表面看来，"治法"作为"法""理"构词理应是以法为中心的结合词。法与理之其他义项，特别是情理义项不相容。所谓治法，应该是"法之意"或"法内意"，寻求法律文本并不显见甚至未必包含的意义，有脱离、抛开法律之嫌。然而，以法为中心的"治法"不符合古代中国法实践。事实是，"情理法"之于传统中国社会有着独特效能，在秦至清末两千年中，政治法律层面所以能维持超乎寻常的稳定，其中奥秘就在于由"天理"—"国法"—"民情"三角形关系编织的周密经络，将各种政治主体、法权主体、人伦因素调谐其中，形成独特的中国式哲学概念——情理法。[①] 然而，情理法作为古代中国法实践的要素是否意味着以法为中心的"治法"，不是法理中国建构的依凭？或以为，古代中国法理学建构以法为原点仍然是可能的，但建构方法不是诉诸儒家文化所包裹的情理法结构，而是道家哲学视域中"用法恒得法外意"。以法为中心词的"治法"，须由"道法"而成。

与源于儒家思想的"情理法"不同，"法外意"则发源于具有玄学色彩的魏晋时期，深受道家影响。[②] 由道观之，包括法在内的各事理统一于"道"。逻辑上，道家"不拘文法""弘大指"，本身就包括"法外"追求的可能。但依"道"而追求"法外意"有严格次序要求。作为动词，理之义有治玉、剖析、通达之义，一以贯之，在阐释学意义上，只有"公共阐释模式"所阐释之义才算完备与合理。在公共理性视域下，"法外意"之追寻次序有三个方面：

一是阐释由文本而起。用法须从释法开始，正如治玉须依纹理而剖析。阐释乃是居间说话，就现象、事物以及思想予以逻辑阐明，使他人理解。主题乃理解，而非知识。在此，阐释必须示理，而理本身则居于事物之中，如玉藏于璞之内，理乃对象本身之理。对象之本质内在规定着所示之理的种类，对象本质的客观性否

---

① 关于传统中国法的"情理法"结构研究甚多，不复列举，代表性成果可参见俞荣根：《礼法传统与现代法治》，孔学堂书局2014年版，第200–205页；[日]滋贺秀三：《清代中国的法与审判》，熊远报译，江苏人民出版社2023年版，第243–268页。虽然"情理法"的一般性讨论甚多，但学术界很少注意从法律方法论的视角研究"情理法"何以可能以及如何实现的问题。

② 参见霍存福：《"用法恒得法外意"——魏晋玄学所追求的司法、执法境界》，载霍存福主编：《法律文化论丛》（第1辑），法律出版社2013年版，第43–46页。

定不了。就释法而言，用法者若以己之欲瓦解现象与法律文本自在之理，进行盲目解构，甚而脱离事物、摆脱文本进行阐释，是为“强制阐释”。[①]

二是阐释以对话为取向，反对独断。阐释虽然是个人视角参与其中，但多元意义并不消解所阐释之义的通达性，被阐释之个人意义，须经公共理性所确证。任何一种“法外意”为通达公共，阐释过程本身须为协商，并保持开放，基于沟通、对话的愿望和立场，获得主体间共识；阐释之结果则要获得公共认可，以理解为目的的阐释，并非自然科学，而是精神科学之一种，精神科学尤其需要所有人的参与。

三是阐释以确定性为目标。“用法”可经由公共理性而获得确定性。从构词视角，“确定性”乃并列式结构，“确”“定”意义一致，而“定”则有由“正”保障，如《玉篇》：“正，定也。”为公共所认可的阐释，总是从文本自在意义出发以寻得主体间共识，“推其情至于无憾而后即安”。[②] 虽然自发的阐释面对同一现象，体验与感悟皆有所不同，但严肃的公共阐释，则是将不同感悟与体验，校正为公共所认可，循理而得正，由正而获定。所谓“正”则由“理”通，由公共理性所通达。就追求“法外意”而言，最终并非停留于法之“外”，通达公共理性之意，已然成为法之本身，使法之理由和意义得以深刻呈现，法本身在更高层次得到尊重和实现。

（五）法之价值：“法可无为而治”

在法家“循名责实”和道家“公共理性”的基础上，法的本体包含内在主观情理与外在客观法则两个相面，在超越的层面上导向价值中立的“法可无为而治”。讨论政治问题，人是前提要件，没有“人”，当然无所谓治之问题。表面看来，先秦法家如商鞅、韩非子虽为君主说法，但并非旨在强化君权、树立君主个人权威。所以如此，首先必须解决的问题是古代中国为何需要有君主。不是说古代中国政制为君主制，所以有君主。相反，君主为一国之象征，乃统一与稳定所必需。在诸侯混战、“礼崩乐坏”的春秋战国，对统一、稳定的需求，尤其迫切。君主解决了国之为国的问题，而国之为国乃一切问题之根本。

---

① 强制阐释是当代西方文论的基本特征，表现为或以前置的立场裁定文本意义和价值，或以非逻辑论证和 反序认识的方式强行阐释经典文本，或以词语贴附和硬性镶嵌的方式重构文本，从根本上否定了文学理论及批评的本体特征。参见张江：《强制阐释论》，载《文学评论》2014年第6期，第5-18页。

② （清）段玉裁：《说文解字注》，上海古籍出版社1981年版，第15页。

古者立天子而贵之者，非以利一人也。曰：天下无一贵，则理无由通；通理以为天下也。固立天子以为天下，非立天下以为天子也。(《慎子·威德》)

可见，法家虽尊君权，实欲借以求治；非教君以天下为自私。但关键要明白"一般人"和"特定人"之分别，法家认为君主依法而治，可以无为而治。由于君主在法家那里只是"名"，并无实在权力，因而制治之兴衰就不必依赖于特定人，君主并非一定要贤智。儒家虽也有讲到"法"字的，但总是脱不了人的因素，总以"为仁者宜在高位"。儒家重在有为，即从人际关系里发展出"仁""义"等规范，旨在推己及人，从"修身"起到"平天下"而终，始终强调对特定人的依赖。然而，制治对特定人依赖的结果便是"人存政举，人亡政息"。所以出现此结果，正因为儒家不能把政权与君主分开来看，"他们不知道法的自身虽不能施行，但行法的并不必是君主，乃是政权，乃是'势位'。知道行政执法所靠的是政权，不是圣君明主，这便是推翻人治主义的第一步。"①先秦法家如慎子、管子则不同，由于君主不过是个"头"，是个"名"而已，为人君主只要制定法度，将具体执法、治事交由臣下，君主无须事事亲为。通过使"势位"全在法度，使君主"弃知去己"，做一种(现代意义的)"虚君立宪"制度，实现无为而治。

名正法备，则圣人无事。不可常居也，不可废舍也。随变断事也，知时以为度。(《管子·白心》)

君臣之道，臣事事，而君无事。君逸乐，而臣任劳；臣尽智力以善其事，而君无与焉，仰成而已。故事无不治，治之正道然也。(《慎子·民杂》)

法家虽有慎子、管子之主张，但后世君主并未遵循亦未采纳其主张。古代中国，君主无为而治，无论道家、儒家还是法家，都不曾实现。其原因何在？也许法家对人性过于自信了。想要人在君位，而又不欲求权力，对以现实、冷峻为著称的法家而言，着实为一种讽刺，但亦不失为是一种警醒。②

---

① 胡适：《中国哲学史大纲》，民主与建设出版社2017年版，第251页。

② 从政治学视角，法家所面临的理想与现实的冲突和无奈，并非孤立的政治现象，因为政治是权力的中枢和要害，没有一个思想家在展开自己理论体系的时候可以无视政治的存在。参见韩东育：《法家的发生逻辑与理解方法》，载《哲学研究》2009年第12期，第32—40页。

结合以上分析，以法治、道法、礼法与情（理）法作为古代中国法理学的四个核心范畴，"法理"构词所生发的范畴之间的关系如图1所示。

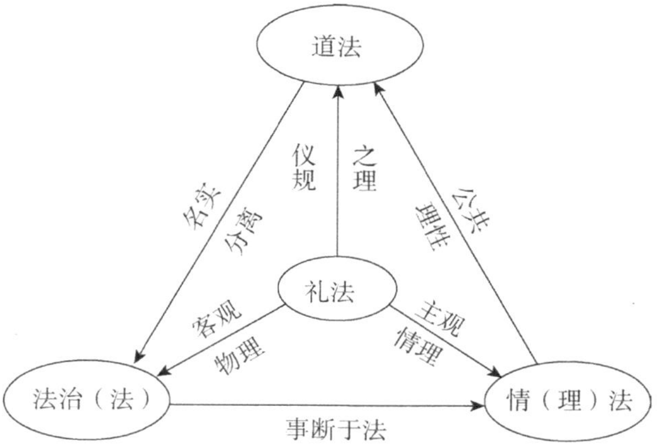

图1 四范畴之间的关系

据此，可将"法理中国"的理论意涵归纳为以下五个命题:(1)古代中国法理是礼法一体，法理是礼为本体的存在，所谓"国之大事，在祭在戎"。(2)法理的本体存在是一个开放而圆融的体系，开放意味着法理研究不是一种客观的研究，而是一个对客观实在完全实现的过程，圆融意味着法之理源于道，而归于道，所谓"道法自然"。(3)法的出现是治乱的需要，是名实分离的必然结果。法是治国理政的根本方式，而非君主可随意摆弄的工具，所谓"终身用法而不自知"。(4)情理法是可能的、客观的，但情理法不应该是儒家所谓舍法而去的"经义决狱"本身，而是道家公共理性所担保的"用法恒得法外意"。(5)就法理当前法律渊源地位而言，在法家"循名责实"和道家"公共理性"的基础上，法的本体包含内在主观情理与外在客观法则两个方面，在超越的层面上导向价值中立的"法可无为而治"。

六、结语

古代中国"法"与"理"的辨析，各有丰富义项和深厚哲学渊源，为"法理中国"的理论与体系建构提供一条新的线索，尤其为法理学建构的原点性问题作出了某种回答。首先，中国"法理"之法并非思维，亦非客观实在，而是侧重动作，法由乱起，法是治乱之纲要。战国时期，诸侯割据，民不聊生，思定求安是全社会的共同愿景。因时而生的先秦各家各派提出了各自治国之道，但唯有法家首先被统治者接纳为治国之道，值得仔细玩味。其次，中国“法理”之理并非西方理论理性，并非理论智慧的理论表达，而是一种实践理性，是实践智慧的直观表达。理既可为主观性、情之理，也可为客观物、道之理，经由剖析、通达公共理性，法之内在主观情理与外在客观法则两个相面，得以同时展开。最后，中国“法理”最终导向于公共，倾向于真理性认识。虽汉代尊儒家为正统，但传统中国治理之道，却是儒法合流、道法自然的一种开放而圆融的体系，所谓“汉家自有制度，本以王霸道杂之。”（《汉书·元帝纪》）此乃基于中国文字与哲学传统，构建“法理中国”基本命题的重要依据。

当代中国法理学之基本构建，由此可见端倪。

（编辑：杨知文）

刑法方法论

刑法客观目的解释的困境和出路

肖志珂 *

摘　要　客观目的解释理论主要从四个维度展开：以法益为基础、以实质刑法为理念、以刑事政策为导向、以目的内容为法源。在我国当前的司法实践中客观目的解释面临适应性困境，主要表现为：将刑法目的与目的解释直接等同、忽视刑法目的中的权力限制面向、对目的解释作用的过度期待等。因此，客观目的解释需要反思以下问题：结果导向主要适用于私法领域、目的解释应经受主观主义检验、法益是类推解释的重要成因，并据此从内容合法性、结果正当性、主观限制性、社会相当性几个方面对客观目的解释的具体适用进行规制。

关键词　刑法目的　目的解释　法益　类型　社会相当性

实证法学体现了理性主义、自然法的价值理性与公民权利观，为形式法治奠定了理论基础。随着社会的发展和进步，社会关系开始多元化和复杂化，以及新康德主义事实与价值二元论的影响，实证法学回应和解决社会问题的作用日渐式微。自利益法学主导法学理论发展，利益判断、目的探寻及价值分析等要素开始成为流行观念，并主导法律规范的分析和适用过程，对现代法治的形成影响甚远。耶林指出，目的是全部法的创造者，是法的根本标志。耶林的观点至今还在影响

*　肖志珂，女，河南清丰人，上海商学院商业发展研究院副研究员，研究方向为法律解释学、法律文化。

着目的解释的发展,并成为构建刑法目的解释理论体系的基础。为了推动目的解释在刑法规范解读中的作用,刑法理论认为目的是刑法规范的保护法益,需要通过法益将刑法目的与司法实践勾连起来,并借此探寻刑法规范的目的。需要指出的是,在通过目的解释推进刑法规范成长的过程中,罪刑法定、法治理念、形式正义等概念不断被做相对化理解,刑法规范的边界遂在目的探寻中不断迷失,公民权利在秩序强化当中也逐渐萎缩。基于此,现代法治应蕴含的价值保障与权利诉求显得渐行渐远,尤其是在预防性刑法观念的支配下,目的解释逐渐成为自由法学的代言人,不断在刑法解释当中践行漏洞补充的立法功能,这应引起理论上的警惕和反思,而不是一味地退让和妥协。

一、刑法客观目的解释理论的基本面向

客观目的解释理论围绕刑法规范解释,构建了一套符合目的解释需要的理论体系,并在此基础上,对客观目的解释运行机制不断进行优化,以最大化客观目的解释的诠释作用。具体而言,围绕客观目的解释构建的理论体系主要从四个方面展开:以法益保护为基础、以实质解释为理念、以刑事政策为导向、以目的要素为法源。

首先,以法益保护为基础。客观目的解释将法益作为刑法目的,并根据法益理论理解和诠释规范文义内涵。由此,客观目的解释的提出、展开和适用,基本源于法益概念与目的解释之间的内在关联,并是在对法益概念和作用进行充分阐释的基础上进行的。尽管有学者对刑法目的与法益相等同的观点持质疑和反对态度①,遗憾的是,并未在刑法理论上引起足够的关注和重视。

如果对法益概念与法律目的进行溯源,需要到大陆法系的法哲学和刑法理论当中进行考察。耶林在其作品中提到,目的是全部法律的创造者,每条法律规则的产生都源自一种目的,包括个人目的与社会目的。②赫克指出:“利益法学是为适应法律的实际目的而创设的一种方法。其目的是发现法官在处理案件过程中应该

① 参见劳东燕:《刑法中目的解释的方法论反思》,载《政法论坛》2014第3期;李波:《规范保护目的:概念解构与具体适用》,载《法学》2018年第2期;李文吉:《我国刑法中管理秩序法益还原为实体性法益之提倡》,载《河北法学》2020年第5期。

② 参见孙文恺:《社会学法学》,法律出版社2005年版,第33页。

遵循的原则。”[①] 由此，目的是创造规范的源头，规范目的是对社会利益的选择，需要通过考察刑法规范中的利益因素并进行判断与衡量，才能对刑法规范目的进行合理解析。至此，如何做好利益衡量，是利益法学发现法律目的并进行法律解释的路径选择。在大陆法系，李斯特较早提出了法益概念，并将法益侵害作为犯罪本质进行叙事和论证。宾丁则进一步谈到，法益产生于立法者的价值判断，立法者对一种状态或者对象进行实定的价值评价，而这种进行了实定的价值评价的东西就是法益。[②] 普珀教授还具体指出，刑法的目的是法益保护，应将法益作为刑法目的进行目的解释研究，并据之构建目的解释的后果考察理论。“在刑法上，我们把一个构成要件的目的称为这个构成要件的法益。”[③] 至此，刑法目的与法益之间内在关联在刑法理论当中基本被建立起来。

在论述刑法目的时，国内学者指出：“由于刑法的目的是保护法益、犯罪的本质是侵犯法益，法益对于犯罪构成要件的解释具有指导作用，所以解释某种犯罪的构成要件时，首先必须明确刑法规定该罪是为了保护何种法益。”[④] 由此，国内刑法理论通过法益将刑法目的与社会关系勾连起来，并将法益作为诠释刑法目的与规范文义的理论基础，从而完成刑法规范解读从概念法学的封闭性向目的法学的开放性进行转变。同时，刑法条文的稳定性与确定性逐渐被打破，灵活性和适用性开始成为规范解释和适用的新特征。即在法益类型的指引下，刑法规范的适用边界逐渐变得开放和模糊了。这种情况在司法解释中也有存在，比如，解释主体根据刑法个罪的法益保护类型，将销售行为解读为生产行为或者销售行为。[⑤] 在法哲学范畴中，法益是开放性的客观实在，其指向事物类型，是事物本质属性在刑法规范上的反映。根据考夫曼的类型理论，类型是概念和事物的中间，兼具具体性和抽象性，既避免了概念的封闭性，也缓解了事物的抽象性。“类型是建立在一般及特别间的中间高度，它是一种相对具体，一种在事物中的普遍类型。”[⑥] 由此，

---

① Philipp Heck, The Jurisprudence of Interests, Harvard University Press, 1948: 33.

② 参见张明楷：《法益初论》，中国政法大学出版社 2000 年版，第 19 页。

③ ［德］英格博格·普珀：《法学思维小课堂》，蔡圣平译，北京大学出版社 2011 年版，第 71 页。

④ 张明楷：《刑法分则的解释原理》，中国人民大学出版社 2004 年版，第 178–179 页。

⑤ 2001 年 4 月 9 日，最高人民法院、最高人民检察院《关于办理生产、销售伪劣商品刑事案件具体应用法律若干问题的解释》第 6 条第 4 款规定：“医疗机构或者个人、知者或者应当知道是不符合保障人体健康的国家标准、行业标准的医疗器械、医用卫生材料而购买、使用，对人体健康造成严重危害的，以销售不符合标准的医用器材罪定罪处罚。”

⑥ ［德］阿图尔·考夫曼：《法律哲学》，刘幸义等译，法律出版社 2011 年版，第 148 页。

法益是类型化的概念,是根据事物本质属性概括出来的法律内涵。考察事物的本质属性可知,即社会关系的类型性与相似性,法益可以弥合封闭的概念与开放的事物的裂隙,从而为刑法目的在法律规范与行为事实之间的自如穿梭提供了合适渠道。

其次,以实质刑法为理念。实质刑法是客观目的解释的指导理念,为刑法目的解释在规范解读和适用上提供理论支持。实质刑法观从三个纬度展开,分别是实质正义、实质解释和罪刑法定原则的实质侧面。罪刑法定原则的实质侧面是论证刑法立法的正当性,与目的解释相关的实质刑法观主要集中于实质正义和实质解释两个层面。

实质正义习惯于探究刑法目的,主张从社会生活中寻找法律规范适用依据,倡导通过社会正义弥补形式正义的不足。"实质论者则可归入司法能动主义者的行列,更喜欢探讨刑法的目的与精神,以便由此得出符合其内心正义的解释结论。"① 在这个层面上,目的解释与实质正义无疑是相通的,都主张在法律规范之外寻求解释根据和裁判依据,为诠释法律规范提供法外因素的支持。从刑法规范适用看,实质解释主要是从处罚必要性角度探讨刑法的规制范围。在实质解释论看来,不是规范文义而是刑事处罚的必要性决定了刑法解释的指向和范围。前田雅英曾言:"解释的实质的容许范围,与实质的正当性(处罚的必要性)成正比,与法文通常语义的距离成反比。"② 由此,根据实质解释论,如果危害行为具有处罚必要性,就需要将刑法的规制范围延伸到该危害行为,具体路径就是对刑法规范进行目的性扩张解释,以实现刑法的规制目的与立法精神,结果则是推动了刑法规范解释的灵活性和流变性。正是在这个意义上,实质刑法观特别喜欢探究法规范的客观目的,因为这样会为解释者提供足够的解释空间,使刑法解释具有极大的灵活性。

实质刑法观与目的解释的关系可以从两个方面展开:第一,处罚必要性是事物本质的刑罚反映。犯罪行为的本质属性就是处罚必要性。处罚必要性是指,将有刑事处罚必要的危害行为纳入刑法规制范围,否则,只能作为违法行为或无罪处理。正如有学者所言:"当代的实质解释指的是对构成要件的讨论必须考虑刑

① 劳东燕:《刑法解释中的形式论与实质论之争》,载《法学研究》2013年第3期,第136页。
② [日]前田雅英:《刑法总论讲义》(第4版),曾文科译,东京大学出版会2006年版,第78-79页。

罚的效果，要求以刑事政策上的目标设定来指导与制约对构成要件的解释。”[①] 比如，邮政工作人员私拆一封不重要的信件，且未造成严重后果的，应如何定性。实质解释论会认为，根据处罚必要性理论，上述行为不需要纳入刑法的规制范围，不符合邮政工作人员私自开拆或者隐匿、毁弃邮件、电报罪的构成要件。由此，处罚必要性是刑法目的的反映，即惩罚犯罪与保护公民的内在诉求，是事物本质在刑罚后果上的体现，更是法益在实践上需要延展的范围和保护的程度。第二，结果导向性是目的解释的适用表征。实质解释言及的处罚必要性，往往先从危害结果考察出发，继而判断该危害行为是否应纳入刑法规制范围，该思维模式是典型的结果导向性法律逻辑。“在定罪时，往往会先有（临时性的）结论，后寻找大前提，并且使大小前提得以对应（所谓三段论的倒置）。”[②] 比如，行为人甲在火车上向被害人乙索要香烟未果，挥手朝乙右脸打了一巴掌，并对其搜身，搜出半包香烟放进自己口袋。不久，乘警将乙抓获。检察院以抢劫罪且在公共交通工具上抢劫为由，对甲提起公诉并建议量刑 10 年。如果严格按照抢劫罪的构成要件进行理解，甲可以构成抢劫罪。不过，根据本案的情况，对甲按照抢劫罪处理显然背离罪刑适应原则。其使用轻微暴力行为夺取他人香烟的行为，也符合寻衅滋事罪的强拿硬要行为类型，且社会危害性较小，依照寻衅滋事罪定性更为合理。法院也是以寻衅滋事罪予以处理的。[③] 上述司法过程就是三段论思维逻辑，得出的结论不能令人信服。

实质上，之所以在文义解释之外倡导目的解释，正是源于文义解释不能有效诠释法律规范，需要借助于规范目的弥补规范文义与社会关系之间的间隙。目的解释的发生路径则是从社会利益衡量出发，考察是否应该将危害行为或事实纳入规范文义范畴，这个路径正是辩证逻辑中的结果导向主义。

再次，以刑事政策为导向。根据目的解释，刑法目的是附着于刑法规范上的客观目的，该目的会随着社会发展而随之变化。在刑法解释过程中，规范目的发现与刑事政策往往密不可分，并借助刑事政策准确判断刑法目的的内容指向与可能范围。

---

① 劳东燕：《刑法解释之中的形式论与实质论之争》，载《法学研究》2013 年第 3 期，第 125 页。
② 张明楷：《实质解释论的再提倡》，载《中国法学》2010 年第 4 期，第 66 页。
③ 参见赵运锋：《刑法实质解释的作用、适用及规制》，载《法学论坛》2011 年第 4 期，第 122 页。

刑法中的实质化思潮本质上是刑法刑事政策化的产物,是刑法体系日益受刑事政策上的预防目标指引的结果。[①]据此,刑事政策是犯罪应对的方针和策略,会影响到刑法的发展和趋向,具有修正刑法理论和犯罪论体系的功能。大陆法系的阶层式犯罪论体系是递进且开放的,刑事政策与刑法教义学之间的关系不断得以调整,犯罪论体系的刑事政策色彩逐渐浓厚,如修正因果关系的客观归责、调整违法性范围的处罚必要性,以及责任论中的违法性认识和期待可能性等,都是刑事政策在犯罪论体系中的渗透和反映。罗克辛教授曾言:刑法是这样一种形式:在这种形式中,人们将刑事政策的目的设定转化到法律效力的框架之内。如果人们目的性地(teleologisch)将犯罪论建立在这种意义上,针对自实证主义时代一直流传下来的抽象——概念性教义学的反对声音,就可以消弭了。[②]相反,我国的犯罪构成是封闭体系,刑事政策对其调整犯作用并不明显,因此,虽然刑事政策理论不断发展,刑事政策与犯罪论体系之间的融合却相对有限。尽管如此,依然不能阻挡刑事政策对犯罪论体系的推进作用,并在努力修正刑法理论,以弥合刑事政策和刑法理论之间的距离。有学者就曾指出,为使刑法适当发挥社会控制的机能,它必须对外部世界的变化保持适度的敏感。此时,刑事政策便成为刑法体系与外部世界之间的重要沟通媒介。[③]在实践当中,通过刑事政策调节刑法规范解读和适用的情形较为常见。刑法目的发现是利益衡量、价值判断和民众诉求综合考量的结果,继而影响刑法规范的含义解读。

与概念法学不同,目的解释根植于利益法学与目的法学,受功利主义法哲学影响甚远,因此,目的解释的本质决定其对刑事政策会给予积极回应与有效接纳,并通过将政策诉求体现在规范文义内涵之中,以达到修改刑法规范的文义内涵的目的。总之,从目的解释与刑事政策的关系出发,刑事政策在目的解释适用、运行当中的指导作用明显且重要。因此,在对刑法目的进行理解和诠释时,解释主体需要对刑事政策给予足够重视。

最后,以目的内容为法源。与文义解释不同,目的解释总是试图挖掘和阐述

---

① 参见劳东燕:《刑法解释中的形式论与实质论之争》,载《法学研究》2013年第3期,第122-125页。

② 参见[德]克劳斯·罗克辛:《刑事政策与刑法体系》,蔡桂生译,中国人民大学出版社2011年版,第49页。

③ 参见杜宇:《刑事政策与刑法的目的论解释》,载《法学论坛》2013年第6期,第76页。

法律规范的边缘文义，并以此填补法律规范的漏洞或者限缩法律规范的文义，借此达到发挥目的解释在规范文义探究中的作用，并不断通过规范目的解读推进法律规范的完善和成长。但是，目的解释弥补立法漏洞的后果令人担忧，直接后果就是损害公民的合法权利。“对于现代社会给我们提出的现代课题，虽说刑法理论不能袖手旁观，但是，将立法的缺陷转嫁给被告人承担，随便用解释论的方法对其进行弥补，反而会引起更大的问题。”①

概念法学认为，法律规范是主权者的命令，司法主体不需要对规范文义进行解释，按照法律规范适用即可，以避免因过度解读而损害法律规范的边界，并能尊重立法权力的稳定与独立。因此，概念法学一贯强调规范文义在法律实践中的作用，对规范目的则持排斥态度。可以确定的是，在概念法学的理论中，法律理解和解释基本是在规范文义之下进行的，基本不会因为法律解释而破坏立法权限。不过，以利益法学为基础的目的解释对法律文义具有怀疑的天性与突破的冲动，目的解释会借助客观目的的变化，不断充实和改变法律规范的文义内涵，以达到最大限度规制社会关系的目的。比如，2000 年 12 月 5 日，最高人民法院发布的《关于对变造、倒卖变造邮票行为如何适用法律问题的解释》规定，对变造或者倒卖变造的邮票数额较大的，应当依照《刑法》第 227 条第 1 款定罪处罚。司法解释主体将变造行为解释为伪造行为，实质上是将客观目的作为刑法法源进行规范诠释，并对伪造内涵进行类推解释。对此，有学者指出：“目的解释中的目的扩大了法律的范围，因为它将目的这一形式上的法律因素也当成了法源，这样，作为法价值的一些东西，如公平、正义、秩序等都以目的形式进入个别法律中，目的成了一般法律的替代品。”② 论者准确指出了目的解释对立法权的可能冲击和潜在影响。

可以看到，目的解释对扩大解释经常持暧昧态度，有时候目的甚至可能替代法律规范自身。不过，当目的解释通过扩大解释阐述规范文义时，可能已经处在规范文义的边缘地带了，并随时会在规范文义之外解读法律条文。据此，当解释主体通过目的解释扩展规范文义时，规范目的就会成为影响解释合法性的关键要素，如利益衡量、政策诉求、价值判断以及社会风俗，等等。这些目的要素会成为司法造法的外在因素，推动法律规范的文义生长和内涵流变。

---

① 张明楷：《刑法分则的解释原理》，中国人民大学出版社 2011 年版，第 84 页。

② 陈金钊：《目的解释方法及其意义》，载《法律科学》2004 年第 5 期。

二、刑法客观目的解释的认识困境

理论上目的解释有主观说、客观说与折中说等不同观点，尽管部分学者主张主观说或折中说，但客观说显然已成为理论界的主流观点。在实质意义上，客观目的解释不仅是一种解释方法，也是实质刑法理论的重要内容，在实质刑法理论体系构建中的作用显而易见。尽管如此，客观目的解释在我国当前的司法实践和刑法上面临认识上的分歧和困境。

首先，将刑法目的与目的解释中的目的等同。包括刑法在内的部门法一般会在法律规范当中明确规定法律目的，对法律规范的解读和适用会起到指引作用。刑法目的体现了立法意旨与精神，需贯彻在刑法解释和适用当中，以体现法律条文的时代背景与价值诉求。

《刑法》总则第 1 条明确规定了立法目的与根据：为了惩罚犯罪，保护人民，根据《宪法》，结合我国同犯罪作斗争的具体经验及实际情况，制定本法。也即，刑法的目的是惩罚犯罪和保护人民，惩罚犯罪指向秩序保护，保护人民则是指权利保障，因此，刑法目的包括秩序保护与权利保障两个层面。不过，有学者认为，“刑法第二条的规定表明，刑法的目的是保护法益。”[①] 根据该观点，刑法任务是指刑法目的，刑法任务体现为法益保护，因此，刑法目的最终指向法益内容。但是，从应然角度看，刑法目的与刑法任务应是不同层面的内容，前者是指宏观的立法宗旨，后者则是具体的权利指向，也就是说，刑法任务是刑法目的的表征，刑法目的是刑法任务的追求，因此，不应该将刑法任务与刑法目的视为同一事物。在实质意义上，刑法目的虽然表现为秩序保护和权利保障，但还是需要通过法益保护体现出来。需要明确的是，秩序保护与权利保障是完全不同的价值选择。由此，探讨刑法目的需从《刑法》第 1 条展开，《刑法》第 2 条则是对刑法法益内容的具体化，但是，两个条款都缺乏对权力限制的关注和描述。当然，目的解释中的目的与刑法目的并不完全相同，前者是从方法纬度进行论述的，后者是从刑法价值角度进行展开的，两者具有本质不同。退一步讲，论者在阐释客观目的解释时，即使需要将刑法目的与目的解释中的目的同等对待，也不能仅关注其法益保障内容，

---

① 张明楷:《刑法学》，法律出版社 2016 年版，第 23 页。

而无视权力限制的层面。"刑法的法益保护目的,一方面是保护法益(行为人的自由)免受个人侵害,另一方面是保护法益免受国家权力的侵害。"① 具言之,即使需要根据法益诠释刑法规范的内容,但是,也需要合理限制法益在诠释刑法规范中的作用和边界。

其次,刑法目的解释的边界关注不够。根据客观目的解释,需要通过规范客观目的诠释规范文义,且法律规范若要保持生命力,就需要探寻法律规范目的而非法立法主体的目的。不过,在司法实践中,客观目的往往会转化为解释主体的目的,也即,客观目的解释往往会成为贯彻解释主体意志的借口。

客观目的解释主张,通过客观目的诠释规范文义,并将法益作为法律规范客观目的内容指向,即通过法益的理解和适用实现法律规范的客观目的。于是,通过分析法益内容,目的解释就可以完成对法律规范目的的理解和诠释。基于此,目的解释论指出,法益是指法律规范上保护的利益,对于诠释法律文义具有重要的指引作用。比如,阿列克西就曾认为,目的解释所探求的目的,不是依据过去和现在实际存在着的任何个人的目的,而是依据"符合理性的"或"在现行有效的法秩序框架内客观上所要求的"目的。② 同时,为了确保法益的概念分析与批判功能的发挥,目的解释还主张,需要在规范文义范畴之下进行目的解释,即不能超越文义边界进行法律规范解读,无论是目的性扩张还是目的性限缩,都需要在法律规范文义之下进行。正如国内学者指出的:"研究刑法目的有利于立法与司法上合理控制处罚范围,将没有侵犯法益以及侵害程度并不严重的行为排斥在犯罪之外。"③ 据此,论者将目的解释作为危害行为的出罪事由进行论证。不过,需要指出的是,法治理想的实现需要法律规范的合法解读与合理的运行机制予以保证,否则,不管如何强调罪刑法定原则与规范文义的边界,都不能阻挡目的解释扩张的内在动力。目的解释的发生原因和运行机制决定了,其具有突破规范文义的固有冲动,并通过迎合社会政策而对法益内容进行填充和剥离,以达到惩罚犯罪与稳定社会秩序的目的。正如有的学者所言:"目的解释已经被证明是一把'双刃剑',它固然能赋予解释以相当的灵活性,并由此确保刑法体系的开放性,同时它也因赋予法官解释的自由而严重威胁与侵蚀法适用的统一性与客观性。目的解释所具

① 张明楷:《法益初论》,中国政法大学出版社2003年版,第323页。
② 参见刘飞:《宪法解释的规则综合模式与结果导向》,载《中国法学》2011年第2期,第83页。
③ 张明楷:《刑法学》,法律出版社2016年版,第23页。

有的优点,包括克服法律的封闭性与僵化性、确保法律推理的合理性等,都是以牺牲规则的权威性和意义的固定性为代价的。”① 基于此,目的解释总是愿意过度关注社会秩序保护的价值面向,对探索文义边界和推进司法能动性充满兴趣,在理论基础上日益向目的法学甚至是自由法学靠拢。与此同时,刑法目的中的权利保障价值面向则容易被忽略,即在法律规范解读过程中如何限制解释权限逐渐为客观目的解释遗忘。

最后,对目的解释作用的过度期待。目的解释论认为,目的解释是最重要的刑法解释方法,是判断其他解释方法合理与否的标准,也是决定刑法规范阐释结果是否正确的基础。换言之,目的解释是解释方法之冠,对刑法规范解释过程和结论起着主导作用。“不管法条的文字表述如何,都不能脱离法条的目的做出解释。”②

从目的解释的发生源起看,既是为了缓解实证法学与分析法学带来的法律稳定性与社会现实性之间的错位,也是为了避免因法律规范过于封闭与司法理念过于克制而导致的弊端,因此,目的解释既是为了有效缓解法律条文的不足,也是为了适应不同社会阶段的智识诉求,对利益平衡和价值选择具有积极意义。“法官在裁判时,如果面临复杂的利益取舍、困难的权利安排,单靠法律知识往往不敷适用,还必须综合运用法律知识、社会经验和良好的衡平感觉,才能作出合理而公正的裁判。”③ 需要指出的是,利益法学与目的法学并不是替代概念法学,而是概念法学的补充和发展。从这个意义上讲,目的解释虽然可以对法律解读和适用起指导作用,不过,对目的解释的消极侧面和负面作用需要保持清醒。质言之,解释主体需要重视法律概念的文义边界,积极关注公民的权利,并需对概念法学以来的形式法治保持敬意和重视。总的来看,客观目的解释的作用具体表现为两个层面:第一,目的解释是其他解释方法的补充。虽然理论上关于刑法解释方法的位阶争议一直存在④,但是,法律条文既是行为规范也是裁判规范,社会主体需要对其行为有预期可能性,因此,法律规范的文义需要保持稳定性,以最大限度保证规范文

---

① 陈金钊:《目的解释方法及其意义》,载《法律科学》2004年第5期,第42页。

② 张明楷:《刑法学》,法律出版社2016年版,第23页。

③ 刘风景:《裁判的法理》,人民出版社2007年版,第36页。

④ 参见周光权:《刑法解释方法位阶性的质疑》,载《法学研究》2014年第5期;苏彩霞:《刑法解释方法的位阶与运用》,载《中国法学》2008年第5期;刘俊杰:《刑法解释方法位阶性否定论》,载《刑事法评论》2017年第6期;程红:《论刑法解释方法的位阶》,载《法学》2011年第1期。

义解读的客观性与确定性；第二，目的解释是判断解释结果合理性的标准。在司法实践中，当根据文义解释等方法得出的结论具有分歧时，才需要根据目的解释判断解释结论的合理性。换言之，目的解释是对法律宗旨和立法精神的阐释，根据目的解释可以判断其他解释方法得出的结论是否符合立法精神与实践需求。

由此可见，尽管客观目的解释理论不断重申对规范文义和罪刑法定原则的重视，但是，在实践中，目的解释却不断做出突破规范文义的努力。即客观目的解释不断通过扩张规范文义的内涵，以强化其保护社会秩序的潜在功用。

三、刑法客观目的解释的适用反思

目的解释的运行机制主要体现为法益分析、结果导向、客观目的等纬度。通过对刑法目的进行诠释，在积极利用目的解释发现规范文义的同时，还可以为司法能动性提供方法支持。不过，需要理性认识目的解释的法律价值，并对其潜在问题进行理论检讨。

第一，对结果导向的司法逻辑需要保持警惕。结果导向是实用主义法学的思维路径，是实用主义法学区别于形式主义法学的重要特征。通过结果导向型的司法逻辑，可以对法律规范的理解和适用更加具有开放性、实践性，并对实现具体正义多有关注。

客观目的解释主张基于目的诠释刑法文义，以推进刑法规范的适用、成长和完善。为了使规范目的与社会诉求相一致，解释主体就需要从社会发展、利益权衡、政策衡量、价值追求及民众意愿等角度出发，对刑法规范进行丰富和完善，并根据刑法目的对规范文义进行理解和解读。"实质论者更为青睐目的解释，习惯于采纳结果导向的解释进路，强调具体结论的妥当性，为达成实质妥当的结论往往会容许对概念的解释超越其日常的语义范围。"① 据此，实质论者的思维逻辑是这样的：回应社会诉求→探究目的内容→诠释规范文义。即根据社会需要解读规范文义，这是实用主义哲学认同和推崇的结果导向主义，也符合功利主义哲学价值观的内在精神。反映在目的解释上，就是根据结果需要解读规范文义，这与形式逻辑的三段论完全不同。发端于功利主义哲学的实用主义，进一步强化行为的效果价值，把效果好坏作为最重要的价值追求，从而把功利主义哲学的结果导向

① 劳东燕：《刑法解释之中的形式论与实质论之争》，载《法学研究》2013 年第 3 期，第 135 页。

继续发扬和理论深化。结果导向的司法逻辑，虽然不违背罪刑法定原则，但会弱化形式正义与程序价值，古典主义以来形成的法治理念、理性主义及自然法精神也会因之受到冷落，即使在西方实用主义法学观念当中，对结果导向的司法逻辑也持谨慎态度。波斯纳曾言：实用主义法官也受到相当大的物质的、心理的和制度的约束，一定程度上也受法律教义的限制。[①] 质言之，在私法领域可以倡导适用结果导向的思维逻辑，在公法领域则应持消极态度。根本原因就是，结果导向的思维模式会损害法治精神和形式正义，并最终对公民权利形成危险。由此可见，在我国的目的解释理论体系中，应该客观看待结果导向的司法价值，不但不应该过度倡导该司法逻辑，还应该对其保持适当的警惕态度。

第二，对法律规范的立法目的需要给予关注。目的解释分为主观目的解释和客观目的解释，主观目的解释主张根据立法主体的立法目的诠释规范文义，客观目的解释持不同观点，认为应根据规范文本的客观目的阐释规范文义，对立法主体的目的则持消极态度。

客观目的解释主张，应通过附着于规范之上的法律目的诠释规范文义，不过，这里的法律目的与立法目的已经相去甚远，是解释主体根据需要构建法律目的，并随着社会发展而发生变化。至此，客观目的解释在抛弃立法目的的同时，却将解释主体的主观目的拟制为立法目的，因此，所谓的客观解释已沦为主观解释。“在法律客之客观目的这个讲究的标签下所有卖的，其实就是解释者自己放进法律中的目的。”[②] 更有甚者，在实践中，客观解释论对立法目的持排斥态度，主张根据法律之外的因素构建符合刑法需要的目的。其实，在客观主义这里，解释主体遵循的规范目的与立法目的基本没有关联，从而在法律条文解释上彻底抛弃了立法目的的规范和制约。但是，抛弃主观主义会导致以下问题：其一，会导致类推解释。鉴于客观目的解释的目的是根据社会需要拟制出来的，因此，通过客观目的解释进行的规范文义诠释，往往会成为漏洞补充或法律虚造的重要原因；其二，会导致违反立法民主性。根据现代法治体系，立法机关根据法律程序制定法律条文，司法主体应该对法律规范进行解释和适用。不过，客观目的解释导致的法律续造和漏洞补充会产生司法立法效应，从而会破坏论权力之间的分立和制衡

① 参见［美］波斯纳：《法律、实用主义与民主》，凌斌等译，中国政法大学出版社2005年版，第114页。

② ［德］英格博格·普珀：《法律思维小学堂》，蔡圣伟译，北京大学出版社2011年版，第69页。

关系。

第三，对法益的类型思维需要理性对待。客观目的解释将法益作为规范目的，并通过法益内容的理解诠释规范文义。法益论者曾指出："解释一个犯罪的构成要件，首先必须明确该犯罪的保护法益，然后在刑法用语可能具有的含义内确定构成要件的具体内容。"[①] 在法益理论指导下，刑法规范的文义理解会显得更为灵活，更有利于解决实践当中发生的疑难问题。

法益是构成刑法理论体系的重要因素，体现了刑法理论体系发展的科学性，也是关于行为本质认识的理性反映。鉴于惩罚犯罪和保护权利是刑法目的的固有属性，法益随之被作为刑法目的引入解释理论之中。从社会发展的角度看，形式主义法治对刑法目的基本持排斥态度，反对司法主体对法律规范的解释和完善，以确保法律规范的稳定性和确定性。随着西方自由资本主义向垄断资本主义的转变，形式主义法学解决社会矛盾的能力日益减弱，寻找完善法律规范的有效路径就显得颇为重要，随之，通过规范目的建立法律条文与社会需要之间的联系成为重要途径。更为重要的是，法益成为分析规范目的具体指向和价值纽带。从语言学看，概念追求的是概括性和稳定性，是一种非此即彼的思维模式。拉德布鲁赫曾指出：生活现象的认识只是一种流动的过渡，但概念却强硬的要在这些过渡中划分出一条明确的界限。在生活现象仅仅显得或多或少的模糊地带，概念却要求做出非此即彼的判断。因此，传统概念思维足以瓦解并破坏生活现象的完整性。[②] 不过，因为要素的不确定性，在使用"类型思维"时无法用形式逻辑进行涵摄，只能借助于价值判断将案件事实和法律规范对应。与之对应，法益是居于抽象与具体之间的中间项，具有多样性和开放性，并不严格界定界限的思维，可以更好地适应社会发展的多样性和变动性。"在具体的法律发现中，必须再回到有法律指称的类型中去寻找。"[③] 据此，法益的类型思维决定了其会通过事物的本质属性解读规范内涵。鉴于法益内涵的类型性，根据法益概念理解法律规范时，文义往往具有流变性、多元性和不确定性。目的解释论者往往会得出下列结论：将交通肇事后留在原地不救助的行为认定为"交通运输肇事后逃逸"，将军警人员抢劫认定为

---

① 张明楷：《实质解释论的再提倡》，载《中国法学》2010 年第 4 期，第 49 页。

② 参见吴从周：《论法学上之类型思维》，载《法理学论丛——纪念杨日然教授》，台北，月旦出版股份有限公司 1997 年版，第 307 页。

③ ［德］阿图尔·考夫曼：《法律哲学》，刘幸义译，法律出版社 2011 年版，第 149 页。

“冒充军警人员抢劫”将不具有实质危害的醉驾行为认定为危险驾驶，将抢劫他人档案的行为认定为抢夺档案，等等。但是，上述解释结论都超越了规范文义的边界，因此，都应归入类推解释的范畴。

为了论证解释结论的合法性，目的解释常常为规范解读结果的合法性进行辩解，以证明其是在规范文义边界之内进行刑法解释。不得不说，近年来随着法益内容的精神化和抽象化，法益的诠释性和批判性日趋弱化，法益在目的性扩张与目的性限缩中的作用更为彰显，刑法解释结果突破规范文义而导致类推解释的情形时有发生。

四、刑法客观目的解释的发展出路

客观目的解释有利于推动刑法规范解释的发展和完善，对解决司法实践中的疑难问题具有积极作用。不过，客观目的解释的消极作用也很明显，尤其是该解释立场在规范边缘含义上的尝试和努力总是令人担心。“目的解释如果缺乏制约，目的的恣意将会轻而易举地瓦解罪刑法定原则。因此，毫不夸张地讲，最终成就目的解释的恰恰是对它本身的制约。”[①] 因此，如何规范客观目的解释的合法运行，是刑法理论上应该认真关注的问题。

首先，进行解释内容的合宪性判断。为了回应社会变化的需要，客观目的解释是会充分释放刑法规范的文义，以有效克服社会变化与规范稳定之间的矛盾。在这个意义上，目的解释通过探寻规范目的，在刑法规范、解释主体和立法主体之间形成协商性司法行为，并通过对规范行为的探讨、协商和妥协，达到客观真实的认识和理解法律条文的目的，继而得出符合各方认知的解释结论，以实现刑法确定性和社会变动性之间的平衡。

从概念法学发展而来的利益法学，具有突破法律概念追求社会价值的内在冲动，并对形式主义法治持排斥态度。相反，利益法学主张通过规范目的理解和解读规范文义，并将规范目的积极对接社会需求，以充分消除社会变化与法律规范之间的供需矛盾，即目的解释可以保证规范解读结果的开放性、政策性和价值色彩。换言之，根据客观目的解释，规范词语的边缘含义不再是应该谨慎涉足的领域，反而成为发挥客观目的解释的扩张功能的重要途径。“法律的类推适用多半

---

① 周折:《刑事政策视野中的刑法目的解释》，载《中外法学》2007年第4期，第460页。

是以客观的或主观的目的性论证为基础。”① 基于此，客观目的解释具有积极面向，但也会出现超出词语边界解释刑法的现象，即通过目的解释发挥规范补充和漏洞填补的作用，这应该理论和实践上的警惕。“目的论的解释是探究刑法法规的规范目的、追求与规范目的的适应性的解释，由于是伴随实质的、价值判断的解释手法，因此常常是包含着与严格解释的要求，禁止类推解释相矛盾的危险。”② 即，应该在保证目的解释结果在规范文义之内，以确保解释结果的合法性。“对条文目的进行解释时，必须牢记法律的总目的，法官在选择各种目的和意图时，不能违背法律和宪法的精神。”③ 具体可从以下两个层面认识：其一，目的解释应该具有预期性。规范文义的射程就是规范的文义可能性，即刑法规范能指涉的最远边界，也是规范词语边缘含义应该截止的地方。规范文义边界为规范解释划定了界限，也是解释权力运行的规范和限制，实践中需要根据社会主体的合理预期为判断标准。“是否属于在一般国民认识到该用语之时，能够客观地预测到的范围之内的解释这一标准（客观性预测可能性）更为合理。”④ 由此，目的解释如果能获得社会主体的理解和接受，表明解释结论在规范文义范畴之内。其二，目的解释应该具有合宪性。“为确保刑法解释结论的可预测性，目的解释应当受到作为更高位阶的母法的宪法文本的制约。”⑤ 目的解释的运行和结论需要做合宪性审查，即目的解释不能背离宪法的内容和精神。从宪法角度看，宪法中的权利保护内容应该体现在部门法当中，即刑法适用不能违背宪法规定和内在精神，从而确保法律秩序与宪法秩序不会冲突。“对法律解释活动的合宪性控制，可产生法律规范所内含的可能与宪法秩序不合之内容被束之高阁的效果。”⑥ 因此，在司法实践中，在对刑法规范进行解释时，需要充分理解行为的宪法意义，不能离开合宪性考量而对危害行为进行法律属性判断。

其次，关注解释后果的正当性考察。后果正当性是指，目的解释的结果应该具有合理性与妥当性。与内容合法性不同，后果正当性是从解释后果考察规范解

① ［德］英格博格·普珀：《法律思维小学堂》，蔡圣伟译，北京大学出版社2011年版，第80页。

② ［日］关哲夫：《论禁止类推解释与刑法解释的界限》，王充译，载《刑事法评论》第20卷，北京大学出版社2007年版。

③ 陈金钊：《目的解释方法及其意义》，载《法律科学》2004年第5期，第42页。

④ ［日］西田典之：《日本刑法总论》，刘明祥、王昭武译，中国人民大学出版社2007年版，第40页。

⑤ 梁根林：《罪刑法定视域中的刑法适用解释》，载《中国法学》2004年第3期，第130页。

⑥ 刘召成：《法律规范合宪性解释的方法论构造》，载《法学研究》2020年第6期，第83页。

释的妥当性，即规范解释是否客观、适度、符合理性。从刑法解释的比例原则看，刑法解释应该能够实现实质正义，或至少有助于实质正义的实现。

在功利主义看来，解释结论造成的可能后果是决定刑法解释正当与否的唯一的与全部的标准，只要能造成最大的好结果的刑法解释，才是正当合理的，并且问题不在于运用何种解释方法，而在于当不同解释结论发生冲突时，采用何种解释结论会取得最大功利——既能确保法的安全性，又能保证法的合理性。[①] 后果正当性考察可以从两个方面进行：一方面，刑法解释后果应符合刑法目的。在刑法规范解释过程中，对规范条文的解释是在词语文义范畴之内展开的，但是，需要指出的是，规范文义之内的解释会背离刑法的实质正义侧面。刑法解释如果不利于实现刑法的实质正义，在一定情况下，解释主体应该对解释结果进行修正，路径则是通过目的性扩大或者目的性限缩。"具体来说，刑法目的解释主要通过目的性限缩或扩张来实现的，而无论是目的性扩张抑或限缩的取舍，都是后果考察的结果，目的都在于实现"在现行有效法秩序的框架内符合理性地作出决定。"[②] 通过修正解释结果，可以使解释结果在符合形式正义，且有利于实质正义的目的实现，并使解释结果具有正当性与合理性。另一方面，刑法解释应该做利益衡量。刑法解释结果除了有利于刑法规范的理解和适用之外，还可能产生其他的消极后果。易言之，刑法解释结果不是唯一的，既有积极的有利于刑法适用的结果，也会产生消极的不利于刑法适用的结果。由此，在积极的解释结果与消极的解释结果之间就会产生利益冲突，即如何在利益冲突之间进行考量和选择。"不只是避免解释的结果除了这个有益的作用外，一并带来其他会抵消(甚至超过)实现该目的之有益性的负面效果。"[③] 即应该从利益衡量的角度考察应该选择的刑法结果。

2014年7月至8月，被告人胡某、艾某夫妻与被告人卢某为了谋取非法利益，在无医生执业资格的情况下，由被告人卢某向被告人胡某介绍孕妇，被告人胡某使用其购买的一部专用B型超声诊断仪，被告人艾某驾驶面包车，为多名妇女进

---

① 参见姜涛:《非法吸收公众存款罪的限缩适用新路径:以欺诈和高风险为标准》，载《政治与法律》2013年第8期，第52页。

② [德]阿列克西:《法律论证理论——作为法律证理论的理性论辩理论》，舒国滢译，中国法制出版社2002年版，第349页。

③ [德]英格博格·普珀:《法学思维小课堂》，蔡圣平译，北京大学出版社2011年版，第74页。

行胎儿性别鉴定。原审认为,被告人胡某系未取得医生执业资格的人,多次因犯非法行医罪被判刑后,又多次为多名孕妇非法进行非医学需要的胎儿性别鉴定,属于法律对非法行医罪规定的“其他情节严重”的情形。[①]我们认为,司法主体的认定结论是合理的。本罪适用的积极结果是危害行为被纳入非法行医罪的规制范畴,消极后果则是《刑法》第336条第1款中的兜底条款被激活使用,不过,通过两者比较可知,适用非法行医罪的正向价值显然更值得保障。其实,在一般情况下,如果正向利益产生的积极作用大于负向利益带来的消极作用,解释主体就应该坚持解释结果的正当性。反之,如果正向利益的积极作用和等于或小于负向利益的消极作用,解释主体就应该放弃解释结果,或者对解释结果进行适当调整,以保证其正向利益产生的价值优于负向利益。“目的论解释的正当性并不是来自立法者的权威,也不是来自从法条文本中所推导出结论的正确性,而是从这些结果的有益性导出。”[②]

再次,强调主观主义的合法性规制。从刑法理论看,目的解释有主观目的解释与客观目的解释的具体分类。主流刑法理论坚持客观目的解释,主张通过刑法条文上的规范目的进行理解和解释,并对主观目的解释持排斥和怀疑态度。不过,随着目的解释论对刑法基本原则的冲击,以及其带来的各种问题,近年来主张关注主观目的解释的理论不断出现。

传统理论对刑法目的解释的分类较为固定,只是根据目的来源对目的解释分为客观解释、主观解释和折中论三个类型,对不同解释的作用往往是做独立判断,但是,对不同解释类型之间的关系则很少有人研究。客观解释和主观解释是从目的来源的不同纬度进行的区分,但不妨碍两者之间具有密切关联,并需要发挥两者的作用以调节刑法解释的结果。据此,应该合理看待主观解释与客观解释之间的关系,并需要对客观解释结果进行主观层面的检验和调整,以确保刑法解释在规范文义之下进行,并最大限度符合刑法的基本原则和立法精神。一方面,客观解释是完善探索和文义的有效路径。需要指出的是,通过规范目的诠释刑法条文的含义是有效的,对合理认识和解读规范文义具有积极意义。换言之,主观目的解释应该承认客观目的解释的作用和价值,并在司法实践中积极推动客观目的解

① 参见王志远:《刑法学案例研究指导》,中国政法大学出版社2019年版,第20页。

② [德]英格博格·普珀:《法学思维小课堂》,蔡圣平译,北京大学出版社2011年版,第74页。

释发挥作用。不过,客观目的解释由于坚持规范目的的开放性和社会面向,会导致规范文义解读的流动性和扩张性,甚或出现积极的漏洞补充现象,因此,目的解释的类推解释面向需要引起警惕和关注,并需通过合理措施进行规范和调整,具体路径则是主观目的解释。另一方面,主观解释是规范客观解释的合理举措。主观目的是立法主体在刑法立法时追究的目的,该目的往往是对立法规范的理性认识,也是立法主体对立法规范文义的合理期待与价值涉入。一定程度上,根据立法主体的目的诠释规范文义相对合理,且符合立法精神和法律旨意,这也是折中论主张对新的立法应采取主观目的解释的原因。“起草法律者的规范想法可以作为补充材料,其有时可发生决定性的意义。”① 不过,源于社会变化对刑法规范的诉求发生改变,主观目的解释不能有效缓解法律规范和社会变革之间的紧张,但是,立法主体的目的并不应随着社会变化而消失,依然应该在规范解释之中发挥引导和规范作用。尤其在客观解释之下,为了防止解释主体过度解读刑法规范,并确保规范解释在规范文义之下发挥作用,更需要通过主观目的对解释过程和结果进行修正或者调整,以确保客观目的解释的合法性与合理性。

最后,重视社会相当性的合理性评价。“应于历史所形成的国民共同秩序内,将具有机能作用的行为排除于不法概念之外,并将此种不脱离社会生活上常规的行为,称为社会相当性行为。”② 社会相当性是违法阻却事由,即一个符合历史所形成的社会伦理秩序的行为,其不应该受到否定性的价值评价。换言之,对于符合构成要件的违法行为,如果符合时代伦理秩序且具有社会生活的相当性,就应该否定该行为的违法性。

德国刑法理论上的法益概念是客观目的解释中的目的指向,对于辨析和诠释规范确实起到积极的作用。不过,法益概念本身的开放性和抽象性,尤其是在预防性刑法理论的背景下,基于法益概念解读刑法规范往往产生威胁刑法基本原则和立法精神的效应。为了应对法益侵害理论的不足,德国刑法理论上发展出社会相当性概念,从而通过社会伦理价值观达到对行为违法性判断进行规制的目的。根据社会相当性理论,其是在法益侵害理论无法得到公正合理的法律评价的基础上发展而来的,并逐渐在危害行为的不法判断的考量中得到重视,不但丰富了实

① [德]卡尔·拉伦次:《法学方法论》,陈爱娥译,商务印书馆2004年版,第121页。

② Welel, Studien zum System des Strafrechts. Zwtw Bd, 58, S.515-517.

质违法性理论的发展，还促进了规范刑法学与法社会学的融合。由此，社会相当性是从社会伦理价值层面对法益侵害性的评价和判断，对行为的违法性做出符合社会需要和伦理标准的考察。从社会相当性伦理的价值趋向看，主要是从出罪角度进行展开的，是危害行为不法性判断的出罪机制。质言之，如果根据法益侵害性，可以得出危害行为符合刑法规范目的的不法性结论，但是，如果该行为可以为社会一般价值和传统理论认可，表明该危害行为并具有刑法意义上的违法性，因此，就需要排除该行为的违法性。

需要注意的是，社会相当性的抽象性和模糊性一直被批判，且如何检验社会相当性的客观性也存在问题，这都是社会相当性理论在实践当中的作用受到限制的重要原因。基于此，在利用社会先当性检验目的解释合理性的过程中，就需要避免社会相当性成为解释主体的内心判断和主观评价，以防止司法主体在危害行为出罪的随意性。具体路径上，法官要做好社会相当性理论的修辞和论证。“因为客观目的的概念本身并不清楚，法官进行的判断可能会有主观因素的介入。这个问题可以通过强化法官的论证义务来解决。”① 具言之，如果解释主体需要利用社会相当性评价目的解释结论，应该对社会相当性的内容、作用及价值进行充分说理和详细论证，即通过法律论证达到的效果是，相当性是社会相当性而非解释主体的相当性，相当性是具体可用的相当性而非抽象空洞的相当性。

（编辑：吕玉赞）

① 王利明：《法律的解释学导论：以民法为视角》，法律出版社 2009 年版，第 300 页。

审判责任认定与法官裁判的博弈均衡 *

——以刑事审判为考察范围

寿媛君 **

摘　要　运用博弈论方法分析最高人民法院《关于完善人民法院司法责任制的若干意见》中的审判责任认定规定，能清晰呈现其归责方式与“权责统一”的目标存在不一致的地方，不但不能激励法官依法独立裁判，反而有可能将法官推向过分依赖上级、依赖规则的旧途。应当构建审理与裁判相区隔的“二元”审判责任。法官的审理行为应遵守法定程序，裁判结果的形成应遵从自由心证。依此，从三个层面激励法官依法审判、独立裁判以卸除责任。其一，明确错案内涵，保障法官在审理案件的中立性；其二，明确自由心证的法律地位，激励法官敢于自由裁量；其三，强化裁判文书说理机制，激励法官阐明裁判结论的正当性以排除恣意专断。

关键字　审判责任　自由心证　博弈均衡　错案　裁判文书说理

党的十八大以来，以司法责任制为核心的司法体制改革取得重大成效。[①] 然

* 本文系西安交通大学基本科研业务费（人文社科类）专项科研项目“Web3.0 时代以人民群众满意为导向的司法公开问题研究”（SK2022011）、西安市社会科学规划基金法学研究专项课题重点项目“司法公开的舆论监督与舆论引导问题研究”（202206）研究成果。

** 寿媛君，女，陕西西安人，西安交通大学法学院副教授，主要研究方向：刑事诉讼法、司法制度。

① 参见龙宗智、吕川：《检察机关人员分类管理的问题、矛盾与应对》，载《国家检察官学院学报》2022 年第 4 期，第 86 页。

而，有关司法责任制问题的研究在研究对象、研究视角与研究方法仍存在可深入探讨之处。首先，目前研究主要集中于笼统讨论司法责任制改革，没有精细区分审判制度与检察制度的同质性与差异性。其次，既有研究运用传统的法学方法论展开的研究聚焦思辨性的理论探讨，立足司法实践的实证研究相对处于劣势。司法责任制是一种以"人"为本的制度，司法人员的行为选择不能脱离司法活动的一般规律，对事实的认定、法律的解释适用不能脱离实践与经验，理论界不能对此仅给出一种逻辑推演或者规范阐释研究，而应结合司法实践缜密观察，从多维度的剖析法官行为。最后，在司法责任制的实证研究中，以个案为研究对象展开的对策性研究，因缺乏可供验证的现实条件，使完善的对策缺乏说服力。

2015 年，最高人民法院发布《关于完善人民法院司法责任制的若干意见》(以下简称《意见》)，明确了法官审判责任的追究。鉴于审判责任作为司法责任的主要内容，① 本文聚焦《意见》中的审判责任的认定，重点考虑以下两个问题：第一，从审判权运行涉及的事实认定与法律适用两个层面，运用博弈分析法，通过量化的方式清晰呈现审判责任制度设计能否激励法官公正裁判；第二，将审判行为区分为审理行为与裁判行为，验证审判责任应针对两种行为建构有所区别的认定方式与适用程序，将会激励法官敢于独立行使审判权，引导法官作出公正判决。

一、审判责任认定阻碍法官独立裁判的博弈分析

（一）博弈分析方法的理论基础

1. 博弈论将抽象的思辨过程转化为符号分析的过程

博弈论可以用数字符号来描述法官裁判案件获得的收益大小，将利弊以赋值的方式比较收益多少，相比逻辑推演等分析方法可以增强结论的立体感与说服力。《意见》的实施能否激励法官独立公正裁判的问题，如果从审判责任归责内容展开推演，既要考虑司法权运行机制，又要考虑法官作出行为选择时的心理，两者相互交错，法官在既有的制度下可以有多种行为选择，极大地增加了逻辑推演的复杂度。博弈分析方法就是找到规范制订者与规范实施者之间稳定的、可靠的互动行为模式，依此，制定出的法律规范才能获得实效性。博弈方法通过给规范中

---

① 参见李浩主编：《员额制、司法责任制改革与司法的现代化》，法律出版社 2017 年版，第 435 页。

的行为赋值，进行量化比较，获得占优结果，甚至绝对占优结果，将抽象的思辨过程具象为客观、定量、简单的符号。可以更直观地表现审判责任认定与法官裁判案件之间的逻辑矛盾，预测法官在矛盾中可能作出的行为选择。

2. 博弈论分析的是规则制定者与义务主体间信息不对称问题

根据博弈理论可知，博弈是利用解的概念来求解的。求解博弈即为确认参与人将选取哪一个战略的过程。[①] 现代博弈理论为人们理解法律规则如何影响人的行为提供了非常深刻的洞察力。如果所有当事人和制定、执行法律规则的人都拥有充分的信息，则制定出激励当事人改善每个人状况的方式行为的法律就成为一件简单的事情。[②]

站在规范制定者的角度来思考其设计初衷。规范制订者需要遵循这样一个逻辑规律，即在立法技术可支持的法律规范范围内，法律规范为司法者提供了行为模式与相应的激励机制，引导司法者选择既符合立法目的又能符合自身获益的均衡结果。然而，规范制定者并不十分确切的了解司法者的心理，与司法者所掌握的信息也不能完全同步。信息的不对称性就让立法与司法之间的关系变得比想象的复杂。而博弈研究中的热点问题正好包含了信息不对称时的战略选择问题。[③] 当立法者的立法目的需要依赖司法者的行为选择，且信息不完全对称，立法者应当如何制定法律才算是理性？通过运用博弈学理论或许能够找到更精确的思路。

3. 博弈论可给出公正裁判与审判责任的均衡结果

博弈论是一门用数学模型研究冲突对抗条件下最有决策问题的理论。在特定的环境、给定的规则下，一次或多次，同时或先后从各自可选择的行为策略中选择并实施，获得结果的过程。博弈论中包含局中人（players）、信息、策略、均衡等基本概念。

案件裁判要求法官既要基于证据、常识认定事实，也要遵守立法者给定的行为规范，包括适用于案件裁判的法律准则，与规范法官行为的责任准则。审判责任将案件的公正裁判与法官个人利益相连，意图以责任追究的方式倒逼法官依法

---

① 参见［美］道格拉斯·G. 拜尔、罗伯特·H. 格特纳、兰德尔·C. 皮克：《法律的博弈分析》，严旭阳译，法律出版社1999年版，第6页。

② 参见［美］理查德·波斯纳：《法律的经济分析》（第7版），蒋兆康译，法律出版社2012年版，第22-23页。

③ 参见［美］罗杰·A. 麦凯恩：《博弈论战略分析入门》，原毅军等译，机械工业出版社2006年版，第10页。

公正裁判。这样就营造了法官在司法裁判中，在给定的法律规范下，根据案件事实与法律公正裁判与均衡个人利益的情境。然而，无论案件公正裁判的组成内容，还是法官个人的利益构成，都分别由一套复杂元素构成。基于法官是理性人的假设，法官裁判案件付出的成本是以追求公正裁判与实现个人利益最大化为目标追求，法官的决策在面临责任风险时会激发风险防范机制以避免可能的损失。因此，法官裁判的成本、收益与可能的风险即构成一种互动关系。在司法公正与个人利益之间，博弈论可以简化两者相互作用的基本元素，根据法官趋利避害的心理，其行为选择会偏向更高的收益结果的规律，预测给定的多个利益分别与法官裁判案件行为之间的关联，横向比较不同的行为选择给法官带来的收益大小，依此，可以有的放矢的调整制度内容，以求实现法官个人利益与案件公正裁判的平衡。

（二）法官裁判行为回应审判责任认定的博弈分析

1. 基于推定的错案概念解析法官裁判的模型建构

《意见》第28条规定了导致案件按照审判监督程序提起再审后被改判的，不得作为错案进行责任追究的八种情况。但“错案”概念不清，给该规则的清晰度蒙上一层面纱。从现有司法性文件的内容可以间接推出，“错案”即事实认定或法律适用错误的案件。[①]那么，如何认定案件在事实认定或法律适用有错呢？有学者认为，将罪之有无——在实体上将有罪认定为无罪或将无罪认定为有罪——作为错案责任中的错案为宜。以后程序在罪之有无上完全否定了前程序所作的处理决定，且后程序作出的处理决定已经生效，作为界定错案的依据。[②]结合《意见》第28条，审判监督改判属于错案豁免，则错案认定的情形是以一审法院刑事判决被二审法院推翻为标准。一审法院与二审法院就提出上诉或抗诉的案件裁判形成博弈。

假设一审法院裁判法官与二审法院裁判法官具有完全理性，一审法院的裁判法官的个人利益依赖裁判结果，而裁判结果有引起二审程序的风险。引起二审程序的风险又与案件当事人、检察机关对裁判结果的认同度相关。为了使博弈清晰，将博弈的策略简化为有罪判决与无罪判决极端的情况，局中人为一审法院与二审法院，对一审法院的裁判法官来讲，二审法院的裁判结果为维持，一审法院的

---

① 参见周赟：《错案责任追究机制之反思》，载《法商研究》2017年第3期，第4页。

② 参见朱孝清：《错案责任追究与豁免》，载《中国法学》2016年第2期，第33-34页。

收益为 f,作出改判决定,一审法院的收益为 0。假定一审法院可选择的策略为:有罪和无罪,二审法院可选择的策略选择维持和改判、发回。c_1 是一审法院作出有罪判决的成本。一审法院作出无罪判决,会面临检察机关提出抗诉的风险 r,因此,一审法院作出无罪判决的成本为 c_1+r。二审法院改判、发回的成本为 c_1+c_2。依此一审法院的收益可以形成的二元矩阵如表 1 所示。

表 1 一审法院收益二元矩阵

二审法院			
一审法院	是否有罪	维持	改变
	无罪	$f-c_1-r$; $-c_1$	$0-c_1-r$; $-(c_1+c_2)$
	有罪	$f-c_1$; $-c_1$	$0-c_1$; $-(c_1+c_2)$

由此可见,一审法院作出有罪判决的收益 $f-c_1$ 是最大值。上级法院支持一审法院的裁判结果所用成本最为经济。因此,一审的有罪判决获得上级至法院支持是最优的选择。根据这一结论,一审法院的裁判法官可以采取以下策略:一方面,谨慎采信证据、查明案件事实,依法作出裁判。另一方面,穿越一审程序与二审程序时间的递进性,请示上级法院是否支持一审可能作出的裁判结果。

2. 基于遵守证据规则解析法官裁判的行为选择

根据以上一审法院最优策略的分析,一审法院的裁判法官基于证据、事实、法律作出公正裁判,可以免除审判责任。因此,有必要从既有规范出发分析审判责任制度对法官采信证据、认定事实的行为指引是否能产生激励,引导法官保持理性作出公正裁判。以排除一审法院法官以请示上级法院的方式免除审判责任,使二审程序走向虚化。

《意见》第 26 条明确了违法审判的情形,厘清了法官裁判行为的“禁区”。《意见》第 28 条第 2 项规定,“对案件基本事实的判断存在争议或者疑问,根据证据规则能够予以合理说明的”,即便案件依照审判监督程序提起再审后被改判的,法官可以豁免错案责任。这意味着,事实认定的分歧被排除在责任追究之外。法官的经验在判断诉讼双方证据证明力、认定事实和进行价值判断时都会对案件的判决结果产生巨大影响。① 将事实认定排除在责任追究之外,兼顾了责任追究与独

① 参见孙洪坤:《公益诉讼、能力壁垒与相对合理——基于某省 C 市毒地案二审判决的法理省思》,载《东方法学》2021 年第 2 期,第 175 页。

立裁判的关系。值得关注的是，责任豁免条款附加了“根据证据规则能够予以合理说明”的条件。证据证明力的有无和大小本属法官自由心证的范畴，但为了限制法官的裁量权，防止法官的心证不要太过自由，不少国家都建立了一套有关证据证明力的证据规则。① 依此，证据规则的内容既包含证据能力的判断，也包含证据证明力的判断，共同指引法官采信证据的行为。运用扩展式博弈分析更能直观推测法官裁判的行为选择。如图 1 所示。

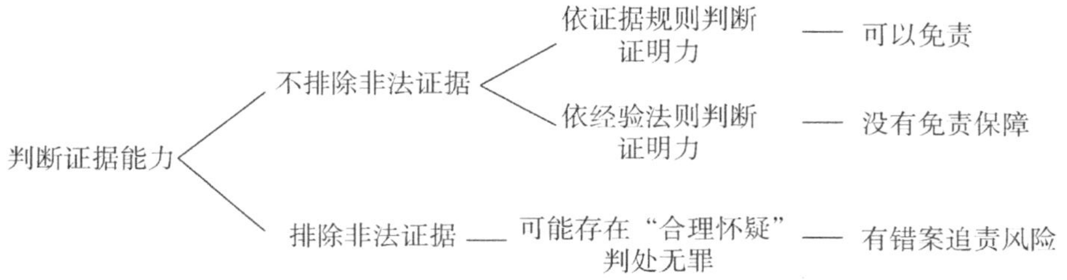

图 1　证据证明力的证据规则

根据扩展式博弈分析可知，第一，当证据材料具有证据能力，证据证明力的判断如果出现经验法则与证据规则适用的矛盾，法官选择依据证据规则采信证据，可以豁免审判责任。因此，需要仔细评估证据规则的内容能否与经验法则的关系，以明晰法官依据证据规则认定事实符合司法规律与认知规律。第二，证据材料不具有证据能力，排除该证据可能导致无罪判决，则会回归上述图 1 的二元矩阵的情境，法官面临公正裁判的高成本、低收益的行为选择困境。可见，《意见》中的错案豁免条款激励法官依据证据规则裁判案件反而成为法官“排除非法证据”的制度障碍。

3. 基于法律适用分歧解析法官裁判的行为选择

《意见》第 28 条规定，对法律规范的理解与适用出现分歧的，能够给予合理说明的，案件按照审判监督程序提起再审后被改判的，不作为错案追究责任。可知，当法律适用出现分歧时，法官以说理的方式可以免责。《意见》以此激励法官理性裁判。

为了构建法律规范与司法者之间的博弈模型，建立法官法律适用争议中法律规范的指引效用矩阵，建立以下假设，模型双方为法律规范与依法裁判的法官。法律规范的表现方式为适用明确与适用疑难，其适用概率分别为 a 和 1−a；法官在

① 参见董坤：《监察与司法衔接中的证据问题研究》，载《西南民族大学学报（人文社会科学版）》2021 年第 7 期，第 125 页。

适用法律时可选择策略为理性适用与恣意适用,其概率分别为b和1−b。

法官作出公正裁判的收益为f,恣意裁判的风险为r,裁判的固定成本为c,在法律适用疑难时,给予合理说明产生的额外成本为c';法律规范的制定成本为t,其制定效用为v。并且假定f、r、c、c'都大于0。当规范效用应大于规范制定成本,才有规范制定的必要性,因此,v大于t。形成的二元矩阵如表2所示。

表2　法律规范与主观二元效用矩阵

法律规范			
法官主观	是否理性	适用明确 a	适用疑难 1−a
	理性 b	f−c−c'; v−t	f−c−c'; t
	恣意 1−b	−c−r; v−t	f−c−c'; 0

根据以上效用矩阵可知,当法律适用明确而法官选择不依法裁判,其结果难以评价为公正裁判。因此,作为裁判法官的一方,其作出理性裁判的概率是b,作出非理性裁判的概率是1−b,采取合理说明与不说明的两种策略的期望效用:

合理说明:$a(f-c-c')+(1-a)(f-c-c')=f-c-c'$

不说理:$a(-c-r)+(1-a)(f-c)=f-a(r+f)-c$

《意见》希望引导法官通过说理作出公正裁判,因此,合理说明的效用应当大于不说理:$f-c-c' > f-a(r+f)-c$,即$c' < a(r+f)$。由此得知,如果需要说明法律适用合理性的成本越高,则需要说理带来的收益或者面临审判责任风险就要相应提升,以激励法官作出理性的判决。

(三)结论:归责条款阻碍法官依法独立裁判

1. 错案界定不清使法官怯于依法独立裁判

一个人究竟会采取什么角色,并不取决于关于他的规范性角色,而取决于制度对他的各种实在的制约。[①] 在推进以审判为中心的刑事诉讼制度改革背景下,基于公正裁判的立场,司法责任制的主要内容不仅包括对错误裁判的问责,也包括法官依法独立行使职权。[②] 然而,"错案"界定与司法规律的抵牾是法官独立审判的

① 参见苏力:《法律与文学》,生活·读书·三联书店2017年版,第161页。

② 参见金泽刚:《司法改革背景下的司法责任制》,载《东方法学》2015年第6期,第126−137页。

障碍。

法官对审判职责不能准确预期或出于对未知的恐惧，就可能趋利避害地选择依赖现有制度裁判，这不失为不求有功、但求无过的权宜之计。贵州遵义陶某故意杀人案表明，法官对理性的坚持要有非常人可期的勇气，甚至要花费巨大的代价。不仅如此，寻求事实真相的执念深入渗透刑事诉讼法及各类司法解释中，在《意见》中也依稀可见。法官裁判行为包括事实认定、法律适用与遵守法定程序三个方面。而三个方面分别适用不同的推理方法与推理依据。如果仅以后程序的裁判结果否定前程序裁判行为的合法性，会陷入唯结果论的误区。裁判行为对争议事实的认识与哲学领域的主流认识论学说之间存在偏差。这种偏差导致经验常识回应司法活动中出现的各种问题的能力被低估了。[①] 证据与待证事实之间的因果关系不是通过先验推理得出的，而是源于法官在发现特定对象相互连接在一起时的经验感受。法官运用经验法则认定事实是司法的客观需要。因此，前后程序的裁判结果不同也不能绝对的认为后程序的裁判法官的理性多一些。而唯结果论的错案认定方法与“权责统一”的基本原则是抵牾的。狭义的司法权包括审理权与裁判权。错案认定的要件对案件的实体裁判结果投入了较多的关注，忽略了法官在审理过程中是否遵守法定程序、正当行使审判权。

2. 证据规则非体系化使法官投机逃避责任

在事实认定环节，证据发挥着重要的作用。法官运用经验法则判断证据证明力的大小，这种判断虽受诉讼程序、证据规则的约束，但因其逻辑内核是法外问题，故若试图从一种先验的理念出发，预设法外问题的规则，则会引起预设的证据规则如何巧妙地区分法官良知与恣意问题的讨论。由于社会生活的复杂与多变，经验法则呈多样性和动态性，相对于实体法规范，对将经验法则上升为证据规则，各国普遍持更谨慎的态度。[②]

当前我国的证据规则尚未形成完备的证据法治秩序。以刑事证据规则为例，首先，法律解释中的证据规则与《刑事诉讼法》的规定存在多次重复。关于“非法证据排除”中非法证据的认定与程序分别出现在《人民检察院刑事诉讼规则》、

---

① 参见［美］米尔吉安·R. 达马斯卡：《比较法视野中的证据制度》，吴宏耀等译，中国人民公安大学出版社 2006 年版，第 39–44 页。

② 参见秦宗文：《证据标准的双维分析：基准与动力》，载《中国刑事法杂志》2021 年第 3 期，第 99 页。

最高人民法院《关于适用〈中华人民共和国刑事诉讼法〉若干问题的解释》以及联合发布的司法解释中。其次，具有一般规范性、拘束力的司法解释最大限度地突破了《刑事诉讼法》关于证据的规定。证据规则在规范层面存在地冲突能否统一、稳定地指引法官正确认定案件事实，具有超越法官凭借经验法则认定事实的优越性？再次，现行的证据规则中的证明力条款限制了法官凭借其经验和良知对证据进行综合判断和认定。当本该能动的思考被越来越多的法律条文替代时，法官的裁判行为可能会走向规则依赖。这无形中湮灭了法官之间个人能力与勤勉的差异。在审判责任豁免条件的加持下，法官坚持自由心证独立裁判的动力会进一步减弱。那么，预设的证据证明力是否能引导法官作出公正的判决呢？证据证明力的预设可能更注重证据材料本身或者证据材料之间因果符合性、同一性。但案件事实不能预设，同类证据与案件事实之间的关联度也无法预知，因此证据规则无法预测证据材料与待证事实、经验法则之间的合理性。法官如果基于审判责任免责条款的激励，选择满足符合性的证据，遵循法定的证明力条款，并不排除会作出一个失真但是合法的判决。审判责任制的免责条款出发点是确保证据规则的适用。但是，践行两个基于程序正当性的法律规则在司法活动中却会成为法官裁判不公的护身符，其症结就在于证据规则本应是基于价值论的规则，而现在侵入认识论领域形成了规则。

3. 法律适用疑难的分歧缺乏详尽说理的动力

在法律适用存在分歧的情况下，法官采用法条主义解释适用法律，还是采用后果主义，权衡裁判后果获得一个裁判结果，都需要花费额外的精力成本与物质成本，然而，当前的裁判说理激励机制还不够完备，不能很好的引导法官展现内心获得裁判结论的过程来免除审判责任。

司法权是一种判断权，包括对程序性事实的合法性判断与实体性事实的合理性判的融贯。成文法自制定完成之日起会逐步显现出其滞后性，法官却不能以法无明文规定而拒绝裁判。但法律与经济、社会、政治密切相关，因此，法律也不能涵盖一切社会生活。由此，法官遇到法律适用疑难的案件，如果审判责任制度没有赋予“合理说明”行为足够大的收益或者怠于“合理说明”需要承担足够大的风险时，司法审判有可能滑向恣意。然而，当前裁判文书作为案件审理结果的载体，是法官诠释司法技术、规避审判风险的重要领域。最高人民法院于2018年印发《关于加强和规范裁判文书释法说理的指导意见》，其中并没有将裁判文书释法说理行为与法官审判责任挂钩。法官在审理法律适用疑难案件时，不但要花费更多的精力权衡法律适用，还要继续投入更多时间、精力成本表述这一过程，然而，该收益要在案件按照审判监督程序提起再审后被改判的情况下才能获取。在司法实践中，审判监督程序的案件数量与审判程序的案件数量相差悬殊。这意味着，《意见》的激励引导没有显著优势，程序设计的复杂性会消解法官释法说理、彰显公正裁判的积极性。法官裁判疑难案件时可能更多依赖身为法律人的情怀。

二、"二元"审判责任认定方式的博弈分析

（一）提出"二元"审判责任假设的理论依据

1. 法官裁判案件是基于理性而非归于正确

理性是人用智识理解和应对现实的（有限）能力。[①]"理性"也常用来表示受一般性规则和原则的约束。[②]诉讼区别于其他纠纷解决机制的关键就是它以理服人的权威性。

司法裁判是有别于"纸上谈兵"的实践理性。裁判中认定的事实是根据诉讼案由、证据材料、证明责任分配等规则与规律而获得的法律拟制的事实。这个事实只能无限地接近犯罪事实。犯罪事实是历时性的，犯罪动机、方法和结果通过行为人的行为形成因果相连的客观存在。但法官需要逆时间方向追溯过往，运用经验、良知游走于犯罪结果与行为、犯罪事实与证据证明力之间，基于证据与犯罪事实之间的普遍联系、法官个人的专业知识、法律赋予的权威性，经过推理与怀疑，融合经验、逻辑，重构出"排除合理怀疑"的确信。可见，法官认定事实既要遵循事物之间的普遍联系，也要受制于法律拟制的证据规则、诉讼程序的期限，与客观真实保持着法律拟制的距离。

2. 法官裁判案件离不开心证

法官对案件事实的合理认知是正确适用法律的重要前提。在刑事诉讼中，裁判案件的难点多数集中于事实认定。[③]诉讼证明的规则演化逐渐重视法官"良知"

① 参见［美］E. 博登海默：《法理学——法律哲学与法律方法》，邓正来译，中国政法大学出版社 2010 年版，第 473 页。

② 参见郑戈：《韦伯论西方法律的独特性》，载《韦伯：法律与价值》，上海人民出版社 2001 年版，第 75-76 页。

③ See William Blackstone, Commentaries On the Laws of England 330, Oxford, 1765, p.69.

发挥的作用。证据或许可以高度还原案件事实的骨骼、肌肉等重要组成部分,但法官的智慧能给案件事实注入灵魂。

证据的证明力应当是社会文化共同体集集体智慧的发现。自由心证是相对法定证据制度而言。法官裁判案件需要以人的认知能力作为证据与事实之间的中介,如何克服法定证据制度的刻板,又能有效抑制人的主观恣意?域外诉讼制度的发展脉络清晰的表明,自由心证是发现真实与抑制恣意之间折中的制度。自由心证取代法定证据制度是在特定的历史背景下完成的。科学的发展与人类认知水平的提高相互促进,颠覆了法律规则预设证据的价值并强制法官执行的理论基础。证据证明力只有置于具体个案才能确定,离开了个案场阈,证据证明力应是未知的,证据的证明价值在法律上是平等的。而这个从未知到已知的求证过程就是法官的自由心证。排除法官的主观能动性,代之以精确的量化或符号化证据证明力,公式化的证据运用会使自由、正义失去意义,也会使刑事证明标准沦为工业化产品而失去司法的艺术性。

由此可见,法官在判断证据证明力可信、大小范围内的心证自由,是裁判行为不可或缺的内容,也应当是审判责任制度构建应予关照或保障的对象。如果能辅以激发法官良知的制度,适度界定法官心证"自由"与"恣意"之间的界限是实现司法公正的合理性选择。

3. 法官裁判案件兼顾合法性判断与合理性融贯

如果规范审判行为、过程、程序的内容符合司法逻辑与司法规律,法官心证的"自由"限定在认定案件事实的经验理性范围内,那么审判权的运行可以随之区分为程序合法性判断与实体合理性判断的"二元"方式。

当前的审判责任的认定部分仍旧遵循以实体结果的对错衡量法官程序行为的正当与否的逻辑。规则制定者缺乏制度设计是否符合司法逻辑的反思,造成审判责任制度与惩戒制度多少有点"钱穆制度陷阱"意味。证据审查与判断是法官裁判案件的重要组成部分,既关系到程序正当性,也关系到实体公正性。证据规则是法律拟制的合法证据所应具备的形式要件,是非法证据的"过滤器"。排除非法证据是程序正当性的重要体现。证据规则的细密程度表明了对法官审判行为的指引力度。其内容的精确度也会影响法官审判行为的规范程度。如果证据规则密度稀疏,对非法取证、认证行为的识别度就不敏感,法官判断证据合法性的自由空间也随之广泛。反之,密度越高,越能对非法取证行为产生较好的预后作用,倒逼取证符合程序正义的价值取向。在证据规则数量增加的前提下，允许法官使用“过滤器”既是一种授权，也是一种制约。因此，证据规则回归证据能力的法律拟制是纠正用实体结果衡量程序合法性的枢纽，也是区分审判权运行的程序性判断与实体性判断的核心。

（二）审理行为与裁判行为“二元”评价标准的博弈分析

法官裁判案件时，依据证据规则、法定程序行使审判权，法官可以凭借自己的智识、良知与经验法则认定案件事实，获得理性的裁判结果。基于此，区分法官裁判的审理行为责任与裁判行为责任，根据审理程序合法性与裁判实体合理性的特质分别构建责任条件，以期获得法官裁判行为回应审判责任制的博弈均衡。

1. 以程序性事实的合法性衡量审理行为的合法性

如前文所述，程序性事实的判断属于形式合理性的盖然性判断，能给予法官审理行为以明确的指引。在博弈分析中，假定审判责任与法官行为是博弈双方。审判责任的程序法激励概率为 a，不激励概率为 1−a，法官采取依法裁判的概率为 b，恣意违法概率为 1−b。t 是程序性规范的立法成本，f 是能够激励法官依法裁判的收益。c 是法官作出裁判的固有成本，r 是恣意裁判面临的被追责风险。从而构建审判责任与法官行为的二元矩阵如表 3 所示。

表 3　审判责任与法官行为的二元矩阵（1）

	法官行为		
审判责任	程序是否激励	依法裁判 b	违法裁判 1−b
	程序激励 a	f−t; c	−t; c+r
	程序不激励 1−a	−t; c	0; c

程序激励概率：$b(f-t)+(1-b)(-t)=bf-t$

程序不能激励概率：$b(-t)+(1-b)0=-bt$

期望程序激励的概率要大于不激励概率，法官作出公正判决 b 的概率：$b > t/2f$

由此可见，法官作出公正裁判的概率 b 与程序立法成本 t 成正比，与收益成反比。以程序性事实判断为衡量标准，审判责任的认定如果给予程序性判断更多收益，法官的审理行为选择必然会遵循程序性事实的理性判断。

上述矩阵也表明,在程序法无法激励法官时,法官选择依法裁判与违法裁判的游移问题。假定程序不激励的原因不是立法效用低,而是因为法官裁判还包括适用实体法,即法官的裁判行为,因此,在克制法官可能产生的恣意方面,有必要再引入一个激励机制倒逼法官在适用实体性法律时保持理性。

2. 以实体性事实的说理衡量裁判行为的合理性

事实存在合理怀疑与法律适用疑难是困扰法官形成裁判结论的难题。这两个因素是否存在于个案不能预知,也无法通过预案回避,法官只能就个案应变。因此,激励法官展现自己心证的过程用以评判裁判的公正性,更符合司法规律。

法官认定证据确实充分的标准之一是"排除合理怀疑"。"排除合理怀疑"嚆矢于普通法系国家,作为舶来品,"排除合理怀疑"成为法官认定证据确实、充分的条件之一,"怀疑"的范围与内容相对陪审团缺少法律思维的"天马行空"会或多或少体现出司法理性。因此,法官在排除合理怀疑之后作出的裁判应当是可阐明理由的。基于此,假定审判责任与法官行为选择为博弈双方,审判责任的策略以激励说理与不激励说理的概率分别为 a、(1−a),法官行为选择为理性裁判、恣意裁判的概率分别为 b、(1−b)。假设,法官作出理性裁判的收益为 f,法官作出裁判的固有成本为 c,说理行为额外支出成本为 c_1,激励说理的立法成本为 t,效用为 s,形成的二元矩阵如表 4 所示。

表 4　审判责任与法官行为的二元矩阵(2)

	法官行为		
审判责任	是否激励说理	理性裁判 b	恣意裁判 1−b
	激励说理 a	$s-t$; $f-c-c_1$	$s-t$; c
	不激励说理 1−a	$-t$; $f-c$	0; c

法官理性裁判的概率 b 为:$a(f-c-c_1)+(1-a)(f-c)=f-ac_1-c$

法官恣意裁判的概率(1−b)为:$ac+(1-a)c=c$

激励法官选择理性裁判:$f-ac_1-c > c$,即 $a < f-2c/c_1$

结合程序性激励机制可知,审判责任激励法官理性裁判,在遇到事实认定分歧或法律理解、适用分歧时,可以降低额外理性说理的成本或者大幅增加说理裁判带来的收益预期的路径实现。因此,首先,应当区别常态案件与非常态案件,界定法官阐释事实认定、法律适用等额外说理的适用对象,厘清说理额外成本的产生范围。其次，除了以免除审判责任的消极方式激励法官将内心形成事实认定、法律适用的确信过程外化，还需要以积极的方式引导法官自愿说理。

（三）结论：构建审理行为与裁判行为“二元”责任认定机制

法官的审判行为包含事实认定与法律适用。以法官裁判案件对应的不同行为模式，建构对应的责任认定方式，更加契合司法规律。马克思主义认为，要抓住事物的主要矛盾并解决主要矛盾，才能彻底化解矛盾所带来的问题与困局。① 以审判责任豁免条款设定的法官行为模式与法官行为选择为博弈分析主体，从错案—责任的认定到事实认定的合理说明、法律理解适用的合理说明两个层次的豁免分别发现，审判责任的设定不能有效地激励法官独立、公正裁判，其症结在于当前的审判责任认定混淆了裁判遵循的法律规范的价值取向与事实认定的认识规律。

程序正义作为一种分配理性，秉承的是一种价值观念。当前影响法官裁判的“发改率”反映出对错案的认定的结果本位主义价值论。而事实认定的结果不完全是一种价值评价，更多的是认识论的司法实践。由此指引法官裁判的证据规则挤占了经验法则的适用空间，衡量法官裁判行为是否正当的标准湮灭了程序的独立价值。审判责任制的内容应当就审判权融合了审理与裁判的“二元”运行规律设计“权责统一”机制。审理行为遵循的是程序性规范，裁判行为则包括对证据采信、事实认定的经验性判断。因此，应当就程序性事实裁判与实体性事实判断分别设置责任的认定与豁免条款，是解决审判责任不能激励法官公正裁判免除审判责任的肯綮。

在刑事诉讼中，程序性法律规范作为常量，应当充分尊重司法实践理性的规律，保证法官裁判案件的行为具有可重复的正当性。而案件事实的认定及其依据作为变量，应当给予法官运用经验法则的自由，这是权责统一的关键。法官审理案件的程序性行为与事实裁判不同，它贯穿整个刑事诉讼始终。因此，审判责任制可以从诉前、诉中、判后三个阶段明确法官裁判案件应尽的职责。在刑事审判活动开始之前确保法官主观上的中立性；在审判活动进行之际给予法官判断事实问题的思维自由；在审判活动结束之后要求法官展现其思维理性与对事实、法律与经验法则综合权衡的思维过程。

---

① 参见陈卫东：《中国司法体制改革的经验》，载《法学研究》2017 年第 5 期，第 15 页。

三、审判责任认定的完善进路

《意见》中审判责任的认定与豁免表明,“让审理者裁判,由裁判者负责”的权责统一理念已经落实在制度构建中。通过解构法官在制度指引下的行为选择,找到了该制度“重客观、轻主观”的一元问责的弊端。因此,审判责任的认定也应根据审理行为与裁判行为的性质确立“二元”评价体系。基于此,审判责任制度的完善可以从规制法官程序性行为为切入点,分三个层次引导法官的审理行为,划定法官裁判事实时自由心证的合法适用空间。

(一)规范法官裁判案件前的中立性

1. 完善证据规则激励法官遵循法定程序

《意见》以办案质量终身负责的形式倒逼法官裁判案件要严格依照法律与证据规则。修正证据规则的部分内容与司法规律的抵牾有两个方面,其一,去除证据规则中关于证据证明力的不合理内容。其二,严格“瑕疵证据”的补强条件。

首先,证据证明力的大小不是法律问题,法律规范没有能力进行拟制。证据的证明力根植于事物的普遍联系,不会因法律改变而变更联系的紧密度。法官对证据证明力大小的判断是基于个人智识、经验,而不是基于法律规范预设的权利义务。证据规则应是程序正当性的体现,而不是通往案件事实真相的指南。案件事实的获得是经验的,只能事后阐明,无法预先知晓。其次,证据的证据能力实质是证据的法律资格,属于法律问题范畴。证据规则中的“瑕疵证据补强规则”归根结底是一种制度妥协的产物,给法官判断证据材料是否可以作为定案证据创造了“灰色地带”,长期适用并不利于规范侦查行为与强化审判中心主义。应当严格“瑕疵证据”的认定标准,补正程序与法律后果,明确审判责任的认定范围。“解铃还需系铃人”。审判责任的客体之一应当是审判行为的合法性。依此,健全证据规则,去除其中规制经验行为的内容,充实并细化其中司法行为的条款,使其符合司法规律,是法官自觉遵守法定程序的内核,也是赋予审判责任制度实效的前提。

2. 明确错案内涵激励法官敢于依法独立裁判

错案的边界不清晰给法官裁判案件带来了诸多困扰与趋利避害的驱动力,这对公正审判十分不利。丹宁勋爵指出,“所有法官都应该能够完全独立地完成自己的工作，而不需担惊受怕。决不能弄得法官一边用颤抖的手指翻动法书，一边自问，假如我这样做，我要负赔偿损害的责任吗？”[①]审判权作为公权力之一无疑需要受到监督与制约，但监督与制约的对象应当局限于权力运行指向的行为。因此，错案认定应从裁判结果论回归法官审理行为本身，以司法过程中违反程序法、证据能力规则的行为为重心。

一方面，在认定错案的准确度层面，程序法与证据能力规则是形式合理性的具象化。耶林指出，“形式乃是反覆无常之行为的不共戴天之敌——亦即自由的孪生姐妹。”[②]程序法的符号性特征可以有效降低法官对程序性事实的认定出现模棱两可、似是而非的概率，增强法官裁判案件行为的可预期性。另一方面，在证明难度层面，程序法事实是法律拟制的，程序法事实的合法性证明具有可量化或者可符号化的特征。相对经验事实的错综复杂，认定结果可能会因人而异，程序性事实的证明是盖然性的，具有确定性。加之，人的认识能力会伴随时间推移而变化。但程序性事实只要符合当时的法律规范，就能经受时间流逝带来的认知变化。综上所述，错案的认定以法官是否存在违反程序法或证据规则，导致案件存在程序性错误或者因采纳非法证据造成错判为条件。以完善证据规则为前提，将违反法定程序、证据规则的行为纳入审判责任内容，激励法官裁判案件时，严格依照法定程序与证据规则的指引行使审判权。

（二）肯定法官裁判案件时自由心证的合法性

1. 给予自由心证应用于认定案件事实的合法地位

法官有职责对危害事实、危害行为作出认定，形成裁判意见。由于社会的复杂开放性，立法技术无法满足法官认定事实确定无疑的客观需求，只能提供基本准则。当法官无法打消裁判案件带来的后顾之忧，也无法从终身追责的风险中解脱时，是不能在事实认定与适用法律的世界里阔步行走的。可见，法官想要合乎法理与情理作出公正裁判，无法避开“风险预付的问题”。赋予法官判断证据证明力、认定事实时自由裁量、心证的合法性，既能激励法官充分调动主观能动性，独立作出裁判，也能廓清审判责任之客体的范围。法官对案件事实的认知是基于证

---

① ［英］丹宁：《法律的正当程序》，李克强、杨百揆、刘庸安译，法律出版社 2011 年版，第 74-76 页。

② 转引自何柏生：《法律文化的数学解释》，商务印书馆 2015 年版，第 291 页。

据的回溯,其自身的经验、智识对证据证明力大小、可信度发挥着重要作用,在此情形下,立法给予“自由心证”合法地位,是划定了法官对司法行为需要承担风险的范围。法官明知贪污受贿、徇私舞弊、枉法裁判应当承担相应的审判责任,如果消除了判断经验事实的风险源、明确了错案内涵的前提下,法官是否会选择违背良心裁判,并愿意承担终身追责的风险呢?可见,肯定法官认定案件事实时“自由心证”的合法性,能够消除法官在面临事实认定时的顾虑,激励法官作出理性、独立的裁判。

2. 限定自由心证的适用范围

从我国司法实践的发展历程与法学学者对当前证据规则的批判可推知,规则制定者不断通过法律规范的方式限缩法官裁判案件时所需的主观空间,是对法官能否公正裁判抱有顾虑。随着法官法律素养的提升、信息公开透明,“自由心证”有了向好的适用环境。司法裁判的本质属性决定了需要放开心证自由,但也要拘束自由的限度,使审判责任的内容符合司法规律与认知规律。

自由心证中的自由是相对受制于法律规范的自由。法官认定事实要受经验法则的约束,这是区隔自由与恣意关键。我国刑事诉讼程序对案件事实真相的追求与证据有限性之间的矛盾,需要法官弥补证据与事实之间的逻辑缺损、推定事实情节的因果关系,但并不意味着法官可以随意地确立证据证明力大小与强弱,法官推定行为的审慎性受制于经验法则、职业素养等法外条件的约束。如前文所述,如果附加法官将获取裁判结论的过程予以公开表达的义务,则可以有效激励法官裁判案件即要积极发挥主观能动性,又能一定程度上避免恣意。因此,规则制定者可不必谈“自由”而色变。将法官的自由心证局限于经验性的事实判断范围内,要求法官在裁判中阐明确信形成的过程,作为认定审判行为正当的要件之一。

(三)强化法官裁判的说理义务

1. 将裁判文书说理作为审判责任认定条件

司法体制改革是对既有司法体制的扬弃。《意见》中增加了法官主观过错与客观行为相结合,责任与保障相结合的审判责任认定原则。强化法官裁判的释法说理义务,可以倒逼法官理性裁判,保障法官裁判案件自由心证的正当性。

裁判文书涵盖了诉讼过程、诉讼环节、裁判依据与裁判结果,是对整个刑事诉讼过程的总结,是彰显诉讼程序正当性、认定事实合乎理性以维系司法权威的文本载体。裁判文书说理的精细化与法官裁判案件的理性证成是表象与本质的关系。判文说理是法官思维的理性表达，是法官对证据采信、事实认定等心证历程的外化体现。只有具有逻辑性、充分性、针对性以及通情达理的说理，裁判结果才会令人信服，司法正义才能得以彰显，法官才能免除审判责任。2018 年最高人民法院发布《关于加强和规范裁判文书释法说理的指导意见》，从制度上回应了被学者广为诟病的裁判文书说理不足，但诉讼结果因案而异，具有不确定性。指导意见的规范方式只能给出判文说理的一般要求，框架和准则，裁判说理的“个案定制化”属性难以接受“批量生产式”的拘束。裁判文书说理的具体内容如果成为法官自证其正当运用审判权的“自留地”。将裁判文书说理作为认定审判责任的要件之一，倒逼法官公开内心确信的形成过程，应当符合权责统一的要求。

2. 裁判文书说理免除审判责任的方式

司法公开之目的既追求程序公正也追求实体公正，是将法官的裁判行为置于公众监督视角下的有力方案。① 虽然裁判文书如何说理是一个复杂的问题，但在裁判文书中展现法官的心证脉络是司法裁判有别于其他纠纷解决方式的理性价值追求，也是免除审判责任的重点区域。法官对证据的采信与排除理由，控辩双方意见的采纳与否理由、事实认定应用的经验法则与个人智识的选择是不可回避的内容。若控辩双方对证据采纳、证据证明力、影响定罪量刑的情节意见不一致、案情交织情、理、法等适用法律疑难，应当作为文书说理重点论述之处。这样既有利于受众理解并接受裁判事由，也有利于为后续类案提供参考。

当法官面临事实认定或法律适用疑难时，需要额外支付精力成本。如果法官能就证据采信、事实细节之间的因果关系、法律适用理由等予以翔实说明，展现内心形成确信的过程，则无论裁判是否生效，只要审判行为没有违反程序法与证据规则，就不会追究其审判责任。

四、结语

探索审判责任制度是司法改革的重要内容之一，是实现司法公正，提升司法公信力的重要举措。绘制“法官公正裁判”的蓝图，不仅需要从规范的指引与拘束角度进行探索，更要从制度运行背后的逻辑机理进行研究。采用博弈论方法分

① 参见陈卫东：《司法责任制改革研究》，载《法学杂志》2017 年第 8 期，第 40 页。

析裁判法官与上级法院、裁判法官运用证据规则、裁判法官释法说理以免除审判责任的关系,发现当前审判责任的认定方式将价值论的分配正义与认识论的经验法则杂糅,以结果主义本位评判法官行使审判权的正当性:

第一,裁判法官与上级法院之间存在博弈关系。上级法院对下级法院的监督关系落实审判责任制度中表现为上级法院的裁判结果衡量下级法院裁判结果公正与否的条件。通过博弈分析可知,下级法院的法官为了获得裁判结果与个人利益的最优解,会选择作出裁判结果之前,先请示上级法院,以保持与上级法院裁判结果的一致性,免除审判责任。

第二,裁判法官与证据规则之间的博弈关系。裁判法官在审理事实认定分歧的案件,当依据经验法则与证据规则认定案件事实出现矛盾时,裁判法官会倾向严格适用证据规则以免除审判责任。然而,又因为证据规则在一定程度上不仅是价值分配的体现,也是认识规律的掣肘,因此又可能导致裁判法官作出一个合法但不合理的裁判以免除审判责任。

第三,裁判法官与法律适用分析说理之间的博弈关系。法官主观倾向于作出理性的公正裁判,需要辅以说理的激励机制。因此,审判责任需要给予足够的激励、降低因说理而产生的额外成本。激励方式包括,区分常态案件与非常态案件,明确说理适用的对象,肯定法官心证的合法性正向激励法官,辅以裁判文书说理以免除审判责任的便捷化路径。

第四,审判责任与法官裁判行为的博弈关系。法官裁判行为表现为审理行为与裁判行为两个方面。这两个方面的司法规律与判断方法分别涉及价值论与认识论。由于行为模式的差异,故责任认定方法也应当有所区隔。审判责任制度规范法官审理行为的博弈分析表明,程序法的形式理性与分配正义能从整体、事前激励法官公正裁判。肯定法官心证的合法性,从个体、事后激励法官以说理的方式证明裁判的公正性。

(编辑:杜文静)

论刑法领域公开个人信息的合理处理规则[*]

赖若涵[**]

摘　要　知情同意作为信息处理行为正当性判断基础的依据不足，且内涵不够明确，不具有可行性。面对知情同意效力边界的限缩与构成要件要素定位的消解，刑法公开个人信息处理规则亟待转向。在个人信息受保护权的法益立场下，法秩序统一性、信息控制保护与流通利用间的平衡、巨大的信息处理规模是合理处理规则转向的理论、价值与现实依据；前置法规定、空白规范的功能定位及比较视野下的合理处理规则，成为规则转向的条件、契机与参照。运用场景理论，按照个人自行公开与其他已经合法公开的分类形式，分别从处理目的的一致性与处理用途客观上的正向联系性两方面，展开"合理"内涵之判断。信息主体明确拒绝或处理行为对个人权益有重大影响的，排除合理处理规则的适用，仍需取得信息主体的同意。

关键词　公开个人信息　合理处理　知情同意　侵犯公民个人信息罪

一、问题意识

随着信息数据时代的到来，海量公开个人信息因爬虫技术的普及被轻易抓

---

*　基金项目：2022 年度湖南省法学会研究课题"信息网络犯罪司法适用疑难问题研究"（22HNFX−C−004）阶段性成果。

**　赖若涵，女，江西吉安人，厦门大学法学院博士研究生，研究方向为刑法学。

取，公开个人信息二次流转与利用活动的数量激增，缺乏规制依据和理论诠释。虽然出台了《民法典》《个人信息保护法》，明确了公开个人信息的保护地位与合理处理规则，但《刑法》对个人信息长期按隐私理解与保护的观点与做法，过分强调信息主体对个人信息处理的知情同意权利。刑法在未区分个人信息公开与否的情形下，普遍适用知情同意规则对信息处理行为的违法性予以判断，与前置法判断结论产生冲突，饱受实务界与学术界的质疑。

未公开的个人信息固然因其鲜明的人格利益属性，使得信息控制保护在一般情况下具有价值优位性，理应以知情同意为信息处理的主导规则。但公开个人信息却兼具内容上的人格性与形式上的公共性，在信息流通利用与控制保护的价值间难以抉择，面临知情同意规则适用下，信息价值实现与法秩序统一的双重困境。如何平衡信息流通利用与控制保护之间的关系，成为勘定公开个人信息刑法规制界限的关键与难点。对此，学术界展开了关于知情同意效力边界的讨论，提出在不同开放程度的个人信息处理行为之刑法认定中，知情同意规则存在不同效力的观点。但囿于实定法尚未修改，加之个人信息属性、保护法益等基础问题分歧较大，上述讨论始终徘徊于提出问题的层面，未能给出规则适用的系统方案，对解决实务分歧的助益有限。

由此，应当认识到，现行知情同意规则在公开个人信息处理行为刑法认定中的乏力与“短板”。如何突破原有架构的局限，对知情同意规则予以全面审视，寻求刑法与前置法的衔接协调，实现适当处理规则的转向，以适应不同开放程度的个人信息处理行为之刑法认定，对完善个人信息刑法保护理论研究与服务司法实践都具有重要意义。

二、知情同意规则的适用现状及其缺陷

（一）知情同意规则的司法适用现状

公开个人信息的概念目前仅规定在《民法典》和《个人信息保护法》中，基于法秩序统一性的考量，公开个人信息的刑法规制应实现刑法概念与前置法概念的统一。根据前置法之规定，自然人自行公开的或者其他已经合法公开的信息属于公开个人信息。由此，可以提炼公开个人信息的两大特征：公开性与合法性。公开意指信息获取的无门槛性，合法则要求信息的公开状态不能是非法原因造成

的。[①] 近来，司法实务中出现了大量未经信息主体同意，在网络上获取包含个人信息的已公开企业工商登记信息后，擅自出售或提供给他人的行为。对于此类公开个人信息处理行为是否构成侵犯公民个人信息罪，实务界出现重大分歧，同案异判现象亟待解决。

案例一：高某某将来源于“企查查”网站的企业工商信息整理后，把其中企业注册信息的电话号码出售给刘某某。法院依据最高人民法院、最高人民检察院《关于办理侵犯公民个人信息刑事案件适用法律若干问题的解释》（以下简称《个人信息解释》）第 3 条第 2 款，认定高某某未获取被收集者同意，将合法收集的公民个人信息提供给他人，属于《刑法》第 253 条之一规定的“提供公民个人信息”。[②]

案例二：徐某某从“企查查”“天眼查”等网站上爬取企业工商信息中的法定代表人联系方式等信息，整理后出售给网友。法院认为，依照《个人信息解释》第 3 条第 2 款规定，行为人未经被收集者同意，将合法收集的公民个人信息向他人提供的，属于《刑法》第 253 条之一规定的“提供公民个人信息”。[③]

案例三：王某某长期将从“天眼查”等网站获取的企业工商信息中包含个人信息的内容，出售、提供给他人。法院认为，上述信息公开可查，相关当事人必然会预见有被他人使用甚至不当使用的可能性。《个人信息解释》第 3 条第 2 款不能笼统地理解为，只要权利人不同意，不管信息公开与否，不论是否合法途径获取，都不能被使用。在相关信息已经合法对外公开的情况下，要求行为人的收集、整理、交换等行为仍需得到“被收集者同意”的要求过于苛刻也不合理，故公开的个人信息不应认定为公民个人信息，相关信息应排除计算。[④]

不同法官对同一行为模式的迥异认定，宣示了各自不同的立场与判决逻辑，也反映了现行刑法公开个人信息知情同意规则的司法适用现状。

其一，法官对信息主体知情同意的效力认定不同。案例一与案例二中，法官将信息主体的知情同意视为信息处理行为合法的必要条件。案例三中，法官虽在

---

① 参见王海洋、郭春镇：《公开的个人信息的认定与处理规则》，载《苏州大学学报（法学版）》2021 年第 4 期，第 65–66 页。

② 参见河北省涿州市人民法院刑事裁定书，（2021）冀 06 刑终 180 号。

③ 参见福建省泉州市中级人民法院刑事裁定书，（2020）闽 05 刑终 155 号。

④ 参见苏州市姑苏区人民法院刑事判决书，（2018）苏 0508 刑初 40 号。

说理部分没有支持前述观点，但并未完全否定知情同意的效力，而是由个人信息的合法公开状态，推定信息主体对信息处理行为应存在概括同意，显然对知情同意作了宽泛化的解释。

其二，法官对个人信息公开与否对受保护程度影响的态度不同。案例一与案例二均适用《个人信息解释》第 3 条第 2 款对擅自处理公开个人信息的行为作有罪认定，而不考虑个人信息已公开对信息应受保护程度的影响。案例三中，法官质疑知情同意的效力，认为公开个人信息与未公开个人信息不应笼统适用统一规则。在刑法公开个人信息处理行为的认定中，应综合考虑信息的公开属性、信息获取途径的合法性，避免对行为人课以不合理的征求同意义务。

当前，《个人信息解释》第 3 条第 2 款被视为刑法公开个人信息处理行为有罪认定的规范依据。① 该款未予区分公民个人信息的公开与否，强调知情同意在信息获取后对外流转环节的核心地位，即认定处理行为合法需满足二次授权的形式判断。这种对信息处理行为刑事司法认定"一刀切"的形式，背离了不同公民个人信息应受刑法保护程度不一的内在规律，无视公开个人信息的双重属性。尽管有法官注意到知情同意规则与公开个人信息处理行为刑法认定的不相适应，尝试对知情同意的适用效力进行突破，但囿于刑法公开个人信息概念范围尚不明确、处理行为认定的思路缺乏系统梳理，案例三虽立足于刑法公开个人信息处理行为认定的特殊性展开说理，最终却是以对行为对象的否定作为出罪事由。刑法公开个人信息处理行为的正当化认定，欠缺更具信服力的推理与教义学的检验论证。

（二）知情同意规则的内在缺陷

首先，将知情同意作为信息处理行为正当性判断基础的依据欠缺。知情同意规则源于对个人信息权的保障，其核心是个人信息自决权的行使。此种权利的行使需要信息主体对个人信息具有自由支配的条件与能力，否则权利基础将不存在。然而，个人信息自公开之始，信息主体对其个人信息就不具备自由支配的条件与能力。在当前信息通常以数据形式存储的时代背景下，无论是个人自行公开

---

① 除文中所举案例一与案例二，还可参见重庆市开州区人民法院刑事判决书，（2017）渝 0154 刑初 342 号；广西壮族自治区宾阳县人民法院刑事判决书，（2020）桂 0126 刑初 104 号。

的信息还是其他合法公开的信息，个人信息自发布之时起，就大多以数据的形式永久留存于网络空间。即使进行删除、去识别化等技术操作，原则上，已经发布的信息总是具有与其他信息相互关联后还原的可能性。尤其是被动公开的个人信息，此类被依法公开的信息几乎不可能受信息主体的意志影响，不具备个人信息自决权行使的现实空间。

其次，知情同意在刑法公开个人信息处理行为中的内涵不明确。《个人信息解释》第 3 条第 2 款表明，知情同意之授权系单次授权，信息获取授权之效力不及于后续的处理行为。因此，对于经授权获取信息后的处理行为，需要获得信息主体的“二次授权”。该款虽明确了授权在信息处理行为正当性认定中的基础地位，但却没有明确授权的形式、内涵，更没有阐明区分授权层次的理论基础。在公开个人信息的处理行为中，行为人甚至不存在获取“一次授权”的行为即合法获取了信息。如果要适用知情同意规则对行为人后续未经同意的处理行为作有罪认定，出于逻辑贯通的理解，也就是认为行为人合法获取个人信息的行为已经获得了信息主体的授权。由于行为人与信息主体并无意思联络，此种授权的作出在没有明示的情况下，显然系推定作出。既然“一次授权”是以推定的形式作出，那么如何认定不存在推定的“二次授权”？进一步说，如果授权的表现形式可以是推定，那么在“一次的推定授权”中，除了获取信息的授权，为何不包含后续信息对外流转行为的授权？

最后，知情同意在刑法公开个人信息处理行为中不具有可行性。信息网络时代，信息主体与信息处理者散落于网络空间中，二者之间不是传统信息收集方式下的一对一关系，而是海量数据爬取过程中的一对多，甚至多对多的关系。面对信息背后分散的信息主体，行为人根本无须取得授权即可合法获取已公开的个人信息。这种新型信息处理模式下“一次授权”的缺乏，一方面，难以使行为人建立起后续处理行为的“二次授权”意识；另一方面，也使实际逐个获取陌生个体的授权不具有现实可行性。倘若动辄以缺乏知情同意下的授权为由，认定公开个人信息处理行为构成犯罪，实际上，案例一至案例三中行为人背后的信息服务提供商也未取得相关信息主体的授权，将面临更为严峻的犯罪风险。[①]

① 参见王华伟:《已公开个人信息的刑法保护》，载《法学研究》2022 年第 2 期，第 191-195 页。

三、由知情同意规则向合理处理规则的转向

(一)法益立场的确定

个人信息的保护模式与规则选择,端赖其背后的法益内容。将知情同意规则笼统适用于刑法公开个人信息的处理而衍生的一系列问题,反映出当下司法实践在个人信息保护中法益立场的偏离。为此,有必要梳理个人信息保护法益的分歧观点,并展开分析,先行确定法益立场。

1. 法益学说聚讼

缘于前期对公民个人信息往往回溯和参照隐私权保护的习惯,有多位学者主张公民个人信息保护法益系公民人格尊严与隐私权的观点。①还有学者提出私人生活安宁的法益观点。②上述法益观点系相对早期的观点,面临着前置法体系解释冲突、具体内涵判定困难等指责,存在对公民个人信息的刑法保护功能理解相对片面的问题,势必不能周延地保护法益,因而在法益讨论中渐渐失去生命力。

后期的公民个人信息保护法益讨论可划分为两大阵营——私法法益观阵营与公法法益观阵营。前者包括"个人信息权说"③"个人信息自决权说"④。后者则包含"信息领域社会公共安全说"⑤"社会信息管理秩序说"⑥"公法性质的个人信息受保护权说"⑦"信息自决与信息安全并列择一说"⑧(以下简称择一说)。私法法益观阵营普遍主张信息主体对个人信息的排他支配,强调信息主体的知情同意在信

① 参见付强:《非法获取公民个人信息罪的认定》,载《国家检察官学院学报》2014年第2期,第117页。

② 参见胡胜:《侵犯公民个人信息罪的犯罪对象》,载《人民司法》2015年第7期,第41页。

③ 参见黎宏:《刑法学各论》(第2版),法律出版社2016年版,第269页;张明楷:《刑法学》(第6版),法律出版社2021年版,第1199页。

④ 参见刘艳红:《侵犯公民个人信息罪法益:个人法益及新型权利之确证——以〈个人信息保护法(草案)〉为视角之分析》,载《中国刑事法杂志》2019年第5期,第19页。

⑤ 参见皮勇、王肃之:《大数据环境下侵犯个人信息犯罪的法益和危害行为问题》,载《海南大学学报(人文社科版)》2017年第5期,第120页。

⑥ 参见凌萍萍、焦冶:《侵犯公民个人信息罪的刑法法益重析》,载《苏州大学学报(哲学社会科学版)》2017年第6期,第70-71页。

⑦ 参见欧阳本祺:《侵犯公民个人信息罪的法益重构:从私法权利回归公法权利》,载《比较法研究》2021年第3期,第65-67页。

⑧ 参见郑泽星:《论侵犯公民个人信息罪的保护法益——场景化法益观的理论构造与实践立场》,载《清华法学》2023年第3期,第101页。

息处理行为合法认定中的条件地位，更多地体现了对个人信息在私法领域下个体属性的保护。公法法益观阵营则大多突出其公法保护特点，注重发挥个人信息的社会流通属性，提倡对信息进行区分保护以促进信息的流通利用。两大法益观阵营的对垒，充分暴露了信息流转利用与信息保护间的平衡难题。

2. 对私法法益观与超个人法益立场的否定

私法法益观下的法益立场缺乏法理与现实依据。私法的目的在于确权与自治，私法法益观下的法益解释宣示着信息主体对个人信息享有排他支配。然而，一方面，从个人信息的双重属性——“个体属性”与“社会流通属性”出发，信息主体对个人信息拥有绝对支配权的结论存疑。即便是与个人事务紧密相关的个人信息也具有“社会流通”的内在驱动，与社会公共生活息息相关，不能当然地排他归属于个人所有，[①] 遑论信息的利用场景存在私法领域与公法领域界分的问题。因此，信息的利用并不完全取决于信息主体的意愿。另一方面，前置法已然明确个人信息处理的例外规则：信息主体得在一定范围内，容忍信息处理者合理处理信息的行为。那么，谦抑立场下的刑法对公民个人信息保护范围的划定就更为有限。当前，我国刑法仅规制信息流转环节中的非法获取、出售及提供行为，所谓对信息的排他支配权事实上并不存在。

公法法益观下的超个人法益立场存在与刑法体系不协调和内涵不清晰的问题，与侵犯公民个人信息罪所属类罪的同类客体不符。“信息公共安全说”“社会信息管理秩序说”“择一说”与“个人信息受保护权说”虽均属公法法益观下的法益解释，但前三者与后者在法益属性上存在区别。前三者下的“信息安全”明显属于超个人法益，与本罪在刑法分则第四章所属侵犯公民人身权利、民主权利罪的同类客体——公民人身权利、民主权利不相兼容。此外，从法益内涵的具体解释出发，信息公共安全、社会管理秩序等超个人法益具有模糊性与不确定性。将个人信息保护法益定位为纯粹的公法益，将不可避免地导致对具体侵害行为规制能力的削弱。

3. 对个人信息受保护权法益立场的提倡

鉴于个人信息的双重属性使个人信息确权保护难以划定相对静态的边界，公

---

① 参见杨芳：《个人信息自决权理论及其检讨——兼论个人信息保护法之保护客体》，载《比较法研究》2015 年第 6 期，第 29 页。

法上的“个人信息受保护权说”在坚守个人法益保护立场的同时,主张以区分原则为指导,对不同行为对象展开保护,即按照信息归属领域层级的不同,对信息提供程度不一的保护,从而保障信息在流通过程中的各个环节得到适当的保护,确保刑法对个人信息处理行为介入的正当性与必要性。申言之,不同公民个人信息会因其信息内容、流通场景、使用目的等要素的差异,而具有不同的私密程度,其双重属性的比重,在上述要素的变化中发生变动,应受刑法保护程度不尽相同。① 在重个人属性轻社会流通属性的未公开个人信息处理中,刑法理应倾向于信息主体对信息的控制保护。然而,就重社会流通属性轻个人属性的公开个人信息而言,信息不仅是公民个人性的反映,更是重要的社会场域资源,过分强调个人信息的自决则可能阻滞信息自由流动带来的社会经济红利,形成个人信息保护利益与社会公共利益间不必要的价值对冲。因此,将公民个人信息保护法益定位为个人信息的受保护权,较好地平衡了信息流转利用与控制保护间的关系,符合双重属性下公民个人信息保护的目的和要求,也为公开个人信息开辟了合理处理的空间。

(二)知情同意规则的理论流变

1. 知情同意效力边界的限缩

知情同意规则历经几十年的实践运用,成为传统个人信息保护架构的核心规范,并进入个人信息处理的刑法规制领域,作为个人信息处理行为违法性判断的重要依据。这一规则体现了早期规范围绕个人信息私权属性而展开的规制思路——重视信息主体对信息处理的授权,严格控制个人信息的流转使用。如今,知情同意规则正在海量信息处理规模的大数据时代遭遇严重冲击。原因在于,信息处理方在开发信息数据的过程中不得不面临多道授权阻碍的同时,信息主体面对一系列知情同意条款却往往不作信息处理授权的实质审查。以知情同意为核心的传统个人信息保护规则,既无法为信息主体提供实质性保障,又制约了信息的合理流转利用。②

基于此,学界对知情同意规则在个人信息处理行为刑法认定中的效力边界

---

① 参见丁晓东:《个人信息的双重属性与行为主义规制》,载《法学家》2020年第1期,第79页。

② 参见范为:《大数据时代个人信息保护的路径重构》,载《环球法律评论》2016年第5期,第93页。

问题展开激烈讨论，提出了“知情同意绝对说”（以下简称绝对说）“知情同意否定说”（以下简称否定说）和“知情同意相对说”（以下简称相对说）。绝对说将信息主体对行为人处理信息的同意或授权，作为判断行为人的行为是否构成犯罪的绝对标准。① 否定说则直言：“同意不是个人信息处理的正当性基础。”② 持相对说的学者在批判否定说的同时，主张对同意模式进行改良，按照信息分类和场景风险的不同，采取分层同意和动态同意的模式。③ 近来，有学者进一步丰富了相对说的内容，从信息权利本体出发，提出公民的个人信息保护权利仅具有权利属性，属于可被放弃的权利。故经过信息主体同意的行为不可能成立犯罪，未经信息主体同意的行为是否构成犯罪，则需结合“领域理论”具体情况具体分析。④

2. 知情同意构成要件要素定位的消解

知情同意通常被定位为侵犯公民个人信息罪的构成要件要素。此种性质定位，体现的是私法法益观下，片面强调个人信息自决的法益内涵，蕴含着实务界长期固守的“绝对说”价值立场，已在学界关于知情同意在个人信息处理行为刑法认定中的性质定位讨论中被逐渐消解。

目前来看，绝对说与否定说的观点因公开个人信息处理行为的刑法认定对知情同意规则的冲击而日渐式微。相对说的观点则因主张知情同意对信息的区分适用，以适应不同开放程度个人信息的处理而成为学界主流。基于相对说的主张，有学者提出，无论是从信息利用趋势扩大化还是信息保护实质化的角度考察，知情同意系构成要件要素实属性质误读。

一则肯定知情同意的效力并不意味着处理个人信息的行为原则上违法。当前刑法仅禁止违反前置法规定的非法获取、出售及提供公民个人信息的行为，且行为的非法性认定来自前置法的规定，而非当然等同于知情同意的欠缺。⑤ 二则知情同意不是阻却信息处理行为违法性的充分条件。一味强调信息主体对个人信息的绝对控制，既不合理也不可能。一方面，面对多如牛毛的互联网隐私条款，信息主

① 参见杨妮、刘轩：《侵犯公民个人信息罪的反思与完善》，载施伟东主编：《上海法学研究》集刊2021年第6卷，第287—288页。

② 任龙龙：《论同意不是个人信息处理的正当性基础》，载《政治与法律》2016年第1期，第126页。

③ 参见田野：《大数据时代知情同意规则的困境与出路——以生物资料库的个人信息保护为例》，载《法制与社会发展》2018年第6期，第129—133页。

④ 参见欧阳本祺：《侵犯公民个人信息罪的法益重构：从私法权利回归公法权利》，载《比较法研究》2021年第3期，第65—67页。

⑤ 参见周光权：《涉人脸识别犯罪的关键问题》，载《比较法研究》2021年第6期，第15页。

体欠缺基本的议价能力。知情同意并不必然阻却后续信息处理行为的违法性。退一步说,即使格式条款内容合理,此种知情同意的适用也将造成巨大经济成本。[①]另一方面,即使是匿名化或者去识别化的信息亦具有再识别风险,单纯地严格控制前端信息获取收集等流转行为,并不能阻止后端对再识别信息非法利用造成的实质侵害。

质言之,知情同意不应作构成要件要素理解,尤其在公开个人信息处理行为的刑法认定范畴,立足信息双重属性的考量,其至多可被认定为在一定范围内阻却违法的正当化事由。[②]

(三)合理处理规则转向的正当依据

1. 理论依据:法秩序统一性原理

在前置法已经明确相关行为合法的情况下,刑法中擅自处理公开个人信息的行为,能否引入前置法规定予以出罪,涉及不同法领域之间的违法判断关系问题。

目前,关于违法性判断关系问题,在学界富有争议的主要是三种观点:严格的违法一元论、缓和的违法一元论与违法相对论(多元论)。严格的违法一元论认为,就同一法律事实,各部门法之间应进行统一的违法性解释。[③]缓和的违法一元论认为,刑事违法相比一般违法,需在后者基础上将"可罚的违法性"纳入前者的判断考量中。违法相对论认为,刑事违法与前置法违法判断具有各自独立的判断路径,犯罪的成立与否只与刑法上的实质判断有关。[④]通过简要梳理三种观点,可以推导出如下的判断结论。(见表1)

---

① 据美国卡内基梅隆大学的调查显示,用户基本不实际阅读隐私条款便直接勾选,即便如此,每年阅读互联网隐私声明所花费的时间对经济造成的成本就已经达到7810亿美元。See Aleecia M. McDonald & Lorrie Faith Cranor, "The Cost of Reading Privacy Policies", Ohio State Technology Law Journal, Vol.81, 2006, p.561.

② 参见于改之:《从控制到利用:刑法数据治理的模式转换》,载《中国社会科学》2022年第7期,第67-74页。

③ 参见简爱:《从"分野"到"融合"——刑事违法判断的相对独立性》,载《中外法学》2019年第2期,第443-445页。

④ 参见[日]前田雅英:《刑法总论讲义》,曾文科译,北京大学出版社2017年版,第24-26页。

表 1　三种学说关于刑事违法与前置法违法判断关系的结论

学说	违反前置法是否必然入罪	前置法的合法化事由是否必然成为刑法上的违法阻却事由	是否保留刑事违法性的实质判断
严格的违法一元论	是	是	否
缓和的违法一元论	否	是	是
违法相对论	否	否	是

上述结论表明,严格的违法一元论与违法相对论呈现出刑事违法性判断的两个极端。前者为了保持法秩序内的“一般违法性”统一,而牺牲了刑法在具体认定中的相对独立性;后者则由于过于追求刑事判断的独立性,而割裂了刑法与前置法在整体法秩序下的违法判断关系,二者在解释行为在不同法律部门中的违法性判断关系上,均具有较大缺陷。比较之下,缓和的违法一元论则表现出内在的优越性。其在协调整体法秩序的同时兼顾了刑事违法性的实质判断,在秉持违反前置法并不必然入罪的立场下,肯定前置法合法化事由在法秩序统一性原理下的统一适用,即前置法认定合法的行为不得成为刑法打击的对象。这也就为刑法公开个人信息处理行为认定中,公开个人信息合理处理规则的引入,提供了理论上的正当依据,从而发挥前置法对刑事定罪的限制功能。①

2. 价值依据:信息控制保护与流通利用之间的平衡

信息控制保护与信息流通利用这一对看似冲突、矛盾的价值取向,其实是个人信息处理过程中的一体两面。两种价值并非此消彼长的关系,而是相互促进,并行不悖的关系。一方面,个人信息的妥善保护,增强公民在社会生活参与中的安全感与满足感,继而促进信息流通规模的进一步扩大,迸发出的新的经济活力与市场潜力;另一方面,日益扩大的信息处理规模与保证经济良性发展的现实需求,将倒逼个人信息保护体系日臻完善。②强调知情同意在信息处理行为违法性认定中的适用,聚焦于公开个人信息控制保护的静态化规制,③暴露了刑法治理滞后于个人信息利用实践的缺陷。与此相反,前置法中公开个人信息的合理处理,突破知情同意规则的桎梏,将行为的违法性认定更多地放在信息流通利用过程中,

① 参见刘双阳:《“合理处理”与侵犯公民个人信息罪的出罪机制》,载《华东政法大学学报》2021 年第 6 期,第 66 页。

② 参见张新宝:《互联网上的侵权问题研究》,中国人民大学出版社 2003 年版,第 216-220 页。

③ 参见洪海林:《个人信息保护立法理念探究——在信息保护与信息流通之间》,载《河北法学》2007 年第 1 期,第 109-112 页。

主张考量信息流通利用中的多重要素，综合判断信息处理的合理性，继而作出行为的刑法认定，体现了信息流通利用的动态化规制，有利于构建更为严密的公开个人信息保护体系。① 因此，摒弃过往过分强调信息控制保护的价值取向，在刑法公开个人信息处理行为的认定中，实现合理处理规则的转向，是兼顾信息控制保护与流通利用相对平衡的价值要求。②

3. 现实依据：公开个人信息巨大的处理规模

一方面，公开个人信息商业化利用规模巨大，亟须合理处理规则划定合规运营的区间。如前所述，倘若继续在公开个人信息处理行为的刑事司法认定中适用知情同意规则，动辄作出有罪认定，一旦司法打击的范围扩大到众多企业信用信息服务平台，则相当于从商业模式上对此类企业予以根本的合法性否定。商业利益无法得到合理保障的同时，公开个人信息的商业化处理空间也将消失殆尽。在公开个人信息巨大的商业化处理规模下，合理处理规则的转向，能够改变公开个人信息商业处理领域过罪化的风险局面，合理划定相关平台合规运营的区间。

另一方面，政府公共数据开放规模进一步扩大，合理处理规则的转向是提高数字法治政府建设水平的法治保障。公共数据开放，使所有与管理公共事务职能相关的公共服务过程中收集、产生的信息得以公开，这其中则必然涉及个人信息的公开。当前，“加强公共数据开放共享已被确定为国家‘十四五’规划的重点任务之一，对提高数字法治政府建设水平、促进数字经济创新发展具有重大意义”。公共数据开放规模的不断扩大伴随公共数据处理规模的显著提升。合理处理规则的转向不仅在政策趋势下具有必然性，还为公共数据开放下，公开个人信息合理处理行为的刑事司法认定提供正当依据。

(四)合理处理规则转向的条件、契机与参照

1. 现实条件：前置法中的合理处理规则

《民法典》率先对公开个人信息的处理规则作出规定。《民法典》第1036条第2项规定了处理个人信息的免责事由，“合理处理信息主体自行公开的或者其他已经合法公开的信息，行为人不承担民事责任，但是信息主体明确拒绝或者处理该

① 参见于改之：《从控制到利用：刑法数据治理的模式转换》，载《中国社会科学》2022年第7期，第67–74页。

② 参见刘宪权：《擅自处理公开的个人信息行为的刑法认定》，载《中国应用法学》2022年第5期，第31页。

信息损害其重大利益的除外”。《个人信息保护法》紧随其后，在第二章个人信息处理规则中，以第13条第6项——“个人信息处理者可以在依照本法规定在合理的范围内处理个人自行公开或者其他已经合法公开的个人信息，不需取得个人同意”与第27条——“……；个人明确拒绝的除外。……，对个人权益有重大影响的，应当依照本法规定取得个人同意”，就公开个人信息处理行为认定的正反两个向度，确立并重申了公开个人信息的合理处理规则与例外情形。

如果说《民法典》将合理处理作为处理公开个人信息的免责事由，只是将合理处理视为公开信息处理规则的例外，不成立对公开个人信息处理规则的正面构建，那么《个人信息保护法》直截了当地将合理处理设置为公开个人信息处理行为的合法要素，在对公开个人信息处理行为的正当性赋予上又更进一步。这表明刑法公开个人信息合理处理规则的转向已具备现实条件。

2. 转向契机：恢复空白规范的功能定位

“违反国家有关规定”是典型的空白罪状，系侵犯公民个人信息罪具体罪状描述中对前置违法性的要求。一般认为，填补法律中阙如的构成要件要素是空白刑法的意图，“违反国家有关规定”是成立本罪的必要条件和认定犯罪的前提，[①]故应对空白规范作构成要件要素的理解。这一理解在最高人民检察院出台的《检察机关办理侵犯公民个人信息案件指引》对“违反国家有关规定”举证责任的明确中也获得肯定。[②]

对构成要件要素的说明与论证是裁判文书不可或缺的核心部分。关于侵犯公民个人信息罪裁判文书对“违反国家有关规定”作具体说明的情况，具体可见表2：

表2 侵犯公民个人信息罪裁判文书对“违反国家有关规定”作具体说明的情况

时间	侵犯公民个人信息罪裁判文书/份	对“违反国家有关规定”作说明的裁判文书/份	对“违反国家有关规定”作说明的裁判文书占比/%
2020-01-01—2021-10-31	4025	64	1.59
2021-11-01—2023-08-31	1224	93	7.60

① 参见冀洋：《法益自决权与侵犯公民个人信息罪的司法边界》，载《中国法学》2019年第4期，第78-80页。

② 《检察机关办理侵犯公民个人信息案件指引》强调，办理侵犯公民个人信息案件，应当特别注意对“违反国家有关规定”的审查认定，检察机关对证明违反国家有关规定的证据审查，需要明确国家有关规定的具体内容。

表2以《个人信息保护法》的施行时间2021年11月1日为节点，分别对前后18个月内的相关裁判文书情况进行观察。可以发现，与空白规范在刑法中应有的体系地位截然不同的是，空白规范在司法实践中被长期虚置，裁判文书不对“违反国家有关规定”作具体说明实属普遍现象。即使在专门的《个人信息保护法》施行后，对“违反国家有关规定”作具体说明的裁判文书数量仍处于低位，在本罪裁判文书总数中的占比不到一成。这就解释了，为何相继出台的前置法已然将“合理处理”规定为公开个人信息处理行为的正当化事由，在公开个人信息的刑事司法保护中仍以“绝对说”为指导，机械适用知情同意规则对信息处理行为作有罪认定。

因此，要解决上述问题，势必要恢复“违反国家有关规定”这一空白规范的功能定位，发挥其构成要件要素的功能，转向前置法合理处理规则的适用，以便于实现刑民衔接下公开个人信息处理行为认定的逻辑贯通。

3. 经验参照：比较视野下的合理处理规则

诸如欧盟、新加坡、南非、日本及美国等国家或地区，在个人信息保护立法中已经普遍接受了“个人信息处理”的概念，[①]并对个人信息处理行为的合法性认定进行了原则或规则的设定。[②]合理处理规则在域外法治下的发展主要体现为以下两个特点。

第一，对知情同意规则效力的反思与突破成为主要趋势，合理处理规则获得普遍认可。

欧盟在《数据保护指令》中明确，数据主体的授权是个人数据收集获取的正当化事由之一，[③]又在之后颁布的《通用数据保护条例》(General Data Protection Regulation，GDPR)中，将公开个人数据作为数据处理的例外，并较为周延地列出了对处理行为“合理”判断的考量要素，为明显公开的个人数据保留了合理处理空间，限缩了知情同意规则适用的效力边界。南非、新加坡也在本国的信息保护法中设定了个人信息处理规则的原则与例外，相继在保留知情同意规则的同时，

① 参见程啸：《论我国个人信息保护法中的个人信息处理规则》，载《清华法学》2021年第3期，第56−57页。

② 域外许多国家和地区习惯将“数据”与“信息”等同使用，在没有特别提示的情况下，“数据保护法”即作“信息保护法”理解。

③ See Paul M. Schwartz & Karl Nikolaus Peifer, “Transatlantic Data Privacy Law”, 106 Georgetown Law Journal, Vol.106, 2017, p.128.

详细规定了公开个人信息在合法获取后的进一步处理规则，拓展其合法处理空间。日本在其本土个人信息保护历程中，经历了由侧重个人信息保护向鼓励信息利用流通的转变，[①]具体表现即对知情同意规则的改造，主张区分知情同意在一般个人信息与敏感个人信息处理中的应用，允许特定目的下的默示同意作为一般个人信息处理行为合法化认定的理由。[②]更有甚者，"行业自律模式"下的美国个人信息保护体系，基于信息流通利用的价值立场，长期遵循"公共场所无隐私"的规则，将公开个人信息排除在个人信息保护之外。但即便如此，其仍不提倡将知情同意规则作为个人信息处理的正当性前提，而是主张将"场景思维"引入个人信息保护情境，注重个人信息流通场景的合理性判断，不对个人信息保护作抽象预判。[③]

第二，对"合理"作具体认定的方案或思路中，场景思维的认定优势正在突显。

场景理论由美国学者海伦·尼森鲍姆提出，后在《消费者隐私权利法案（草案）》中以"尊重场景原则"得以确认。该理论指出，"人们对信息披露的担忧不是来自信息数据的可控性或保密性，而是来自信息流通的合理性，不合理的信息流通即违反特定社会场景的信息规范的流通，而特定社会场景的信息规范则是指不同社会场景下一般规范的集合"。[④]该理论的实质内涵围绕信息规范的三要件展开：信息类型、参与主体、传输原则。要判断信息流动是否合理，就是要判断信息是何类型、信息与何人相关、信息的流动过程如何、类型化信息的流动条件与流动限制这几方面的延伸内容。这种以信息主体对不同类型信息利用场景下的合理期待，作为衡量个人信息流动利用合理性标准的理论方案，具备三方面的优势。

其一，场景理论采取联系的观点判断合理处理的内涵，具有考察上的全面性。相较于单一地考察信息类型、行为方式、目的限定等信息流动要素，来判断个人信息处理行为是否合理的方式，场景理论着眼于信息规范三要件，全面综合地考察个人信息处理场景下的脉络，能够尽可能贴近信息保护与信息利用平衡的中心，

---

① 参见储陈城：《大数据时代个人信息保护与利用的刑法立场转换——基于比较法视野的考察》，载《中国刑事法杂志》2019年第5期，第51-54页。

② 参见《日本个人信息保护法》，刘颖译，载米良主编：《北外法学》第2卷，社会科学文献出版社2021年版，第223-225页。

③ See Helen Nissenbaum, "Technology, Values, and the Justice System: Privacy as Contextual Integrity", Washington Law Review, Vol.79, 2004, p.136-145.

④ ［美］海伦·尼森鲍姆：《何为场景？——隐私场景理论中场景概念之解析》，王苑译，载周汉华主编：《网络信息法学研究》第1期，中国社会科学出版社2021年版，第14页。

妥善划定“合理”认定的区间。其二,场景理论的实质内涵易于把握,具有指引上的明确性。一直以来,要件式的认定标准都便于结合具体案件,易于把握和理解适用。而单个的要素认定则由于缺乏与其他要素的连接,在具体案件的适用中往往颇为抽象,具有解释和理解上的不确定性。其三,场景理论适应信息在不同流通利用场景下的保护变化,具有判断上的灵活性。不同个人信息对信息控制保护与流通利用之间的价值倾向不一。即使同一信息,在不同的流通利用场景下,其控制与利用间的价值倾向也会发生变化。个人信息处理行为的认定,实质上应当随着流通利用场景的变化而发生相应改变。

美国对个人信息处理场景化认定的方案,有效深化了“合理处理”的内涵,得到其他国家或地区的引入与借鉴。以欧盟为例,即使其在个人信息保护立法上,采取了与美国截然相反的统一立法形式,但在个人信息处理活动的具体认定中,欧盟数据保护委员会提供场景化的信息处理行为合规指引的做法,无疑是引入场景思维的结果。①

四、合理处理规则的具体展开

鉴于前置法对合理处理规则中“合理”的判断标准缺乏具体指引,而比较法视野下的场景认定思维优势明显,本文试图借助场景理论对“合理”标准之判断予以展开。此外,有必要对合理处理规则适用的例外规定——“信息主体明确拒绝”与“处理行为对个人权益有重大影响”展开解释,实现知情同意规则与合理处理规则在解释论上的体系衔接,以完善合理处理规则在具体案件中的适用。

(一)合理处理规则适用的具体展开

从当前对公开个人信息的分类来看,信息主体对主动公开和被动公开的个人信息处理行为之合理期待,存在较大差异。鉴于此,可以按照公开个人信息业已区分的两种公开形式:个人自行公开与其他已经合法公开,引入场景理论对公开个人信息合理处理之“合理”标准展开进路构建,实现合理处理规则适用的具体展开。

---

① GDPR第6条第4款在公开个人数据合理处理认定的考察要素中,吸收了“数据收集场景”考察要素。

1. 合理处理个人自行公开个人信息

数据信息时代，主动披露个人信息已经成为一种常见的社交方式，个人自行公开个人信息既是展示自我、表达意见的生活方式，也是当前普遍存在的社会心理需求。① 对个人自行公开个人信息的流通利用场景进行梳理，不难发现，包括将个人信息主动发布于公共社交平台维系交往、为实现特定交易目的而发布含有个人信息的交易信息等信息流通场景，均伴随着参与主体中的信息主体强烈的特定目的。

从场景理论的三要件来看，相应信息类型具有信息主体特定目的的相应烙印，信息主体对后续信息流通利用涉及的信息接收者，势必具有与信息公开目的相关人群的合理期待。同时，信息主体对此类信息后续流通利用的合理期待，受信息初始发布时的特定目的影响。总体来看，信息主体对此类信息的流通利用场景往往有着排他的具体情境。倘若信息处理者在获取个人自行公开的个人信息后，任意改变信息主体自行发布信息的目的，对信息进行超越初始目的的无关流转与利用，则显然不符合信息主体对此类信息的合理期待，难称符合“合理处理”之内涵，且有可能给信息主体的人身或财产安全带来损害风险。

以最高人民检察院第 34 批指导性案例中柯某某侵犯公民个人信息案为例作说明。② 本案中，房东作为自行公开个人信息的信息主体，其对公开房源信息的后续流通利用场景的合理期待，明显具有实现或促进房产交易这一特定目的。就案涉房源信息的实际流通利用而言，信息处理者柯某某及没有房产中介机构资质的“房某帮”网站，将房源信息作为商品用于出售牟利，信息的接收者大概率不是具有购房需求的人群，而是其他对公民财产信息有特定收集、利用目的的机构或个人。这种目的相悖的流通利用场景当然不符合上述合理期待。事实上，法官对本案的说理清晰准确，阐明了个人自行公开的个人信息“合理处理”之认定进路——首先，结合信息类型，明确信息主体自行公开个人信息的目的；其次，分析行为人在信息流通参与主体中的角色，探究行为人处理信息的目的；最后，判断行为人处理信息的目的与信息主体公开信息的目的是否具有一致性。③

① 参见王华伟:《已公开个人信息的刑法保护》，载《法学研究》2022 年第 2 期，第 191–195 页。

② 参见上海市金山区人民法院刑事判决书，(2018) 沪 0116 刑初 839 号。

③ 参见赖若涵:《刑法视阈下的公开个人信息保护：困境反思与进路构建》，载《江西警察学院学报》2023 年第 2 期，第 104–105 页。

2. 合理处理其他已经合法公开个人信息

其他已经合法公开的个人信息是基于相关法律规定公开,同样具有丰富的流通利用场景。无论是自 2000 年颁布施行的《最高人民法院裁判文书公布管理办法》推进裁判文书公开,还是 2014 年开始实施的《企业信息公示暂行条例》规范企业信息公示,抑或当前呼之欲出的《公共数据开放共享条例》扩大政府公共数据开放规模,其他已经合法公开个人信息的流通场景常见于为维护公共利益,而公开相关数据信息涉及的个人信息公开。① 具有法律上的依据而为公共利益整体公开的此类数据信息,其中所包含的个人信息公开,属于必要的公开与附带的公开。因此,相关信息主体对信息公开后的处理行为,须得保持必要的容忍态度,亦应具有预见信息在合理范围内处理的正常期待。同时,行为人合法获取此类信息的后续流转利用,理应尊重信息依法公开时的场景脉络。

以企业信用信息公示中的个人信息公开为例,诸如案例一、案例二及案例三中,行为人擅自处理此类信息的行为,与众多信息服务提供商的商业盈利模式没有本质区别,对此类行为是否违背企业信用信息公示时的场景脉络的判断,具有极强的宣示与导向作用。

其一,企业信用信息属于依法公示的信息,其中的公开个人信息也对所有人开放。从行为人处获取信息的群体,即使不通过行为人渠道,依然可以自行从公示网站获取。行为人对外提供、出售信息的行为,本质上仍停留在信息依法公示的流转层面,并未改变信息处理行为的性质,遑论行为人的行为实质上凝结了信息整合的劳动,提高了相关群体获取信息的效率,从信息公示具有使公众周知的目的来看,具有正向的促进作用。即使行为人在信息流转的目的上是盈利,但倘若依法公示的信息并无相关商业化利用的禁止性规定,则其依然具有正当的商业盈利依据,并不侵犯刑法上的个人信息受保护权。

其二,企业信用信息的公示目的与用途,在《企业信息公示暂行条例》第 1 条中有所体现。企业信息的公示符合企业经营发展的需求,在一定程度上也可促进商业交易。行为人收集企业公示信息后,提供或出售给具有业务开拓需求群体的行为,并未给公开个人信息保护创设或增加法不容许的风险,相关信息流转的用

① 参见张新宝、昌雨莎:《已公开裁判文书中个人信息的保护与合理利用》,载《华东政法大学学报》2022 年第 3 期,第 6-8 页。

途与企业信息公示的用途及企业自身追求经营发展的目的并不相悖，当然符合信息主体对此类信息流通利用场景的合理期待。非但如此，在信息的自由流动与有效利用中，通常孕育着新的商业机会，应谨防刑法的过度介入压缩商业自由的空间。

其实，不仅企业信用信息公示中公开个人信息的处理行为分析可以遵循上述判断路径，包括裁判文书公示、政府重大事务公示及公共数据开放中的公开个人信息处理等行为，同样可以结合具体信息类型、行为人为何种参与主体以及信息公示相关规定中对该类信息流转的目的、用途等传输原则，勾勒信息主体对此类信息处理行为的合理期待，作为判断行为人信息处理行为合理与否的依据。申言之，要判断其他已经合法公开的个人信息后续的流转利用行为是否合理，需要与信息的处理效果即信息被公开的用途相联系。①

由此，可以将“合理处理”其他已经合法公开个人信息的判断进路构建如下：首先，着眼于规范依据与价值依据，明确其他已经合法公开的个人信息的公示用途；其次，全面审查个案事实，探究行为人处理信息的用途；最后，结合信息公示下的场景脉络分析，判断行为人处理信息的用途客观上与公示用途是否具有正向联系性，即行为人处理信息的用途未必要与公示用途完全重合，但在信息处理的客观效果上，前者应对后者具有正向的促进作用，不能有悖于信息公示用途的实现。

（二）合理处理规则适用的例外情形

1. 信息主体明确拒绝

当信息主体明确拒绝信息处理行为时，其对处理公开个人信息的合理期待事实上发生改变。此时，排除合理处理规则的适用，进一步处理公开个人信息须得取得信息主体的授权。可以说，此种例外情形对合理处理规则适用的排除效力是近乎绝对的。如果不将“明确”拒绝之含义限缩在适当范围内，将导致合理处理规则的适用效力处于随时变动的状态，不利于具有外部正当性的合理处理行为的存续。② 对这一打破正常信息处理状态的介入因素，应有意识地通过增加信息主体的拒绝成本或拒绝条件，来维持合理处理规则适用下，信息流通利用的稳定性。

---

① 参见刘双阳：《论个人信息自决权刑事司法保护的边界》，载《人权》2021 年第 5 期，第 159 页。

② 参见张薇薇：《公开个人信息处理的默认规则——基于〈个人信息保护法〉第 27 条第 1 分句》，载《法律科学（西北政法大学学报）》2023 年第 3 期，第 75 页。

因此，“明确”拒绝不能解释为笼统的、概括的、宣示性的拒绝，而应理解为特定的、具体的、送达式的拒绝。在内容上，“明确”表现为对特定信息处理者具体处理行为的拒绝，而非“一揽子”地禁止一切信息处理行为。在形式上，“明确”拒绝的作出，关键在于特定信息处理者是否实际接收到该意思表示，而非信息主体宣示性地对外表达拒绝信息处理的意思。

2. 处理行为对个人权益有重大影响

当公开个人信息的处理行为对个人权益产生重大影响时，其本身已难称“合理”处理。对这一例外规定的判断，涉及两个规范用语的理解：第一，哪些“个人权益”属于该规定中个人权益的范围；第二，“重大影响”的内涵如何理解和确定。此外，正如缓和的违法一元论所指出的那样，违反前置法并不必然入罪，应当保留刑事违法性的实质判断。因此，在对例外规定的规范理解中，势必应纳入法益侵害程度与刑法可罚性的实质判断。

“个人权益”一词在《个人信息保护法》中多次出现，分散在诸多信息处理原则的规定中，内涵相当丰富，既包括涵盖生命权、身体权、名誉权、隐私权等熟知的人身权益，又涉及信息主体的相关财产权益，还当然地应将宪法赋予公民的基本权利，如人格尊严与人格自由等列入考量。“重大影响”一词在 GDPR 中意指对前述权益造成法律上的影响或引发其他类似的不良后果，在此可作参照理解。就刑法上的处理行为判断而言，鉴于刑罚手段的严厉性与法益保护的必要性，上述内涵须得进一步限缩，即“只有在出售、提供刑法公开个人信息行为危害公民人身安全或者公民或公共财产安全时”①，行为才属于“对个人权益有重大影响”。此时，不适用合理处理规则免责，而应取得信息主体同意，否则构成本罪。

五、结语

随着信息数据化时代的到来，个人信息处理规模空前庞大，个人信息扩大利用的趋势不可逆转，信息利用的重要性也愈渐显现，尤其对于广泛存在且流通更为自由的公开个人信息而言，其处理规模与处理质量更是影响着企业生存竞争、社会综合治理与国家经济发展。实现刑法公开个人信息处理规则由知情同意向合

① 郑泽星：《论侵犯公民个人信息罪的保护法益——场景化法益观的理论构造与实践立场》，载《清华法学》2023 年第 3 期，第 104 页。

理处理的转向，具有信息流通利用与控制保护这一对立统一矛盾下的必要性、正当性与可行性，将为刑法公开个人信息处理行为划定合法区间，有利于刑法为信息自由流转以激发经济活力预留合理空间，发挥信息流通与利用的巨大价值。未来还需要结合前置法的具体实施情况，充分考察其对刑法公开个人信息处理行为认定的影响，并在合理处理规则的具体适用中，进一步探索、完善更具我国特色、切实可行的公开个人信息处理行为的刑法规制机制。

（责任编辑：宋保振）

认罪认罚案件中被告人上诉权的制约*

梁春程**

摘　要　第83号检察指导性案例指出，被告人无正当理由上诉，检察机关可以依法提出抗诉，但合法性、合理性和操作性存在质疑。上诉“正当理由”的限制，背离了我国无因上诉和两审终审制度的规范目的。“正当理由”属不确定概念，以此限制认罪认罚被告人的上诉权，有违立法明确性原则。认罪认罚的重点和实质是具体的认罪悔罪行为，“无正当理由上诉”不等同于被告人“不认罚”。检察抗诉的启动具有严格的法律条件，即使在认罪认罚案件中，抗诉对象依然是人民法院的错误刑事裁判，而非被告人的上诉。“可以”体现了检察机关“以抗诉制约上诉”的价值倾向，“依法”要求检察抗诉必须遵循法律条件和比例原则，具有针对性、必要性和谦抑性。保障认罪认罚案件量刑协商的平等性、自愿性、明知性，确保量刑减让程序和结果的合法、适当、具体，并落到实处，是防止被告人反悔上诉的治本之策。被告人反悔上诉，同时存在不积极履行退赃退赔、赔偿损失等义务，或者否认主要犯罪事实的，或者不认罪认罚导致一审刑罚明显不当的，检察机关“可以提出抗诉”。对认罪认罚量刑上诉案件，二审法院可以采取书面审理、缩短审查期限等形式简化审理程序，实现公正与效率的平衡。

关键词　不确定概念　认罪认罚　无正当理由上诉　抗诉

---

*　基金项目：本文系2023年度最高人民检察院检察应用理论研究课题“依法能动履职视野下的知识产权检察综合司法保护研究”的阶段性成果。

**　梁春程，男，江苏泰州人，上海政法学院刑事司法（纪检监察）学院讲师，华东政法大学博士后流动站研究人员，法学博士。

一、问题的提出

认罪认罚从宽制度是中国特色社会主义刑事司法制度的重大完善，实施近十年以来，在刑事司法与犯罪治理领域取得较好的效果。但在此过程中，对于被告人的上诉问题，各地司法机关处理方式和结果存在较大差异，也凸显出认罪认罚案件中上诉权与抗诉权行使的冲突、规范和协调问题。[①]2019年《关于适用认罪认罚从宽制度的指导意见》征求意见时，最高人民检察院曾建议规定"法院采纳检察机关从宽建议作出一审判决后被告人又上诉，检察机关能否抗诉"的内容，后因问题复杂等问题，相关条款最终被删除。但最高人民检察院有关部门负责人对该意见解读时指出："现阶段对检察机关提出精准量刑建议，法院采纳后被告人无正当理由上诉的，原则上抗诉。"[②]

2020年11月24日，最高人民检察院发布了第二十二批专题指导性案例。其中，第83号指导性案例"琚某忠盗窃案"（以下简称琚案）要旨部分载明，"对于犯罪事实清楚，证据确实、充分，被告人自愿认罪认罚，一审法院采纳从宽量刑建议判决的案件，因被告人无正当理由上诉而不再具有认罪认罚从宽的条件，检察机关可以依法提出抗诉，建议法院取消因认罪认罚给予被告人的从宽量刑"。2021年6月，最高人民法院随后也编发了认罪认罚从宽制度专辑《刑事审判参考》，其中第1412号参考案例"杨某然贩卖毒品案"指出，认罪认罚案件被告人以量刑过重为由提出上诉的，即使检察机关因此提出抗诉，二审法院也应坚持全面审查和依法裁判原则，不能仅因被告人就量刑提出上诉就简单否定认罪认罚情节，也不能因为检察机关抗诉就一律加重被告人刑罚。[③]检法之间对此出现认识分歧。但此后最高人民检察院发布的《人民检察院办理认罪认罚案件开展量刑建议工作的指导意见》（以下简称《量刑建议工作指导意见》）第39条仍规定："认罪认罚案件中，人民法院采纳人民检察院提出的量刑建议作出判决、裁定，被告人仅以量刑

① 参见张丽霞：《认罪认罚案件上诉与抗诉的法理辨析》，载《中国人民公安大学学报（社会科学版）》2020年第1期，第81页。

② 苗生明、周颖：《认罪认罚从宽制度适用的基本问题——〈关于适用认罪认罚从宽制度的指导意见〉的理解和适用》，载《中国刑事法杂志》2019年第6期，第27页。

③ 参见最高人民法院刑事审判第一、二、三、四、五庭编：《杨灏然贩卖毒品案——认罪认罚案件被告人以量刑过重为由提起上诉是否影响对原认罪认罚情节的认定》，载《刑事审判参考》总第127辑，人民法院出版社2021年版，第42-43页。

过重为由提出上诉，因被告人反悔不再认罪认罚致从宽量刑明显不当的，人民检察院应当依法提出诉”。相较于“据案”中的“可以”，指导意见使用“应当”的措辞，反映出检察机关“以抗诉制约上诉”的强硬态度。

这不禁令人疑惑，认罪认罚案件中被告人上诉是否需要具有正当理由？“仅以量刑过重为由提出上诉”是否等于“无正当理由上诉”？检察机关对类似案件究竟是“可以”还是“应当”抗诉？行使抗诉权时应秉持何种原则？对于认罪认罚被告人上诉，是否存在更好的应对方法？

二、以“正当理由”限制上诉权的解释困境

(一)“有因”上诉背离了上诉制度的规范目的

完善刑事诉讼中认罪认罚从宽制度，是党的十八届四中全会作出的重大改革部署。早在2014年6月，全国人大常委会授权最高人民法院、最高人民检察院开展刑事案件速裁程序试点时，就已经讨论过能否借鉴民事小额诉讼程序一审终审的做法，限制被告人的上诉权。考虑到两审终审是我国刑事诉讼法的基本原则，试点规定没有予以限制。[①]2016年认罪认罚从宽制度开展试点后，速裁程序适用范围扩大，但对于被告人上诉权限制的讨论却并未停息。一种观点认为，被告人无故反悔上诉反映出其不诚信的投机心理，存在“虚假认罚”骗取从宽利益的问题，有违认罪认罚从宽制度提高诉讼效率、节约司法资源的本义，对此应当限制其上诉权。特别是适用速裁程序的案件，可以实行一审终审，不再允许被告人上诉。[②]试点期间，有的司法机关即作如此规定。[③]另一种观点认为，在我国两审终审制度下，上诉权是被告人享有的基本诉讼权利，即使认罪认罚案件也不例外。保留认罪认罚案件被告人上诉权有助于保障被告人的救济权，消除审理程序简化、证据标准下降、控辩力量悬殊等给案件质量和被告人权利带来的负面影

① 参见丁国锋等:《刑事速裁一审终审呼声渐高》,载《法制日报》2015年11月2日,第5版;最高人民法院刑一庭课题组:《关于刑事案件速裁程序试点若干问题的思考》,载《法律适用》2016年第4期,第22页。

② 参见陈卫东:《认罪认罚从宽制度研究》,载《中国法学》2016年第2期,第62页;汪建成:《以效率为价值导向的刑事速裁程序论纲》,载《政法论坛》2016年第1期,第122页。

③ 例如,大连市2017年《刑事案件认罪认罚从宽制度试点工作实施办法(试行)》第29条规定:“原审依照认罪认罚从宽制度办理的案件,被告人不服判决提出上诉的,因被告人不再符合认罪认罚条件,原公诉机关可提起抗诉。”山东省2019年《关于适用认罪认罚从宽制度办理刑事案件的实施细则(试行)》也有类似规定。

响，维护司法公正。[①] 还有一种折中观点认为，完全取消被告人上诉权固然不妥，但比较考察英美法系有罪答辩制度与大陆法系认罪协商制度及处罚令程序，从完善我国刑事诉讼制度和契合刑事司法规律角度出发，可以通过限定上诉事由等方式对认罪认罚被告人上诉权进行一定限制。[②] 客观而论，上述观点，或有理论原则支撑，或有实证数据为证，或有域外经验基础，不可谓孰对孰错，但对于认罪认罚被告人上诉权的研究，还存在些许片面之处。认罪认罚诉讼模式在价值取向、功能作用、权力构造上，与现有的上诉制度、审级制度以及上诉审程序存在不少差异。未来，认罪认罚被告人上诉的条件与二审审理方式应当与普通上诉案件有所区分。

考察各国上诉制度，以提起上诉是否需要具体明确理由为标准，可以区分为有因上诉与无因上诉两种。英美法系国家采用陪审团制度，对于辩诉交易案件持有因上诉态度，美国检察官为提升指控的成功率一般要求被告人在辩诉协议中放弃提出上诉的权利。如果被告人有正当合理的理由，可以申请撤回认罪答辩或者提出上诉，但除能证明答辩时未获得律师有效帮助、答辩非自愿等，二审很难获胜。[③] 大陆法系国家采用科层制司法体系，赋予二审程序"职权主义自我修复"的救济功能，基本采无因上诉之立法例，意在强调不能以理由不当或者不充分而剥夺被告人的上诉权，相信"上级审"更能够确保真相和公正。实现司法公正是我国司法机关的最高职责，我国《刑事诉讼法》第 227 条第 3 款明确规定两审终审制度、赋予被告人上诉权，"对被告人的上诉权，不得以任何借口加以剥夺"，上诉人不需要阐明上诉理由，只需表达"不服一审判决"之意思，二审即告发动，具体理由可待二审开启后慢慢展开。[④] 因此，从一般意义上来说，上诉权是我国法律赋予公民的一项基本诉讼权利。设计上诉制度的目的，在于加强裁判的正当性与可接受性，原则上不应当设置任何限制理由，即便在认罪认罚案件中也不得单纯基

---

① 参见郭烁：《二审上诉问题重述：以认罪认罚案件为例》，载《中国法学》2020 年第 3 期，第 259 页。谢小剑：《认罪认罚从宽案件中以抗诉应对量刑上诉之质疑》，载《环球法律评论》2023 年第 2 期，第 196 页。

② 参见孙长永：《比较法视野下认罪认罚案件被告人的上诉权》，载《比较法研究》2019 年第 3 期，第 37 页。

③ 参见胡云腾主编：《认罪认罚从宽制度的理解与适用》，人民法院出版社 2018 年版，第 453 页。郭松：《认罪认罚从宽制度中的认罪答辩撤回——从法理到实证的考察》，载《政法论坛》2020 年第 1 期，第 110 页。

④ 参见邓子滨：《刑事诉讼原理》，北京大学出版社 2019 年版，第 493 页。

于被告人承诺、司法效率等原因而任意剥夺。

(二)"无正当理由上诉"与被告人"不认罚"不具有等价性

一方面,《刑事诉讼法》第15条和《关于适用认罪认罚从宽制度的指导意见》第7条规定,认罪认罚从宽制度中被追诉人"认罚"是指犯罪嫌疑人、被告人真诚悔罪,愿意接受处罚的诉讼行为。"认罚"行为在侦查、起诉、审判等不同诉讼阶段表现不同,但本质都是认可决定、接受处罚。虽然有学者认为,认罪认罚从宽制度控辩协商的内容包括犯罪嫌疑人或被告人自愿接受因适用认罪认罚制度后的法定后果,包括上诉权受限等内容。① 但从字面含义看,上述规定并未将"不上诉"规定为"认罚"的表现形式。被告人认罚的形式要件是自愿签署具结书,实质要件是同意量刑建议、接受刑罚处罚、主动退赃退赔、预缴罚金等。被告人只要不存在暗中串供、干扰作证、毁灭证据、隐匿财产、逃避赔偿等情节,即使在一审法院采纳检察机关量刑建议裁判后以量刑过重为由提出上诉,也不能视为不再认罚。

另一方面,认罚作为是一种事实行为,依法可以得到有利于被追诉人的实体处理。"认罚"是一个新设概念,从实在法视阈看,即所谓的悔罪表现。对此,我国《刑法》第72条第1款第2项规定"认罚"为缓刑的适用条件,第383条第3款针对贪污罪、受贿罪等特定犯罪,规定了特别的认罪认罚从宽制度,甚至在执行阶段,"认罚"还是罪犯获得减刑、假释的重要条件。此外,我国《刑事诉讼法》对未成年人附条件不起诉、刑事和解的规定中也要求犯罪嫌疑人、被告人悔罪。可见,"认罚"的重点是悔罪态度和悔罪表现。反悔权及上诉权与知悉权、程序选择权等都属于程序性权利,这些权利体现出作为诉讼主体的犯罪嫌疑人、被告人对刑事诉讼进程的影响。犯罪嫌疑人、被告人不同意适用速裁程序、简易程序的,不影响"认罚"的认定。② 既然程序选择权不影响"认罚"的认定,单独限制反悔权和上诉权似乎也不尽合理。更何况由于我国认罪协商存在固有的"结构性风险",认罪认罚一审案件适用罪名错误、量刑过重的情形客观存在,有时上诉人认罪认罚实际获得的"从宽"效果并不明显,如果不对"不认罚"作实质性审查,将"无正当理由上诉"等同于"不认罚",很容易导致"认罚"标准的形式化运用。

---

① 参见陈卫东:《认罪认罚从宽制度研究》,载《中国法学》2016年第2期,第60页。

② 参见胡云腾主编:《认罪认罚从宽制度的理解与适用》,人民法院出版社2018年版,第78页。

（三）以"正当理由"限制上诉权有违法律明确性原则

即使将"无正当理由上诉"视为"不认罚"，实践中如何判断上诉理由是否正当也并不简单。认罪认罚被告人上诉主要有以下六种类型：完全不懂上诉后果的无意识型上诉、为留所服刑的技术型上诉、同案犯或者同一监房的被告人类似案情被轻判或者判处缓刑的心理不平型上诉、抱有"上诉不加刑"侥幸心理的随意型上诉、希望通过二审全面审查纠正错误的权利救济型上诉、一审宣判后出现新的影响量刑情节的策略型上诉。上诉兼有纠错救济和发泄不满的功能，被告人真正的上诉动机难以把握，被告人是否真正完全理解和认同适用认罪认罚制度，其实司法机关也很难进行实质性审查。认罪认罚被告人上诉，有的关注罪与非罪、此罪与彼罪、数罪与一罪，有的计较罪轻罪重、缓刑与否，有的还会就管辖回避、查封冻结、判处罚金等程序性、财产性事项提出异议。即使是以量刑过重、请求轻判为由上诉，被告人潜在的理由表述也各有不同：既有涉及事实认定、罪名选择等合法性理由，也有以法律修改从旧兼从轻、继续退赃退赔获得谅解等合理性理由，还有的诉说家庭困难、思念家人、悔罪自新等情感性理由。检察机关仅从适用程序、事实证据、定性量刑等角度论证提出上诉理由的正当与否，显然是受到司法本位主义的影响。

上诉制度的出发点与落脚点在于"对于一审裁判之监督救济"。上诉权作为被告人的基本诉讼权利，是他项权利的保障性权利，其请求的对象是二审法院，要求二审法院积极作为。被告人凭其自由意志依法行使上诉权，其他权力不应以"正当理由"限制。只有立法权基于公共利益才能对公民基本权利加以必要的限制，并接受宪法审查，此谓基本权利限制的法律保留原则。① 退一步讲，即便我们认可，为了提高诉讼效率、优化司法资源可以限制认罪认罚被告人的上诉权，由于"正当理由"属于不确定概念，司法机关和诉讼参与人对其基本含义和涵摄范围理解易生分歧。而且，不同于描述性不确定概念，"正当理由"同"善意取得""重大事由""显失公平""严重影响"一样，属于规范性不确定概念或者开放的不确定概念，需要运用其他理性论据进行词义的确证，结合情理法通过解释进行主观评价

① 参见周永坤：《法理学：全球视野》，法律出版社 2016 年版，第 214 页。张翔：《基本权利限制法律保留的中国方案》，载《法律科学》2023 年第 6 期，第 81-82 页。

的客观化。[①]认罪认罚被告人既有可能是基于客观因素上诉，寻求二审救济、纠正一审错误，也可能是出于个人认知偏好、个性化愿望需求甚至情绪发泄等主观因素提出上诉。而即便是单纯为发泄不满情绪的上诉，学者也认为通过二审程序可以发挥其吸收不满，达到纠纷的政治解决，实现社会真正稳定的制度价值。[②]因此，被告人上诉理由是否正当，难以形成一个固有的、容易判别的客观法律标准。以"正当理由"限制上诉权行使，有违立法明确性原则，既不利于司法机关实际审查应用，也不利于限制国家权力、保障国民自由。

相反，实践中司法机关适用认罪认罚程序不存在瑕疵、一审量刑未超出检察院建议范围，被告人上诉请求从宽量刑并得到司法机关支持的案例并不少见。例如，一审宣判之后，被告人以自首新罪、检举立功、赔偿谅解、继续退赃、缴纳罚金等为由上诉的，二审法院查实后可能会改判从轻。再如，共同犯罪案件，法院对第一被告人采纳量刑建议判处实刑，但对第二被告人没有采纳检察量刑建议，予以轻判或者宣告缓刑。第一被告人上诉认为，原判认定两被告人作用、地位相当，但量刑严重失衡，请求二审对其改判适用缓刑。二审法院认为第一被告人上诉理由与一般的不认罪认罚案件存在一定区别，考虑其有自首情节，认罪悔罪态度较好，综合评估，遂改判宣告缓刑。[③]这进一步印证，不同司法机关对于上诉理由是否正当的判断标准，具有较大的主观不确定性。

三、"以抗诉制约上诉"的理论反思

（一）"以抗诉制约上诉"可能背离认罪认罚从宽制度的规范目的

如果遵守刑事诉讼无因上诉、两审终审原则，不以"正当理由"限制认罪认罚被告人的上诉权，那么对此相关的"虚假认罚"和"不当得利"问题能否通过检察抗诉予以制约呢？[④]笔者认为，刑事诉讼中的认罪认罚具结书是公法意义上的契约，任何一方均不应任意反悔。被告人反悔上诉、进入二审程序，从形式上看是违

---

① 参见舒国滢、王夏昊、雷磊：《法学方法论前沿问题研究》，中国政法大学出版社2020年版，第94-97页。

② 参见易延友：《刑事诉讼法：规则 原理 应用》，法律出版社2019年版，第561-562页。

③ 参见广东省清远市中级人民法院刑事判决书，(2018)粤18刑终195号。

④ 参见王洋：《认罪认罚从宽案件上诉问题研究》，《中国政法大学学报》2019年第2期，第120页。熊秋红：《比较法视野下的认罪认罚从宽制度——兼论刑事诉讼"第四范式"》，载《比较法研究》2019年第5期，第95页。

背了认罪认罚的具结承诺，可能有违司法诚信、浪费司法资源，动摇认罪认罚从宽制度的运行基础，形成不良示范效应。但被告人上诉是否就表明其不认罪认罚，是否就丧失了由此获得的从宽量刑的条件，一审判决从宽量刑是否就明显不当，值得商榷。

出于个人权利救济、确保裁判公正以及通过裁判发展法律等“私人”与“公共”目的之平衡考虑，现代各国家或地区刑事诉讼法均规定了上诉审程序，并对适用普通程序审理的刑事案件给予充分的上诉权保障。上诉权是刑事诉讼法赋予被告人的一项基本权利，对被告人的上诉权不得以任何借口加以剥夺，认罪认罚案件也不例外。[①]上诉权有利于保证认罪认罚案件中被告人如果存在违背意愿的情形，也能够得到二审救济，防止冤错案件的发生。上诉与一般的诉讼行为存在重大区别。诉讼应当诚信，是针对当事人在诉讼中的具体行为，如不得伪造、销毁证据，串通证人作伪证或者作出虚假陈述，不得进行虚假诉讼；而上诉是被告人出于自身利益考量行使的一项法定诉讼权利，不能简单将其视为违背诉讼诚信的行为。

认罪认罚是犯罪嫌疑人、被告人的自由选择，在签署具结书之后，不管案件是否宣判，其均享有反悔的权利。程序可以简化，但不能以此剥夺刑事被追诉人的基本权利。[②]认罪认罚从宽制度虽然可能降低诉讼成本、提高诉讼效率，但由于审前羁押率较高、获取有效辩护难、信息不对称、简易庭审流于形式等因素，被告人认罪认罚的自愿性和明智性难以得到保证。实践中量刑建议的形成过程具有单方性、强职权主义特征，控辩双方缺乏充分有效的量刑博弈。[③]实践中量刑建议很少是由犯罪嫌疑人或者辩护律师主动与检察官协商达成。大多数情形下，犯罪嫌疑人、辩护律师都处于被动地位，检察官一般直接告知量刑建议或者出示已经打印好的量刑建议，而很少展示具体的量刑过程。由于力量地位的悬殊以及趋利避害的人性特点，控辩双方很难充分进行量刑协商。有学者建议《刑事诉讼法》修改时明确，禁止对被告人仅以量刑过重为由提出上诉的案件发动抗诉程序。[④]

---

① 《公民权利和政治权利国际公约》第 14 条第 5 项规定：“凡被判定有罪者，应有权由一个较高的法庭对其定罪及刑罚依法进行复审。”

② 参见魏东、李红：《认罪认罚从宽制度的检讨与完善》，载《法治研究》2017 年第 1 期，第 81 页。

③ 参见左卫民：《量刑建议的实践机制：实证研究与理论反思》，载《当代法学》2020 年第 4 期，第 51-53 页。

④ 参见陈卫东：《〈刑事诉讼法〉第四次修改前瞻》，载《政法论坛》2024 年第 1 期，第 54 页。

(二)"以抗诉制约上诉"不符合公权行使的比例原则要求

抗诉权与上诉权是一体两面,二者均是对一审裁判不满的程序性表达,不可偏废其一。[①] 与上诉权的权利属性不同,抗诉权是检察机关依法履行法律监督职责的重要载体,其权力属性意味着权力行为目的不在于权力主体的利益,而在于公共利益,具体行权时还应当符合比例原则,审查其适当性、必要性和均衡性。在这个意义上,指导性案例在抗诉权行使的具体表述上,使用的措辞是"无正当理由"而非"无理由""可以"而非"应当",这类似于行政法领域中比例原则的"适用性规范",代表比例原则的规范依据。[②] 在相当程度上可认为是对抗诉权行使的一种自我节制。对被告人以"量刑过重"为由提起上诉的,检察机关不能动辄提出抗诉。[③]

一方面,真正的"无正当理由上诉"案件占比极少,"以抗诉制约上诉"不符合必要性原则。据数据统计,在认罪认罚制度实施之前,我国刑事被告人一审上诉率也只有14%左右。[④] 认罪认罚案件中,不管是普通程序,还是简易程序、速裁程序,上诉率基本维持在3%～5%,有学者调查认为真实上诉率甚至几乎为0。[⑤] 实践中常见的是被告人"技术性上诉":部分判处有期徒刑、拘役实刑后余刑在6个月以内的被告人在对判决本身并无异议的情况下提出上诉,被告人一般不写理由,或者提出的理由也仅仅是不想去监狱,以上诉延长办案期限在看守所服刑。很多情况下被告人在二审未开庭前即自愿申请撤回上诉请求,这说明其问题根源在于刑罚执行环节而非审理环节。被告人之所以能够通过上诉实现留所服刑,主要是利用了二审审限、刑罚执行与衔接的漏洞。[⑥] 其实,留所服刑在某种程度上也可视为对被告人从宽执行刑罚,检察机关对此动辄抗诉,实际上反而是没有审查上诉人接受认罪认罚的真心。最高人民检察院相关部门负责人也认为对于留所服

---

① 参见黄伯青、李杰文:《法官视域下的认罪认罚从宽制度》,法律出版社2023年版,第350页。

② 参见马怀德主编:《行政法与行政诉讼法》,中国法制出版社2000年版,第68-69页。

③ 参见韩旭:《认罪认罚从宽制度中的协商问题》,载《法学论坛》2022年第6期,第98页。

④ 参见易延友:《刑事诉讼法:规则 原理 应用》,法律出版社2019年版,第564页。

⑤ 参见顾永忠:《"完善认罪认罚从宽制度"的亲历观察与思考、建议——基于福清市等地刑事速裁程序中认罪认罚从宽制度的调研》,载《法治研究》2017年第1期,第60页。汪海燕:《认罪认罚案件上诉问题实证研——基于B市508件案例的分析》,载《中国应用法学》2023年第3期,第88页。

⑥ 参见闵丰锦:《认罪认罚何以上诉——以留所服刑为视角的实证考察》,载《湖北社会科学》2019年第4期,113-114页。

刑型的上诉，抗诉需要慎重，由人民法院依照二审程序依法裁判为宜。①

另一方面，真正的“无正当理由上诉”案件二审从轻改判率极低，“以抗诉制约上诉”不符合适当性原则。不可否认，除了上述技术性上诉，实践中也确有被告人基于投机心理提出上诉的情形，但其总体数量和占比较小，二审法院基本裁定驳回。实践中，有的被告人提出上诉后，见检察机关提出抗诉或者经二审法院释明后，会选择主动申请撤回上诉。对此，有的检察机关会选择撤回抗诉，有的还会继续坚持抗诉。实践中，绝大部分的案件法院都准予撤回抗诉或者驳回抗诉，仅有少量案例因抗诉而改判。尤其对于被告人申请撤回、检察院坚持抗诉的案件，二审法院基本以“抗诉已经没有事实依据”“抗诉理由不能成立”等为由驳回，允许上诉人撤回上诉，维持原判。②以前述“杨某然贩卖毒品案”为例，检察机关抗诉认为被告人上诉表明其认罪动机不纯，一审认罪认罚从宽处理不应再适用，应对其处以更重的刑罚。但审判机关认为，二审应坚持全面审查和依法裁判原则，不能仅因被告人就量刑提出上诉就简单否定认罪认罚情节，也不能因为检察机关抗诉就一律加重被告人刑罚。对于一审裁判没有错误的，法院准许被告人撤回上诉、检察机关撤回抗诉。可见，审判机关更加侧重尊重和保障认罪认罚案件被告人的上诉权，严格遵照刑事诉讼法规定的被告人上诉处理程序和“一审裁判确有错误”的抗诉理由，强调切实发挥抗诉和二审的救济和纠错功能。毕竟在当前刑事诉讼过程中，认罪认罚从宽制度实质性协商和配套保障制度并不十分理想，保障被告人的上诉权有可能避免被告人受公权力的压力或裹挟，以为不同意量刑建议就无法适用认罪认罚从宽而勉强被动认罪认罚的问题。

（三）“以抗诉制约上诉”应当严格遵守抗诉的法律条件

据案要旨中指出检察机关对于无正当理由上诉行为“可以”提出抗诉，“可以”二字如何理解？按照一般词义解释，相对于“应当”“必须”等刚性表达方式，“可以”表示一种裁量判断的行为方式。但从立法词义学的基本原理看，法律条文

① 参见苗生明、周颖：《认罪认罚从宽制度适用的基本问题——〈关于适用认罪认罚从宽制度的指导意见〉的理解和适用》，载《中国刑事法杂志》2019年第6期，第27页。

② 参见汪海燕：《认罪认罚案件上诉问题实证研——基于B市508件案例的分析》，载《中国应用法学》2023年第3期，第92–94页。

中“可以”实际上表现出立法者肯定的价值倾向。①“可以”等同于“一般应当”，即对于认罪认罚案件中被告人无正当理由上诉的，检察机关“一般应当”提出抗诉，除非其上诉存在正当理由或者检察机关抗诉明显不当。那么违反认罪认罚具结上诉，能否成为新的程序性的抗诉条件呢？对此，笔者持否定意见。

首先，被告人的上诉行为发生在庭审之后，司法机关不应也不能对其进行审查监督。《刑事诉讼法》《人民检察院刑事诉讼规则》规定抗诉的条件是“一审裁判确有错误，适用刑罚明显不当”，未将被告人无理由上诉作为检察机关抗诉的条件。可见，法律规定的抗诉对象是确有错误的一审判决、裁定，而不是被告人的上诉行为。相反，如果认为被告人反悔上诉就表明其存在以认罪认罚欺骗检察官、法官予以从宽处罚的行为，进而以一审判决存在事实认定或者程序适用错误提起抗诉，那么其所针对的就不仅仅是被告人的犯罪事实，而是被告人在案发后、诉讼过程中的悔罪态度和悔罪表现。认罪认罚具有阶段性特征，不同诉讼阶段认罚有不同表现形式，一审法院只能在庭审而不能在案件宣判之后审查认定被告人是否认罚。②

其次，认罪认罚案件中抗诉权的行使条件和抗诉必要性，与非认罪认罚案件并无不同。实践中对于不适用认罪认罚从宽制度的普通案件，一审法院认定被告人具有如实供述、当庭认罪等从宽处罚情节，嗣后被告人提出上诉的，检察机关通常不会因此而提起抗诉，那为何在认罪认罚从宽案件中反而对此予以苛求。实际上很多被告人提出上诉时在退赃退赔、赔偿损失、赔礼道歉等方面并无变化，仅以上诉推定其认罪动机不纯、没有真诚悔罪、态度较差，似乎有主观推定、客观归责的嫌疑。为此抗诉要求加刑，反而会损害被告人选择认罪认罚程序的决心，进而对司法机关和最终的裁判结果产生对立抵触情绪。

最后，当前认罪认罚实体从宽规则尚不明确，“量刑优惠”并不明显，被告人“量刑上诉”不太可能导致量刑畸轻。客观而论，大多数法院判决量刑都包含了因适用认罪认罚从宽制度而减让的刑期，有的甚至在适用刑罚种类和刑罚执行方式上也会有利于被告人。但不可否认，在认罪认罚从宽制度实施过程中，确实存在

---

① 参见张明楷：《刑法学》，法律出版社2016年版，第567页。

② 参见谢小剑：《认罪认罚从宽案件中以抗诉应对量刑上诉之质疑》，载《环球法律评论》2023年第2期，第198页。

以提高诉讼效率为主要导向，而忽视实体量刑从宽处理有效落实的问题。① 相关数据统计，目前大多数认罪认罚案件被判处的刑罚为短期自由刑，被告人通过认罪认罚从宽的幅度有限，通常为10%～20%的从宽幅度，缓刑适用率较低，对于被告人实际执行刑期的影响有限。② 有的案件不排除因为承办人对于量刑方法和尺度的把握偏差，而存在认罪认罚却未从宽或者重于类案的情况。根据相关量刑指导意见，量刑畸轻是指降格量刑或者在量刑档次内明显偏离中线。同时按照责任刑和预防刑的区分原理，被告人的责任刑上要封顶，预防刑极可能在责任刑的框架内往下调节刑期，但不能在责任刑的基础上往下做加法。认罪认罚的作用在于确定责任刑之后影响预防刑的大小，而实践中以“认罚”作为预防刑的下调幅度并不明显，远远未达到量刑畸轻的程度。实践中，有的检察机关抗诉时建议二审对上诉人在原审量刑的基础上增加刑期15天，这一方面表明原判量刑的从宽幅度有限、影响不大，另一方面也显示出抗诉权行使的随意性。③

四、合理制约被告人滥用上诉权的应然路径

（一）合理制约被告人滥用上诉权的司法应对

检察机关抗诉与审级监督在寻求审判结果正确与适当的法律监督目的是一致的。但由于上级审得以透过审级制度而贯彻其见解，因此若未积极限制上级审的职权，审级制度难免产生第一审功能被架空、诉讼重心移往第二个事实审的现象。④ 因此，检察机关提出抗诉或者上级法院启动二审或者再审程序的标准应当是极其审慎和严格的。如果单纯认为被告人反悔上诉表明其是以认罪认罚欺骗检察官、法官予以从宽处罚，进而以一审判决存在事实认定、程序适用错误提起抗诉，那么二审的启动阀门将大幅度松动，增量案件难以避免地会堵塞原有审级监督的通道。上诉与抗诉之客体均为第一审未生效裁判。检察机关对于认罪认罚案件中被告人上诉是否要提出抗诉的关键是审查案件是否符合抗诉条件。检察机关提出

① 参见左卫民：《认罪认罚何以从宽：误区与正解》，载《法学研究》2017年第3期，第163页。

② 参见张青：《认罪认罚案件二审实践的逻辑与反思——以4799份二审裁判文书为样本》，载《环球法律评论》2020年第6期，第131页。

③ 参见梁健、叶历来：《认罪认罚案中针对上诉提出抗诉情形的处理》，载《人民司法（案例）》2020年第14期，第33页。

④ 参见林钰雄：《刑事诉讼法》（下册·各论编），中国人民大学出版社2005年版，第216页。

的是幅度量刑建议，一审法院在中线或者上线量刑，被告人上诉的，主要应通过逐步扩大精确量刑、获得法官采纳来解决。因为幅度量刑建议原本就降低了被告人对“罚”的预期，其提出上诉情有可原。但对于法院系在下线量刑，以及法院基于被告人认罚情节给予重大从宽幅度，此种情况下被告人仍上诉的，若符合抗诉条件，则应当抗诉，以应对上诉不加刑原则限制，帮助法院“更正”其量刑，打消被告人的投机心理。

这里需要特别强调的是，开展认罪认罚抗诉工作需要检察官与法官加强沟通达成共识，共同推动认罪认罚从宽制度在良性轨道上运行。量刑建议仅仅是控辩双方量刑协商的结果，体现了检察机关对案件事实、证据和定罪量刑的看法和建议，以及被追诉人的认罪悔罪态度，但其不具备国家审判权的权威性、专属性，本质上是一种求刑权。审查案件事实证据、适用法律、决定最终定罪量刑的依然是法院。认罪认罚从宽制度最大的风险是无辜的人因认罪认罚被错误定罪量刑。保留被告人上诉的机会，是避免检察机关和一审法院为追求快速结案而忽视案件质量、侵犯被告人诉讼权利的基本制度安排。[①]检察机关行使抗诉权的目的是纠正错误并非维护其自身的量刑建议，否则会将抗诉权的作用狭隘化。[②]因此，建议最高人民法院、最高人民检察院对于认罪认罚案件上诉、抗诉问题达成一致意见后，参照同样涉及抗诉的“马某利用未公开信息交易案”，联合发布指导性案例，明确“以抗诉制约上诉”的适用范围，以维护法律权威。为求平衡，也可以对认罪认罚案件中被告人无正当理由上诉和检察机关抗诉的情形以具体列举的方式明定限制。[③]

认罪认罚从宽制度提出的初衷，是构建多元的诉讼程序以提高诉讼效率、制度化贯彻落实宽严相济刑事政策，探索由对抗向合作、由惩罚向修复、由职权向协商的司法模式转变。因此，对认罪认罚案件中被告人上诉的行为应当理性看待，注重对被告人上诉情况的分析，要判断被告人认罪认罚的实质履行情况，“反悔”上诉的真正原因和理由，不适用认罪认罚程序后一审刑罚是否明显不当，抗诉是否具有必要性。从司法实践看，被告人“反悔”的正当理由一般包括“认罪认罚非出于自愿”“在对认罪认罚不甚理解的情况下签署具结”“没有犯罪事实或者

---

① 参见陈瑞华:《认罪认罚从宽制度的若干争议问题》,载《中国法学》2017年第1期,第48页。

② 参见黄伯青、李杰文:《法官视域下的认罪认罚从宽制度》,法律出版社2023年版,第350页。

③ 参见步洋洋:《认罪认罚从宽制度下上诉权与抗诉权的关系论》,载《法学杂志》2021年第4期,第129页。

不应当追究刑事责任”“在签署具结书后，又发现足以影响定罪或者量刑的新证据”“在案件事实、证据没有变化的情况下，检察机关单方反悔”“类似案件量刑建议失衡”“法院判处刑罚重于量刑建议”等情形。其他诸如治疗严重疾病、后期争取赔偿、努力促成和解等理由，虽然难言合法，但符合人道主义、恢复性司法的目的，不宜以抗诉的方式建议法院取消从宽量刑。类似的，对于被告人出于“留所服刑”目的而以量刑不当为由提出上诉的，检察机关查明原因后也没有必要提起抗诉。相反，如果被告人因认罪认罚获一审从宽判决又反悔上诉，同时存在不积极履行退赃退赔、赔偿损失等义务，或者否认主要犯罪事实的，或者不认罪认罚导致一审刑罚明显不当的，人民检察院可以提起抗诉。

（二）合理制约被告人滥用上诉权的立法应对

尊重和保障认罪认罚被告人的上诉权，并不意味着提倡被告人任意无理由反悔上诉。无因上诉和二审终审的制度初衷是保证判决和裁定的正确性，及时纠正错误，提高办案质量，防止以上诉理由限制被告人提出上诉的权利而导致冤假错案。① 实际上，不论是有因还是无因，上诉制度本身鼓励被告陈述上诉理由，而且越明确具体充分，越有利于上级法院聚焦争议问题进行审查纠错。考察世界各国的认罪协商制度，尽管德国、法国、意大利、中国台湾地区等在认罪协商中都坚持实质真实原则，强调当事人在协商中不能放弃上诉权，但也有对二审上诉理由的要求限制。② 例如，意大利的辩诉交易制度规定除被迫协商等法定情形外，原则上不允许上诉。德国刑事上诉程序中有普通上诉与法律适用上诉的制度区分，前者不需要阐述理由，后者则必须提出法定理由。③ 我国台湾地区于 2007 年修改“刑事诉讼法”也规定协商判决被告人原则上不允许提起上诉，例外情形“应叙述具体理由”，否则驳回。对于提起第三审上诉，必须附具体上诉之理由。④ 由此，我们不难得出这样的结论，即在认罪协商诉讼模式中，被告人上诉权的行使条件较普通案件更为严格。

被追诉人作为意志自由的独立主体，即使没有聘请辩护律师，按照目前司法

① 参见郎胜主编：《中华人民共和国刑事诉讼法释义》，法律出版社 2012 年版，第 471 页。
② 参见陈光中、马康：《认罪认罚从宽制度若干重要问题探讨》，载《法学》2016 年第 8 期，第 11 页。
③ 参见郭烁：《二审上诉问题重述：以认罪认罚案件为例》，载《中国法学》2020 年第 3 期，第 247 页。
④ 参见林钰雄：《刑事诉讼法》（下册 · 各论编），中国人民大学出版社 2005 年版，第 266 页。

办案实践要求，也能获得值班律师的法律帮助，其与司法机关达成的认罪认罚具结，是其自愿、独立行使处分权的结果。更何况我国认罪认罚从宽制度并没有如美国式的辩诉交易一样，为了降低控方指控难度而降低证明标准。一审法院对于认罪认罚案件仍然需要从证据采信、事实认定、定罪量刑、程序操作等方面进行全面的、实质的审查。① 认罪认罚从宽制度主要是为了整体司法资源的合理分配，在一定程度上会牺牲一些实体或者程序价值，通过量刑协商简化庭审程序以获得刑罚实体的减让。如果完全放任被告人在一审完全采纳量刑具结后随意提起上诉，有违制度设立初衷，也有悖于被告人处分权原理。②

因此，笔者认为，除了"以抗诉制约上诉"的路径外，从上诉审理的程序设计看，未来可以借鉴域外刑事诉讼制度设计，通过修改法律部分限制认罪认罚被告人的上诉权。对于认罪认罚上诉案件可以区分为定罪上诉和量刑上诉两种类型，然后再根据有无事实、证据的争议进一步区分为实体上诉和形式上诉。除非一审法院对犯罪事实、罪名认定存在错误或者有不得适用认罪认罚从宽制度的程序理由，否则经审查发现被告人原先自愿认罪认罚、具结书内容真实合法的，二审法院可以针对单纯的量刑形式上诉采取书面审理、缩短审查期限等形式简化程序，视情作出改判或者驳回上诉的处理。

具体来说，认罪认罚具结书内容合法性的审查，主要关注具结书签署程序和量刑"从宽"的合法性，而不及量刑幅度的合理性。具结书签署程序的合法性主要审查：第一，审查被告人所犯之罪是否属于认罪认罚从宽制度的适用范围；第二，被告人签署具结书前是否知晓该项制度的权利义务；第三，被告人签署具结书时是否具有辩护律师或者值班律师在场见证；第四，检察机关或者被告人在庭审中是否申请撤回《认罪认罚具结书》，而一审法院没有采纳。量刑"从宽"的合法性主要审查：第一，《认罪认罚具结书》建议量刑及判决刑罚是否违反法定刑范围；第二，犯罪情节是否显著轻微，应免于处罚或者不起诉的。

五、结语

法律可以规制行为和语言，却无法直接追及其背后的动机。被告人通过如实

① 参见最高人民法院刑事审判第一、二、三、四、五庭编：《张某利出售出入境证件案——案件的证明标准不因被告人认罪而降低》，载《刑事审判参考》总第127辑，人民法院出版社2021年版，第37–39页。

② 参见宋远升：《认罪认罚从宽制度设计的困境与边界》，载《探索与争鸣》2017年第1期，第81页。

供述、真诚悔罪、退赃退赔、签订具结等行为表明了其在接受审判时的认罪认罚意愿，但在判决后其认罚心态是否会发生改变，为何发生变化，发生何种变化，超出检察机关的监督能力和范围。当前认罪认罚制度运行尚存在控辩协商不充分、有效帮助保障不足、量刑精准不够等问题，且立法并未限制认罪认罚被告人上诉权，也并未要求上诉需要正当理由，检察机关“可以提出抗诉”，但更要强调抗诉的针对性、必要性和谦抑性。保障认罪认罚案件量刑协商的平等性、自愿性、明知性，确保量刑减让合法、适当、具体并落到实处是防止被告人反悔上诉的治本之策。认罪认罚的考察重点是具体的认罪悔罪行为，检察机关与其通过事后抗诉来防止被告人反悔上诉获得不当利益，还不如在办案过程中有效落实证据开示、量刑说明、量刑协商等措施，加强对被告人认罪悔罪行为的实质审查，形成真正的“对抗基础上的合意”。

（编辑：蒋太珂）

其他部门方法论

人格权的立体结构解释及其现实展开*

王　耕**

摘　要　人格权的立体式利益结构决定人格权必须独立成编，其内核是基于人格要素内在本质而产生的固有利益，外围则是超越内在本质的衍生利益，具体包括牵连利益、载体利益、信赖利益、公共利益等。固有利益包括基础固有利益和具体固有利益，两者决定人格权类型必须强制，基础固有利益决定一般人格权标准，具体固有利益则包括人格权编下具体人格权和数字人格权等。衍生利益影响具体人格权的内容强制，即具体人格权的内容会因载体等多方面原因而有不同关注。尤其是作为21世纪最新发展的数字人格权，即便在《个人信息保护法》"数据二十条"先后推动下还仍处于确权阶段，即类型强制阶段，对于数字人格权下内容强制缺失问题，可基于立体式利益结构进行结构性推导。

关键词　人格权　立体结构解释　数字人格权

一、问题的提出

《民法典》人格权独立成编意味着人格权已然法定化，民法学界工作重心应该

*　基金项目：本文系2019年度国家社科基金重点项目"民法典背景下损害赔偿规范体系的整合与完善研究"（项目批准号：19AFX012）、2021年国家社科基金青年项目"习近平法治思想中的程序法治要义研究"（项目号：21CFX030）的阶段性成果。

**　王耕，男，山东济南人，山东大学法学院硕士研究生，主要研究方向为民商法、数据法。

逐渐转向解释论。[①]而之前学界所长期沿用物质性人格权和精神性人格权的两分法、或增加标表型人格权的三分法等理论只是人格权法定后根据对象不同进行的事后分类,[②]虽为划分人格权类型提供了抓手,但意义有限,既未回应人格权为何法定之前置原因,也不利于人格权构造的系统解释。加之我国之前学者对于人格权编的研究存在仅选择性利用积极确权和消极保护的平面结构孤立研究某项或某类人格权内容之文本现象;缺乏整体式立体化分析,特别是对数字时代来临后《个人信息保护法》等特别法所裂化的数字人格权关注也多集中在论证其单独成为某项权利的合法性,鲜有文章可以在本身立足或统合民法人格权一般理论基础上,结合数字社会下的新型人格权类型进行整体式、串联性思考。而"固有利益—衍生利益"这一特定立体化结构视角不仅可以解答上述疑问,还能将部门法下所提出新型人格权置于民法人格权的全局之中。

二、人格权的立体结构解释

人格权固有利益是基于人格要素内在本质而生的、反应本质特征的核心,其居于人格权利益结构的中心地位。固有利益作为内核,也面临着分层情况,犹如地核分为"固态内地核和液态外地核"般,其分别对应着基础固有利益和具体固有利益。《民法典》对于基础固有利益选取了人身自由、人格尊严两项作为一般人格权的法定化条件,这为人格权的范围划定设定了基准。具体固有利益则因人格权伦理性、他为性而坚守生命权、身体权、健康权等物质型人格权和姓名权、名称权为代表的标表型人格权,呈现相对稳定性;另一方面也会随着社会实践不断发展、人格权的商品化,出现一定的动态开放性,名誉权、荣誉权、肖像权便是该过程的产物;隐私、个人信息、数据权利则是人格权面临外在现实数字发展而形成的最新衍化人格权类型。

人格权衍生利益则是以固有利益为基础并进行派生、超越的外围利益,其直接影响着人格权类型强制后的内容规定。影响人格权内容意味着具体人格权的立法内容可能会因是否存在牵连关系、人格权类型的载体程度、是否影响他人信赖、涉及公共利益强弱程度而有不同侧重,具体包括牵连利益、载体利益、信赖利益、

① 参见姚辉:《当理想照进现实:从立法论迈向解释论》,载《清华法学》2020年第3期,第36-62页。

② 参见张俊浩:《民法学原理》(上册),中国政法大学出版社2000年版,第139页。

公共利益四方面。比如，物质型人格权因直接关联生命、身体、健康等，所以内容强制多是反面否定性的禁易规则、严格限制主体自主意思，[①] 肖像权、声音利用则因较高的商品化程度、不直接关联公共利益而多被肯定商业化处分、利用。

这两类利益既具有原始与派生的关系，又紧密关联，其中固有利益通过其自身强大且稳定的引力，将具有"逃逸离心力"的衍生利益紧紧牵扯在自身周围。两者共同构成了人格权的立体式利益结构，类似于物理学中"电子所围绕运行的原子核"，地理学上"地核与外围的地幔与地壳"，天体学中"卫星围绕的恒星"。

(一)人格权立体结构的内核：固有利益

固有利益就是人格本身，为了表述具体权利才将完整的固有利益予以裂化，裂化后的权利经定型后构建起具体固有利益类型。作为固有利益无法分割之内核便是基础固有利益，具体固有利益则是外核，两者共同组成核心，且具有以下两点特征：

第一，天然性与固有性。天然性意味着固有利益的正当性基础并不依赖于法律等外在手段的确认，其本身便是天然而成。[②] 天然性决定了不同时空背景下的人格权也有一致基础，故天然性暗含了人格权应有之义的绝对性，其也因此成为人格权最基本类型、内容规范、文义射程的天然基线。即便是封建时代，摆脱客体命运的自然人之生命权也被普遍认为是最宝贵权利并加以保护，[③] 随后其他人格权类型逐渐恒定、保护内容也得以明确。与天然性相辅相成的便是固有性，固有性是指使人为人、必须无差别保护的那部分人格。固有利益作为人格权之核心，不仅为具体人格权裂变提供了合法性基础，[④] 更是牢牢吸引外围的衍生利益。人格权不仅关涉民法人格权，还涉及宪法人格权；两者作为一个权利的两种面向，分别对应着对抗国家的公法人格与对抗私人的私法人格。[⑤] 我国《宪法》所规定的人格

---

① 参见凌斌：《法律救济的规则选择：财产规则、责任规则与卡梅框架的法律经济学重构》，载《中国法学》2012 年第 6 期，第 8 页。

② See Aulis Aarnio, Introduction, in Aleksander Peczenik: On Law and Reason, Boston: Kluwer Academic Publishers, 1989, p.10-11.

③ 参见韩大元：《生命权与其他权利的冲突及其平衡》，载《人权》2020 年第 3 期，第 11 页。

④ 参见张平华：《私法视野里的权利冲突导论》，科学出版社 2005 年版，第 41 页。

⑤ 参见张平华、曹相见：《人格权的"上天"与"下凡"——兼论宪法权利与民事权利的关系》，载《江淮论坛》2013 年第 2 期，第 99 页。

尊严不受侵犯、国家尊重和保障人权便是宪法人格权体现，其为民法人格权这种实证权利提供了价值基础和解释依据。由于我国《宪法》只能产生间接效力，故人格保护任务主要由民法人格权承担。当民法具体规范缺失，可基于共同价值基础，做出“符合宪法基本权利的解释”，以此弥补法律漏洞。第二，相对稳定性。现代文明社会无不宣扬人格独立、人格平等、自由发展，但这些抽象且模糊的政治理念不能替代完善的法律制度。因此，我们需要从宏观价值中抽离出最能体现人格权特质并为实定法提供明确引领的部分，将“自发自生”“特定时空认可”的自然秩序上升为切实的法律规则，以此便于人格权法律体系低成本高效运作。此部分人格利益得到法律确认后便从自然权利确定为新型权利，最后成为实定权利、法定权利，其概念、内容也因此得以具象化。如原《民法通则》时仅列举了 6 类具体人格权，随着人格权理论和实践不断发展，我国立法不仅精细化处理原有姓名权、名称权、肖像权、名誉权和荣誉权的规定，还将生命健康权分别扩展为生命权、身体权、健康权，新增隐私权和个人信息等。

（二）固有利益的类型

选择人格权法定化主要是由人格权“固有利益—衍生利益”的内部结构决定的，其中固有利益决定了人格权类型和部分法定内容。按照体现固有利益程度不同，可将其划分为基础固有利益和具体固有利益。基础固有利益是固有利益中最为基础、更为抽象的稳定内核，一般应包括人格独立、人格平等、人格自由、人格尊严、人格自决、自由发展等。①

由于基础固有利益是对人格整体利益为权利对象的高度抽象概括，为方便实践保护，故仍需针对某一具体人格要素利益为权利对象产生具体固有利益。具体固有利益以切割人格要素利益为权利对象，是特定时空背景下对人格权的不完全法律确认，其虽会伴随经济社会发展、司法实践的进步而不断得到扩容，但本身仍相对稳定。具体固有利益原则上应仅包括自然人之具体人格权，但由于政策妥协、法体系构建的原因，使我国将法人人格权也纳入其中。具体固有利益之类型

① 参见温世扬：《〈民法典〉视域下的一般人格权》，载《中国法学》2022 年第 4 期，第 243 页；韩强：《人格权确认与构造的法律依据》，载《中国法学》2015 年第 3 期，第 139 页。

因不同时空、不同国家而有不同,《民法典》颁布前的五部民法草案虽有所不同,[①]但列举具体人格权类型的前三稿均认可生命权、健康权、姓名权、肖像权、隐私权等独立人格权,只是对信用权、自由权、婚姻自由权等产生较大争议。总体来看,我国《民法典》人格权编采纳了"同类聚合"的思路,将具有相似权利对象内容的人格权置于同一章中,目前已经包括十种法定权利或利益。考虑到"如无必要,毋增实体"等原因,将信用权、自由权间接规定于名誉权、身体权;婚姻自主权则随着家事法正式回归《民法典》而由婚姻家庭编规定。人格权编所规定的具体人格权是具体固有利益的显性表达,诸如祭奠权等新型人格权是否会沿着类似隐私权"现实需求—借助其他权利间接保护—司法解释认可独立性—特别法承认——一般法确立"的形式被大众接受仍未可知。

(三)人格权利益结构之外围:衍生利益

人格权之上除了附着自然人的人格利益,也因人格权商品化、法律拟制其他主体等涉及多元利益,其可能会产生包括信赖利益、公共利益、载体利益、牵连利益在内的众多衍生利益。上述四种衍生利益具有以下法律特征:

第一,外在性与衍生性。衍生利益并非"人之为人"的必要条件,其人格属性也未必鲜明,对其进行规定的正当性主要源于实现外在人格的价值目标或具体现实要求。衍生利益作为非浑然天成且兼具满足个体需求的外在利益,其可能会出于一时政策、现实需求等多种原因而进行规定。例如,载体利益多是基于人格权无形性而产生的当然结果;牵连利益是基于社会现实进行政策考量的结果;信赖利益、公共利益则是维护社会秩序的必然要求。衍生性是指固有利益对衍生利益

① 2002年全国人大法工委颁布的《中华人民共和国民法典(草案)》,人格权独立成编。该编共计29条,包含首章一般规定6条,后续六章分别是生命健康权,姓名权、名称权,肖像权,名誉权、荣誉权,信用权,隐私权。2002年王利明教授主持的《中国民法典人格权法编(草案)建议稿》,人格权独立成编。该编共计64条,包含首章一般规定6条,后续五章分别是生命权、健康权、身体权,姓名权、名称权、肖像权,名誉权、信用权、荣誉权,人身自由权、隐私权、婚姻自主权,其他人格利益。2002年梁慧星教授主持的《中国民法典建议稿》将人格权的具体规定放在第二章自然人部分,包括一般人格权、人格权的保护方式共计11条,其中又包括生命权、身体权、健康权、姓名权、肖像权、名誉权、隐私权、对遗体的保护、对死者姓名、肖像和名誉的保护具体人格权9条。2015年杨立新教授主持的《中华人民共和国民法总则(草案)建议稿》,因仅为总则建议稿,因此未能看到人格权类型的具体编排,仅有第139条人格权、第140条身份权两条。2015年中国法学会发表的《中华人民共和国民法典民法总则专家建议稿(征求意见稿)》在民事权利部分规定了概括规定了人格权。参见朱晓峰:《民法典编纂视野下胎儿利益的民法规范——兼评五部民法典建议稿胎儿利益保护条款》,载《法学评论》2016年第1期,第179-180页。

具有强大吸引力,衍生利益伴随固有利益而产生、变动、消灭。但衍生性并不意味着其与固有利益完全同步,最鲜明例外便是对于自然人出生前和死亡后之人格权延申保护制度,特别是体现民族情感英雄烈士的姓名、肖像、名誉、荣誉由于兼具公共利益属性,[①] 更受特别保护。

第二,交织性。人格权所具有的他为性特征以及社会化使用过程中,[②] 使其不可避免裹挟公共利益、信赖利益。特别是随着人格权商品化、数据化,人格利益附着于数据存储装置、牵连财产利益现象也更为突出。由此可知,固有利益与衍生利益慢慢呈现出一对多的交织关系。比如,姓名权、名称权在使用过程中本就需要遵守法律规定、社会公德,其还容易因符合表见代理而产生信赖利益,肖像权使用不仅可能涉及新闻报道、舆论监督等社会公共利益,还会涉及客观承载其本身的载体利益。

第三,非社会典型公开性。社会典型公开性是指人们可以通过普通社会意识、具体权利对象、自身裁判经验和理论积淀等简单判断出人格权的存在类型和内容,属于固有利益范畴。[③] 比如,人格权对象的具体性就可帮助我们简单推导出健康权包括避免侵害、合理保护、一定范围内自行支配等内容。与固有利益具有"社会典型公开性"不同,衍生利益因为没有十分清晰的边界或确定的内容,其实际应用往往会超出法规目的或当事人一般合理预期,具有明显的个案差异性,原则上不具有社会典型公开性。当然,也存在姓名、名称、肖像等标表型人格权因注册登记、公示等成为字号、商标,而间接取得社会典型公开性的例外情况。

(四)衍生利益的类型

如果固有利益具有整体性、抽象性,则衍生利益由于尚未被一般民众普遍接受,具有明显的具体性、个别性。不同人格权因其是否涉及其他权利、是否承载其他权益、是否让第三人产生信赖、是否影响不特定多数人而可能分别产生牵连利

① 《民法典》第185条,侵害英雄烈士等的姓名、肖像、名誉、荣誉,损害社会公共利益的,应当承担民事责任。《英雄烈士法》第25条,对侵害英雄烈士的姓名、肖像、名誉、荣誉的行为,英雄烈士的近亲属可以依法向人民法院提起诉讼。英雄烈士没有近亲属或者近亲属不提起诉讼的,检察机关依法对侵害英雄烈士的姓名、肖像、名誉、荣誉,损害社会公共利益的行为向人民法院提起诉讼……

② 参见曹相见:《人格标识的"他为性"及其规范影响》,载《中国法学》2023年第4期,第126-144页。

③ 参见张平华:《人格权的利益结构与人格权法定》,载《中国法学》2013年第2期,第46页。

益、载体利益、信赖利益、公共利益四类不同的衍生利益。

1. 牵连利益

牵连利益是指不属于具体固有利益而又与其存在牵连关系的他项利益。由于人格权客体为统一的人格整体，具体固有利益只是整体人格权的具体裂变，整体人格权在裂变、切割过程难免使得彼此间产生牵连关系。这也意味着其并未彻底进入独立外层空间，故其仍处于人格权利益结构，但只是归于衍生利益之列。

发生牵连关系的两者既可能是法律属性相似且互相影响的同类利益牵连，比如个人信息、隐私权牵连名誉权、荣誉权。两者产生牵连关系，是因为名誉、荣誉本身便是综合性的社会评价，不可避免包含个人信息、隐私，此时两者更类似于法条竞合，此时救济遵循特别法优先一般法进行保护即可。对于法律属性差异较大的异类利益牵连则更类似刑法的牵连犯，可能存在“手段行为与目的行为”“原因行为和结果行为”间的牵连关系。通过侵害姓名权的方式侵害当事人公法权益受教育权罗某霞案便是前者，而农夫山泉诉京华时报侵犯名誉权案便是后者。[①] 牵连关系的成立不仅要符合事实性牵连，还要有法律价值的牵连性，即两者可分别构成侵权责任。两者虽能分别独立构成侵权责任，但是实务上多整体对待，整体性评价为司法实践中的诸多疑难案件提供了解决渠道。例如，在中国宪法司法化第一案齐某苓诉陈某琪等姓名权、受教育权纠纷案中，[②] 原告齐某苓主张被告冒用自身姓名入学的行为侵犯了其姓名权、受教育权以及其他相关权益，类似的还有退伍军人安置被顶替案件，即便是目前，学界对于冒用行为发生后的受教育权、退伍安置权、户口登记等文件的法律性质争议依旧不断、难以清晰界定。此时诉讼法院完全可以利用实定法权利姓名权，进行牵连利益的整体性处理，即通过以轻牵重、扩大损害赔偿范围的方式实现一并保护。

2. 载体利益

载体利益实际上是由于人格权无形性而以图片、视频、雕塑等载体形式兼容其他权益或被其他权益包容产生的利益。载体利益在表现形式上似乎已将人格权益转化为其他利益形式，但载体本身和承载权益两者间常常发生权利对象相同或交叉，载体利益借助其他权益进行丰富展示的根本目的仍是最大化扩展人格权空

① 参见江苏省高级人民法院民事判决书（2007）苏民三终字第 0154 号。

② 参见齐某苓诉陈某琪等以侵犯姓名权的手段侵犯宪法保护的公民受教育的基本权利纠纷案，载《最高人民法院公报》2001 年第 5 期。

间，故其仍属衍生利益范畴。

一般而言，不同类型的人格权所产生的载体类型也是不同的。首先，包括生命权、身体权、健康权在内的物质性人格权因权利对象本身就是有形性且独特性的，[①] 除连体人等特殊情形外一般不会产生载体利益。其次，姓名权、名称权、肖像权等标表型人格权更易产生载体利益，其极易成为其他权益对象的一部分或全部。例如，自然人姓名权、肖像权常常因为独特识别性、经济价值而成为注册商标、外观专利的具体组成部分；名誉权、荣誉权极易通过奖状、奖杯、勋章等特定具体形式呈现出来，而个人信息、隐私则更多是通过自身或他人的文学著作进行表现。载体利益若遇侵害，司法实践一般采纳载体利益所承载的他项人格权“以重代轻”被承载权利，如以乔丹商标权保护乔丹本人的姓名权。[②]

3. 信赖利益

信赖利益是指基于人格权社会性，从外观推定主体真实状态并保护善意第三人所产生的利益。其虽为第三人享有，但因间接体现本人人格权涉他效力、具有明显的利他属性，故实有必要承认并保护善意第三人基于人格外观而产生的信赖利益。信赖利益的产生意味着善意第三人必须误认并相信了特定公信力的主体外观，这也就意味信赖利益在标表型人格权、尊严性人格权中具有极强的适用空间。例如，自然人出示包括身份证件在内的法定证件、加盖公司印章合同等便是合理人格外观，若侵害这种信赖利益会产生信赖责任。[③]

该种衍生利益也与总则编中的民事法律行为效力、代理制度，物权编的善意取得等相互勾连，形成一个相对完整的体系群：第一，交易中的一方若有明显人格外观或标表者，应当然推定其享有人格权，即便“名实不符”，但为了兼顾现代商业社会的效率价值，也必须进行妥协，进一步保护交易相对人的信赖利益。第二，交易相对人基于信任与之发生民事法律关系，若符合欺诈要件，其后续可选择进行撤销并要求其承担缔约过失责任；若符合表见代理之构成要件，相对人则可要求被代理人继续履行或无权代理人承担责任。第三，若相对人交易行为后，还同

① 参见[法]让·米歇尔·布律格耶：《人格权与民法典——人格权的概念和范围》，肖芳译，载《法学杂志》2011年第1期，第139页。

② 参见最高人民法院再审行政判决书，(2016)最高法行再27号。

③ 参见[德]汉斯－贝恩德·舍费尔、克劳斯·奥特：《民法的经济分析》(第4版)，江清云、杜涛译，法律出版社2009年版，第503页。

时进行了物权登记或交付的变动行为，其完全可主张善意取得。即便房屋登记簿在内的法定证件或法律文书是由于机关自身错误所致，也要优先保护交易相对人之信赖利益。

4. 公共利益

公共利益指基于公共管理或维护公共秩序需要而保护不特定社会成员的利益。人格权天然兼具的自然属性和社会属性使得人格必须为他人利用，为避免权利的不合理适用，故公共利益逐渐成为管理、限制人格权的法定事由。当然，由于各国传统文化、法律传统之不同，也应区分具体固有利益下不同人格权的殊分，比如物质性人格权因其常常是保持或维持人格的基本要素，所以基于公共利益而对生命权管理、限制的强度会更大；对标表型人格权、尊严性人格权的干涉则更为谨慎，对于数字型人格权则尚处于探索阶段。标表型人格权、尊严性人格权也会因主体身份不同而呈现出明显的差异性：如作为艺人、官员、独立记者的公众人物，本身具有强烈于普通民众的社会属性，故必须给予较于其他非公众人物更高的要求。

综上所述，人格权利益结构呈现出固有利益居于稳定核心，衍生利益居于动态外围的立体式样态。固有利益犹如向心力，保证了人格权的稳定性和基本边界；但受法体系完善、社会现状发展、政策妥协之影响，衍生利益则可能产生某种离心力，推动其逃逸出人格权的固有范围。两者虽有权利射程差异等区别，但又彼此相连、紧密结合，这种关联效应反过来强化了人格权立体式的利益结构。

三、人格权的现实展开

基于固有利益的天然属性，其本无须法律确认便是不言自明。但文明社会所极力宣扬的人格独立、平等自由等抽象宏观理念，若不能辅之精准的法律概念、完善的制度建构，人格保护便会如空中楼阁、痴人说梦一样虚无缥缈。为避免人格权“正当性”与“实在性”、“应然”和“实然”的混淆，我们必须坚持人格权法定化。确定人格权法定化后面临的问题便是如何实现类型强制和内容强制？人格权类型强制是指人格权的类型非经法律规定，当事人不得创设。人格权的内容强制，又称类型固定，是指人格权的基本内容应当由法律规定。固有利益直接体现了人格权的本质、决定了人格权类型以及自然属性的内容。与类型强制相伴而生的则是内容强制；强制的内容则很大程度深受衍生利益影响。比如，物质性人格权由于自然性最强，故其类型更为稳定，因此导致其更加重视公共利益、内容常伴有严格的管理限制;肖像等标表型人格权因其外观主义、无形性、商品化利用更易产生载体利益、牵连利益、信赖利益。

(一)固有利益决定人格权类型强制

1. 基础固有利益促成一般人格权法定化

我国一般人格权和具体人格权的划分是人格权编法定化的事后产物,但该种分类未从人格权内部积极回应其法定化乃至独立成编的原因。虽然《民法典》制定前的学者已经从立法成本、大陆法系传统等方面论战过人格权是否应该独立成编。[①] 但鲜有从人格权内部的角度,根据阿隆·哈勒尔(Alon Harel)的权利证成理论,权利证成需要满足内在理由(intrinsic reasons)、外在理由(exintrinsic reasons)两部分,但只有内在理由才可独立证成权利,外在理由只是影响应受保护程度,无法决定权利证成。

基础固有利益主要发挥着补充和发展具体固有利益类型、解决疑难案件的作用,故我们需要确立基础固有利益的衡量标准,即从人格尊严、人格独立、自由发展等多维度确定必要标准。无论何种表述,其目标都是实现人格的保护,但也必须防止人格权的恣意扩展带来的权利泛化问题。目前来看我国《民法典》第109条、第990条对于基础固有利益的标准选择在人身自由和人格尊严两者,并由此形成我国人格权法上的“一般人格权”或“人格权保护的一般条款”。由此可知,一般人格权是对基础固有利益的法律化限缩,基础固有利益范围更宽泛于我国一般人格权所选定的“人身自由与人格尊严”。在标准确立后,我们又该如何理解两者含义?一方面,配合基础固有利益其他维度表述,此处的人身自由应作扩大解释,理解为一种一种抽象性权利,即人格自由。原因在于:人格自由作为一种一般性权利,其不应局限物理意义上的人身自由,更须强调独立个体所可以保持、发展、决定并支配自己人格的精神价值。特别是结合《民法典》身体权具体规定可知,强调身体完整与行动自由的人身自由已经被具体权利身体权所囊括,故其难以再次成为一般性的内核要素。另一方面,人格尊严彰显主体性、强调以人为本的属性。[②] 作为人最核心的价值诉求与基本价值,人格尊严是应当受到其他主体尊

---

① 参见龙卫球:《人格权的立法论思考:困惑与对策》,载《法商研究》2012年第1期,第11页。

② 参见王泽鉴:《人格权法:法释义学、比较法、案例研究》,北京大学出版社2013年版,第1页。

重的道德基础和法律基石。[①] 且通过人格尊严可以为宪法人格权和民法人格权建立沟通渠道，暗合共同价值基础，对具体固有利益发挥着提纲挈领之作用，进而催生各种具体的民事权利类型。[②]

2. 具体固有利益裂化具体人格权

目前《民法典》内的人格权保护主要借鉴德国"潘德克顿"式立法技术，以"权利"为基本线索，形成"总则编—人格权编（一般规定和具体人格权）"的双层规范体系。总则编不仅确立了人格权受法律保护的一般原则、基本类型，还明确了自然人人格权、法人人格权的二元对立结构，继续将名称权、荣誉权单独规定。[③]

人格权编所承认的人格权类型是具体固有利益的显性表达，生命权、身体权、健康权是从原《民法通则》生命健康权笼统表述中独立出来的，并参考《德国民法典》先后顺序及三者重要性，最终完成顺位安排。由于物质性人格权的固有程度、天然伦理属性最高，故其本身最容易得到法律确认从而获得全面的法律保护。[④] 由于原《民法通则》生效以来便承认姓名权、名称权、肖像权、名誉权、荣誉权，故《民法典》只配合实际发展情况对其内容进行丰富。为避免权利泛化，对于信用权采用了间接保护，而对于声音保护采用参照使用：第一，虽然《德国民法典》《奥地利民法典》和我国台湾地区"民法"都规定了信用权，但我国人格权编却通过名誉权间接保护。信用是对民事主体包括经济状况、生产能力、产品质量、债务履行能力等在内经济能力作出的评价。我国采纳间接保护主要是考虑到信用与名誉性质相似，彼此难分，仅在范围和内容上有所限定。在法律已确认名誉权的情况下，无须对信用这一名誉的特殊部分单独加以保护；[⑤] 所以我国人格权编的二审稿、三审稿以及最终版本都删除了"民法典（草案）"一审稿原本规定的信用权。第二，自然人声音因其唯一性而具有天然可辨识性，这使声音经录音等技术手段以物质形式加以再现、表彰人格成为可能。同样，承载声音的物质形式存在后便自然具有被人支配、许可他人使用之可能。不少学者参考《捷克斯洛伐克社会主义共和国民法典》《埃及民法典》《越南民法典》《秘鲁民法典》提出"肖像声音权"以扩张肖

① 参见王利明：《人格权法研究》，中国人民大学出版社 2012 年版，第 103 页。
② See John Murphy, "Formularism and Tort Law", The Adelaide Law Review, Vol.21, 1999, p.115.
③ 参见张平华：《认真对待人格权法律行为》，载《政法论坛》2019 年第 5 期，第 139 页。
④ 参见［奥］H. 考茨欧：《侵权法的统一：违法性》，张家勇译，法律出版社 2009 年版，第 18 页。
⑤ 参见张新宝：《我国人格权立法：体系、边界和保护》，载《法商研究》2012 年第 1 期，第 6 页。

像权;[①] 加利福尼亚州更是将声音权单独写入其民法典。但由于更多学者仍认为声音属于一种新型人格利益,[②] 完全可以通过肖像权这一法定人格权的功能扩张进行保护。第三,顺应21世纪数据成为新生产要素的时代特色,[③] 人格权编以专章形式规定"隐私权与个人信息保护",承认并构建隐私权、个人信息保护体系以此面对新的现实挑战。隐私权自沃伦教授(Warren)与布伦迪斯教授(Brandeis)提出后逐渐为全世界所接受。[④] 个人信息含义广泛,但不同于保持个人生活安宁的隐私,此处个人信息专指具有人格表征意义的公开信息,包括性别、年龄、民族在内的个人信息综合起来也具有人格区分和识别功能,故应受到保护。德国2001年《在数据处理中保护个人数据防止滥用法》(BGSG)便承认个人对其数据信息享有自决权。我国人格权编欣然接受已为域外普遍承认的隐私权和个人信息。

值得注意的是,由于我国信息和数据坚持人财两分路径,即由《个人信息保护法》进行个人信息的人格权保护、由《中共中央国务院关于构建数据基础制度更好发挥数据要素作用的意见》(以下简称数据二十条)所确立的数据三权分置实现数据商业化利用。《个人信息保护法》作为特别法,在借鉴欧盟、美国域外经验和尊重固有利益基础上,可能会产生诸如数据携带权在内的更多人格权类型,但其目前仍处于具体固有利益的隐形阶段,是否会以及如何成为一般性权利仍有待商榷。基础固有利益中的人身自由、人格尊严法定化标准为数字人格权类型衍化划定了基准范围,具体固有利益则可以成为数字人格权的孵化容器。《个人信息保护法》第四章"个人在个人信息处理活动中的权利"目前单独运用7个条文,详细规定了知情权、决定权、查阅复制权、更正补充权、删除权、携带权、解释说明权。[⑤] 上述权利的形成回应了信息与科技时代发展,促进了虚拟空间、比特世界的数字

---

① 参见徐国栋主编:《绿色民法典草案》,社会科学文献出版社2004年版,第92页;马俊驹:《人格和人格权理论讲稿》,法律出版社2009年版,第258页。

② 参见史尚宽:《债法总论》,中国政法大学出版社2000年版,第157页。

③ 参见[美]安德雷斯·韦思岸:《大数据和我们——如何更好地从后隐私经济中获益?》,胡小锐、李凯平译,中信出版集团2016年版,第18页。

④ See Samuel D. Warren & Louis D. Brandeis, "The Right to Privacy", Harvard Law Review, Vol.4, 1890, p.193–220.

⑤ 参见《个人信息保护法》第44条,个人对其个人信息的处理享有知情权、决定权,有权限制或者拒绝他人对其个人信息进行处理;法律、行政法规另有规定的除外。第45条,个人有权向个人信息处理者查阅、复制其个人信息;……第46条,个人发现其个人信息不准确或者不完整的,有权请求个人信息处理者更正、补充。……第47条,有下列情形之一的,个人信息处理者应当主动删除个人信息;个人信息处理者未删除的,个人有权请求删除……第48条,个人有权要求个人信息处理者对其个人信息处理规则进行解释说明。

人格形成。

(二)衍生利益影响人格权内容强制

该编既有具体人格权之共通用语常为:首先,自然人或者法人、非法人组织享有何种权利,其次该权利受到保护,再次列举常用支配行为,最后列出侵害权利的常见情形并说明违反禁止规定需承担民事责任。[①] 总体来看,该种积极宣示主体享有某种权利或利益,并同时消极禁止、避免权利侵害相结合的理解只是平面的文义解释。其背后是固有利益和衍生利益双重结构动态协调的产物:固有利益本身具有强烈的自然法属性,其不仅决定了类型强制,还顺势影响强制类型后内容的应有之义,对其内容确权并保护便是其自然延伸。而衍生利益更多受到现实立场、政策伦理等实用主义影响,对其妥协规定并不必然是法体系逻辑推导的产物,故对其解释时可能超越原有法律解释方法。面对目前人格所负载的异质性内容,内容强制可以协调诸多衍生利益不断延伸和社会伦理的紧张关系,有效化解不同人格权之间的冲突、明晰权利边界。[②]

1. 物质型人格权

物质型人格权自然属性最强,且常常涉及社会基本伦理底线,若放任置之加剧人格异化;故其需要公共利益的必要限制、致使其商业化利用程度最低。但公共利益本身也是不确定概念,所以必须利用强行法并结合具体场景明确物质性人格权的常见禁止性内容。

依据马斯洛的需求层次理论和社会共识可知,生命作为人存在的逻辑前提,是其他一切权利存在的基础,也是优先于一切权利的权利,[③] 是法律保护的最高法益。由于生命权的至上性,故不能简单套用经济衡量或公共利益而剥夺他人生命权,否则会再次陷入"火车道德悖论"。生命权内涵界定除了生命安全外,还有生命尊严,生命尊严顾名思义是强调生命质量,这里可能会涉及患者是否具有拒绝治疗或主张安乐死的权利。目前来看,我国并不承认患者享有该权利。身体权

---

① 参见《民法典》第1010条:"违背他人意愿,以言语、文字、图像、肢体行为等方式对他人实施性骚扰的,受害人有权依法请求行为人承担民事责任……"

② 参见张红:《民法典各分编(草案)人格权编评析》,载《法学评论》2019年第1期,第106页。

③ 王利明教授主持起草的《中国民法典草案建议稿》第310条规定,生命权为法律保护的最高法益。参见王利明:《中国民法典草案建议稿及说明》,中国法制出版社2004年版,第45页。

和健康权虽顺位稍后于生命权，但两者依旧是作为主体的人所不可欠缺的发展必需条件，故仍可基于公共利益干涉当事人的随意处分，具体内容如下：第一，禁止人体细胞、人体组织、人体器官、遗体的过度商业利用、有偿买卖，但允许无偿捐赠器官或无偿临床试验等公益行为；通过内容强制明确阻却违法事由的具体适用，对于手术、器官捐助等需要受害人同意并采取书面同意的方式，且受害人同意不得违反公序良俗或法律的强行性规定。[①] 第二，顺应时代发展，规定药物人体试验、人体基因编辑、人体胚胎利用等新兴技术应用原则上也不得违背伦理道德、损害公共利益。[②] 第三，《民法典》虽未单独规定性自主权，但通过在身体权下明确性骚扰行为的方式间接保护了性自主权（贞操权）[③]，并为相关特别法提供了引致条款。

2. 标表型人格权

与物质性人格权相比，标表型人格权因具有更为强烈的他为性、更明显的无形性和外观主义而面临更多的商品化利用需求，故需界明、协调其合理使用和公共利益的同时，也需要正确对待其产生的信赖利益、载体利益，甚至牵连利益。

首先，自然人的姓名体现着我国血缘传承、伦理秩序，故公民选取姓名原则上需要随父姓、母姓，即便有正当理由时不遵从父姓或者母姓，也不可违背法律的强制性规定和公序良俗。由于名称权是法人、非法人组织参与社会活动的特定标识，具有独特的经济价值，故其内容除了包括类似姓名权的决定、使用、变更、许可权能，还包括转让权能。加之名称权商业化程度更高，故其不会受到姓名权般严苛限制，但若其成为商标等标识，后续使用仍需符合公序良俗等要求。[④] 这便是姓名权、名称权在公共利益影响下的内容体现。其次，姓名权、名称权的决定、使用、变更、许可、转让一般都须依法向有关机关办理登记手续，并取得类似身份证、出国护照或其他身份证明文件。这使得其依赖特定载体才能显现自身身份，而这种载体因其强烈关联性，极易使对方相信其为法定代表人、代理人、监护人等特定

① 参见［德］克里斯蒂安·冯·巴尔：《欧洲比较侵权行为法》（下），焦美华译，法律出版社2001年版，第634页。

② 《民法典》第1009条，从事与人体基因、人体胚胎等有关的医学和科研活动，应当遵守法律、行政法规和国家有关规定，不得危害人体健康，不得违背伦理道德，不得损害公共利益。

③ 参见郭卫华：《论性自主权的界定及其私法保护》，载《法商研究》2005年第1期，第60页。

④ 参见泰山石膏股份有限公司与山东万佳建材有限公司、国家工商行政管理总局商标评审委员会商标争议行政纠纷案，《最高人民法院公报》2017年第1期。

身份，故不当使用会勾连到代理制度中的表见代理并产生信赖利益。最后，人格权编列举了商品化背景下侵害他人肖像权及合理使用的多种情形，[①]平衡了社会公共利益和特定肖像权人使用；同时肖像要通过影像、雕塑、绘画等载体才能呈现，故也极易产生载体利益；肖像权也是商品化最常见的权利类型，故也容易产生人格权牵连财产权之情景，如乔丹体育、肯德基餐饮、真功夫餐饮、霸王洗发水、王守义十三香、王致和腐乳等注册商标。

3. 尊严型人格权

对于名誉权，也要基于公共利益而合理界分新闻报道、舆论监督、言论自由与侵犯名誉权之边界。[②]对于通过文学艺术创作等特定形式描述真人、真事时，可能会产生本人著作权牵连他人名誉权的牵连利益或以著作文本等特定形式呈现的载体利益。隐私权和个人信息作为原《民法通则》后完全新增类型，回应着风险社会发展下个人不愿为他人知晓并保持私人生活安宁的强烈愿望，可谓中国社会数字发展在法学领域的具体体现。[③]两者关系十分密切，[④]也均需尊重公共利益，但隐私权更容易牵连姓名权、名誉权、荣誉权，个人信息的聚合除了上述牵连利益外，还可能让他人产生信赖利益，甚至与承载信息的载具产生载体利益。如前所述，人格权的天然人格属性面临着后天社会化使用、商品化利用，但由于人智有限，故无法穷尽列举其内容，所以需要针对不同具体固有利益下的具体人格权配以不同衍生利益规范，尽可能实现维护法体系安定性和社会秩序的可预期性，实现内容的动态协调性。

4. 数字型人格权

诚如孟勤国教授所言："信息时代造就了人格权的脆弱，但我们既不能拒绝信息时代、也不能默认人格权脆弱，我们需要以强有力的法律规则来消除人格权的脆弱性。"[⑤]强有力的法律规则便是较为详细的内容强制。目前立法较为滞后，但

---

① 参见《民法典》第1020条，合理实施下列行为的，可以不经肖像权人同意……

② 参见《民法典》第1025条，行为人为公共利益实施新闻报道、舆论监督等行为，影响他人名誉的，不承担民事责任，但是有下列情形之一的除外……

③ 参见马长山：《数字法学的理论表达》，载《中国法学》2022年第3期，第120-123页。

④ 参见《民法典》第1034条，自然人的个人信息受法律保护。个人信息是以电子或者其他方式记录的能够单独或者与其他信息结合识别特定自然人的各种信息，包括自然人的姓名、出生日期、身份证件号码、生物识别信息、住址、电话号码、电子邮箱、健康信息、行踪信息等。个人信息中的私密信息，适用有关隐私权的规定；没有规定的，适用有关个人信息保护的规定。

⑤ 孟勤国：《人格权独立成编是中国民法典的不二选择》，载《东方法学》2017年第6期，第81页。

可参考衍生利益的四方面进行考虑,具体体现如下:第一,关于数字人格权的牵连利益。数字人格通过虚拟空间也间接影响物理世界个人的名誉权、荣誉权,产生各种各样的牵连利益,例如,网络空间中的“小作文”“合成视频”会极大影响个人名誉权、隐私权,近年来就发生了清华学姐指控学弟性骚扰乌龙案、微信圈造谣案、四川母女插队案等。[①]AI主播所使用的面部建模或一键换脸等技术则不仅产生上述同类牵连,还可能因此产生牵连财产利益的异质牵连。第二,关于数字人格权的信赖利益。借助元宇宙身份单一化、区块链的去中心化、比特币的匿名化、NFT(Non-Fungible Token)唯一化等众多交错新技术,网络身份正逐渐变得越来越具有可识别性,甚至因为技术上的不可更改性,特定场景下的网络身份具备了比物理世界身份证件等法定证件更强烈的关联性,故此会有越来越多的善意相对人出现,从而产生信赖利益。第三,关于数字人格权的载体利益。基于具体固有利益最新裂变而成的数字人格权,其载体也正发生前所未有的改变。网络空间的数据、个人信息都要依靠物质载体才能存储、使用。即便是我们无意识的网络浏览,也会被相关应用通过Cookies技术进行本地终端的加密、保存。第四,关于数字人格权的公共利益方面,我们在价值理念上必须认识到数据、个人信息不仅是私有物,也带有强烈的公共性,会对国家利益、社会利益产生重要影响,正是基于此对其商业化也要有所限制,[②]实践中也因此出现了滴滴处罚等一系列事件。

《民法典》的人格权编作为一般法,其只是提供具体固有利益中最显性的确认类型和内容框架保护,对于人体捐赠和人体基因有关的医学活动或科研活动、数字型人格权的具体行使等仍呈现出规则弹性较大、自足性和操作性较弱问题,须结合外部特别法规则进行体系化理解。如身体捐赠就可尝试转向《人体器官移植条例》、人体实验则需要转向生命伦理法,数字人格权需要对接《个人信息保护法》,从而利用人格权编外细致完善的特别法体系作为补充。为此形成图1“固有利益—衍生利益”视角下的我国人格权立体结构(另见表1)。

① 参见《“插队女子表情包”滥用出售,并非网络正义之举》,载中工网,https://baijiahao.baidu.com/s?id=1765103202704038852&wfr=spider&for=pc,最后访问日期:2023年5月19日。

② 参见《数据安全法》第28条,开展数据处理活动以及研究开发数据新技术,应当有利于促进经济社会发展,增进人民福祉,符合社会公德和伦理。

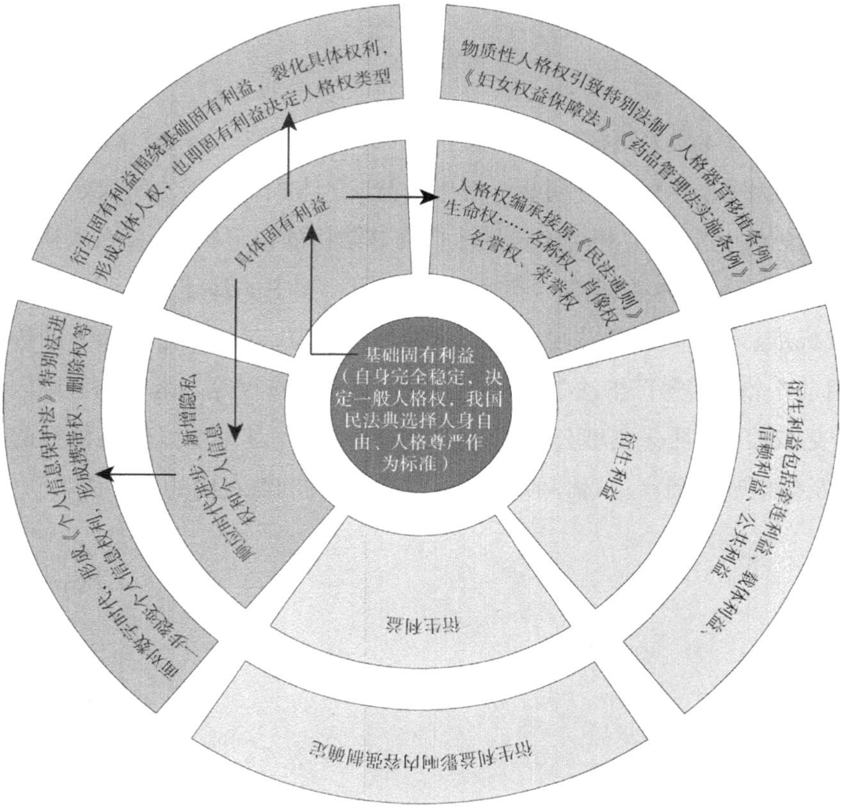

图 1　我国人格权立体结构

表 1　人格权立体结构及其影响

<table>
<tr><th></th><th colspan="2">利益类型</th><th colspan="2">人格权法定</th><th>涉及法律制度</th></tr>
<tr><td rowspan="6">人格权包括宪法人格权、民法人格权，两者一体两面，面向不同</td><td rowspan="2">固有利益</td><td>基础固有利益</td><td rowspan="2">决定人格权类型强制</td><td>决定一般人格权的标准，我国采纳人身自由和人格尊严</td><td rowspan="2">一般人格权
具体人格权
数字人格权
新型人格权</td></tr>
<tr><td>基础固有利益</td><td>裂化具体人格权，包括人格权编和数字人格权等</td></tr>
<tr><td rowspan="4">衍生利益</td><td>牵连利益</td><td rowspan="4">影响人格权具体内容</td><td>人格权之间同类牵连以及与财产权、公权力的异类牵连</td><td>事实聚合</td></tr>
<tr><td>载体利益</td><td>公开权</td><td>知识产权</td></tr>
<tr><td>信赖利益</td><td>外观主义，善意保护</td><td>民法总则代理
民事法律行为
物权法善意取得
合同法缔约过失</td></tr>
<tr><td>公共利益</td><td>公共管理</td><td>权利限制</td></tr>
</table>

四、结语

我国《民法典》人格权独立成编除了外部社会环境、立法技术的发展,更为重要的是由人格权内部"固有利益—衍生利益"立体式利益结构所决定。固有利益因具备天然性、固有性、相对稳定性而成为该结构的稳定核心,并在人格权法定中起着决定人格权具体类型,即类型强制的作用。其中的基础固有利益决定着一般人格权标准;具体固有利益则决定具体人格权类型,包括人格权编下的传统人格权和目前《个人信息保护法》下快速发展的数字人格权等。衍生利益则因具备衍生型、交织性、非社会典型公开性特点而居于外围,其影响具体人格权的立法内容,涉及包括牵连利益、载体利益、信赖利益、公共利益在内的四方面。

(编辑:戴津伟)

证券服务机构勤勉尽责标准解释论

赵佩婕 *

摘　要　勤勉尽责作为不确定法律概念本应发挥其概括特性，高效应对复杂多变的证券服务机构过错情形。但当前适用情况暴露出其解释适用的标准不统一、不合理，存在异化为“深口袋”的问题倾向，背离了立法初衷。究其原因，在于法律适用者对于立法目的、制度价值存在理解偏差，以及知识结构和专业能力存在局限。因此，勤勉尽责标准在个案中的解释适用，不在于具体化概念的内涵和外延，而应留意“规整的目的”，聚焦于法律虚构的理性人模型的合理构建，以立法中经利益衡量形成的制度价值为基础，合理限制法官的自由裁量权，结合专家辅助和商事习惯的适用，使勤勉尽责标准回归以公平、秩序和效益为限的投资者保护立法原意。

关键词　勤勉尽责　不确定法律概念　理性人标准　制度价值　解释论

一、引言

我国自 1998 年《证券法》便规定了证券服务机构虚假陈述民事责任条款，但投资者由于专业认知的不足以及信息的不对称性，加之对诉讼成本与获偿比例抱

* 赵佩婕，女，河北石家庄人。华东政法大学经济法学院博士研究生，研究方向为金融法。

有疑虑，导致诉讼提起率较低，且多针对上市公司及保荐人，鲜有向证券服务机构索赔的案例。相关案例也因案值较低、所涉机构行业影响力较弱而未引起热议。2018年，立信会计师事务所在大智慧案中因未勤勉尽责而被判决承担连带责任。此后，受此案示范效应影响，加之证券纠纷代表人诉讼、示范诉讼机制的推进，将证券服务机构列为被告的虚假陈述案件逐渐增多，证券服务行业因连带赔偿责任金额的高昂性和不确定性而动荡不安，随之暴露出过错认定规则的不合理适用问题。

证券服务机构虚假陈述侵权责任归责原则为过错推定原则，“勤勉尽责”作为过错标准是判定应否承担连带责任及责任比例的要件，但由于其内涵和外延的不确定性，语义的模糊性，在司法过程中需要借助法律方法进行充分地解释和论证，以保证法律不被曲解。当前司法实践中对于“勤勉尽责”认定标准的争议问题，暴露出法官过于依赖自身的主观臆断，未对法律解释进行详尽的正当性论证，导致部分解释结果脱离文本的规范意旨，使证券服务机构勤勉尽责标准存在异化为“深口袋”的问题倾向，无益于法律的内在安定性和资本市场各类主体的持续健康发展。本文以“勤勉尽责”的不确定法律概念属性为切入点，结合司法实践中暴露出的争议问题，运用法律解释学对勤勉尽责标准的理解和适用展开探讨。

二、勤勉尽责标准的法律特性与解释困境

依据哈贝马斯的议论理论，司法裁决的正当性以各方诉讼参与人的理性对话、商谈或沟通为先决条件，在此解释法律的循环过程中消除法律解释的独断性。[①]证券服务机构在过错推定原则下具有反证抗辩的权利，控辩双方需针对“是否勤勉尽责”这一过错标准提供证据并展开辩论。而对于“勤勉尽责”这一模糊性法律概念，面对控辩双方基于己方权益的私利解释，法官需要通过法律解释、论证、价值衡量寻求最优解，避免法律解释论的恣意适用。

（一）勤勉尽责作为不确定法律概念的模糊特性

Dietrich Jesch 主张法律概念皆由概念核心与概念外围两部分组成。概念核心为概念内容之绝对确定部分，概念外围则为概念内容之不大确定部分，非经解释

① 参见陈弘毅:《法治·启蒙与现代法的精神》，中国政法大学出版社1998年版，第51-53页。

无法适用，法律概念之争论均起因于概念外围。[①]Carl Hermann Ule 认为不确定法律概念与确定法律概念间系量之差别，二者仅系相对差异，[②]不确定法律概念之特征相较于确定法律概念而言，表现为其概念外围部分显著广大。而概念核心与概念外围之界限并非固定不变，经过长期的法律适用，概念外围得以逐步厘清，概念核心将越发增长。在立法过程中，立法者面对复杂多变的事物，只能总结出其最为典型的共同特征，以概括抽象的条文保证法律的普适性。[③]因而，不确定法律概念具有存在的必然性和必要性。立法者在预先设计的法律中以不确定法律概念对特殊性个别案件的让步，需要通过法律解释方法使得法律适用接近社会事实和立法原意；而不确定法律概念的重复适用又使得概念核心逐渐丰满，最终实现抽象的法律和复杂具象的个案之间的良性互动。但不确定法律概念的价值实现需要依赖法官自由裁量权的恰当适用，否则将导致违背立法者初衷的矛盾问题。

我国《证券法》所规定的证券服务机构勤勉尽责义务移植自美国《1933 年证券法》第 11 条，用于约束证券服务机构履职行为，使其充分利用专业知识，通过核查、验证、披露信息等方式，与行政监管形成合力，缓解证券市场的信息不对称问题，实现对发行人及上市公司的有效监管。“勤勉尽责”因其内涵的模糊性和外延的宽泛、概括性而具备不确定法律概念的特征，需要经过长期的法律适用，结合实践情形，使其形成更为明确的概念核心。当前，“勤勉尽责”的概念核心为证券服务机构是否具备并发挥了获取与验证发行人内部信息的客观专业能力，是否尽到了法定职责。[④]而概念外围则由于其注意义务特性、证券服务行业的知识密集性以及所涉规定的宽泛性而极具模糊性，造成了司法适用中的解释论困境。一方面，证券服务机构的勤勉尽责义务属于法定注意义务，[⑤]因而其判断标准依具体情形而有所不同，[⑥]难以形成统一适用的标准。另一方面，“勤勉尽责”的文义解释涉及非法律专业的特殊语言用法，[⑦]而所涉及的证券服务行业均属于知识密集型行业，

① 参见翁岳生：《行政法与现代法治国家》，三民书局 2015 年版，第 66–67 页。

② 参见翁岳生：《行政法与现代法治国家》，三民书局 2015 年版，第 64 页。

③ 参见吴国喆、梁琪：《不确定法律概念的界定、特征及其缺陷》，载《甘肃理论学刊》2013 年第 3 期，第 154 页。

④ See In re Software Toolworks Inc. Securities Litigation, 38 F. 3rd 1078 (1994).

⑤ 参见邢会强：《证券市场虚假陈述中的勤勉尽责标准与抗辩》，载《清华法学》2021 年第 5 期，第 69 页。

⑥ 参见王泽鉴：《侵权行为》，北京大学出版社 2016 年版，第 626 页。

⑦ 一般而言，法律文本文义的理解可以通过一般语言用法和特殊语言用法来认识，其中特殊语言用法又可分为法律的特殊语言用法和其他专业的特殊语言用法。参见蔡琳：《不确定法律概念的法律解释——基于“甘露案”的分析》，载《华东政法大学学报》2014 年第 6 期，第 20 页。

各行业准则较为概括、灵活，行业习惯也因具有一定的主观性而导致合理性存疑，使得“勤勉尽责”在具体案例中的界定标准同样难以厘清。

2022年1月21日，最高人民法院发布《关于审理证券市场虚假陈述侵权民事赔偿案件的若干规定》(以下简称《虚假陈述赔偿规定》)，其中第18条对证券服务机构以勤勉尽责为核心的过错标准、审查因素、审查依据和免责情形等作出进一步解释，丰富了“勤勉尽责”的概念核心。该条款明确了证券服务机构的职责范围限定于其工作范围和专业领域，并采二分法，将“勤勉尽责”的过错审查情形区分为自行出具的意见及依据其他专业机构工作出具的意见两部分，分别适用不同的过错审查标准，其中对于依据其他专业机构工作出具的意见进一步细化解释；同时，明确过错审查依据包含行业执业规范，过错审查证据需结合工作底稿等相关证据。《虚假陈述赔偿规定》主要针对近年司法实践中暴露出的证券服务机构职责交叉情况下出现的责任重叠分歧，但对于一般情形下(未参考其他机构工作自行出具意见)的“勤勉尽责”理解适用未予以进一步解释，且由于《虚假陈述赔偿规定》中增加的“审慎核查”“必要调查、复核”“职业怀疑”“合理信赖”等概念同为评价性不确定法律概念，与“勤勉尽责”在描述性意义成分上具有相似的模糊性与不确定性，仍需借助司法案例逐步厘清边界。同时，《虚假陈述赔偿规定》第13条将过错类型进一步明确为故意和重大过失两种情形，因此司法实践中将产生过错程度认定的新问题，此问题也是既往案件中常被忽略或规避的，如何依据不确定的“勤勉尽责”标准，划定重大过失与一般过失的界限，仍需借助法律方法在实践中逐渐明确。

(二)勤勉尽责适用基准的解释争议

通过梳理法律文本，证券服务机构的勤勉尽责义务可细化为对本专业相关业务事项的特别注意义务和对其他业务事项的普通注意义务。[①] 在此大前提下，执法及司法实践仍存在关于适用基准的如下解释争议，个案中法律方法运用的差异性导致了解释适用中的矛盾冲突。由于当前司法实践中对于证券服务机构的过错认定较为依赖行政处罚结果，因此本文对于相关案情的参考多结合行政处罚文书共同梳理。

---

① 参见《上市公司证券发行注册管理办法》第7条，证券服务机构及其相关执业人员应当对与本专业相关的业务事项履行特别注意义务，对其他业务事项履行普通注意义务，并承担相应法律责任。

1. 专业事项的范畴

各证券服务机构的工作范围和专业领域是其承担责任的前提条件，但因各服务机构无明确的职责划分界线，导致司法适用中存在专业事项范围认定不清的问题。在五洋债案中，[①] 锦天城律师事务所被指控的重大资产变化事项具体为财务文件中应收账款与应付账款的对抵处理，本质上为财务专业事项，但法院认定该重大资产变化事项为律师应关注核查的范畴，律所因此被判定未勤勉尽责，存在过错。而在中安科案中，[②] 法院认定律师事务所在重大资产重组中所执行的专业事项，主要为交易主体、步骤、程序等是否符合相关法律法规，专业机构评定的资产价值的准确性、真实性、完整性并非其专业范畴，要求其为此负责于理无据，由此判定针对律所未勤勉尽责的指控不成立。由此可见，法律虽明确规定证券服务机构责任限定在其工作范围和专业领域，但仍未消解司法实践中解释的恣意性，导致证券服务机构履职风险变相增大。

2. 专业事项特别注意义务的合理性标准

依照规定，对于专业业务事项，证券服务机构应当履行特别注意义务，充分获取资料、信息、证据，对所获取的材料进行审慎核查验证。其中，获取材料的“充分性”、核查验证的“审慎性”等判断要件均属于“勤勉尽责”的合理性标准，本质上为侵权法客观过失标准人即理性人标准，[③] 而以专业性为界限划定的特别注意义务与普通注意义务间合理性标准的差异仅为“理性人”参照系的区别。[④] 哲学解释学认为，只要有理解，理解便会有不同。由于理性人标准的抽象概括特性，需要在个案裁判中具体解释适用，而法律解释的多解性，在缺乏恰当法律论证的前提下，将导致法官的任意裁量行为，造成裁量标准不一的问题，成为当前虚假陈述案件中常见的争议焦点。

第一，异常情况的界定。勤勉尽责义务要求证券服务机构对于核验发现的异常情况进行审慎调查，“异常情况”的认定则是证券服务机构在行政处罚实务中常

① 参见浙江省杭州市中级人民法院民事判决书，(2020)浙01民初1691号，最高人民法院民事判决书，最高法民申372号。

② 参见上海金融法院民事判决书，(2019)沪74民初1049号。

③ See Douglas J.Schulz, “Due Diligence: Securities Applications and Regulatory Requirements”, 17 PIABA Bar Journal 353, Vol.372, 2011, p.18.

④ 参见邢会强：《证券市场虚假陈述中的勤勉尽责标准与抗辩》，载《清华法学》2021年第5期，第75页。

提出的申辩意见。在大智慧案中,立信会计师事务所辩称被指控的委托方跨期确认年终奖行为符合一贯性原则且属于专业判断问题获得了专家意见支持。[①] 在雅百特案中,众华会计师事务所辩称被指控的第三方回款情况,因实践中存在对境内付款的中介公司,不属于异常情况。证监会则认为其申辩意见不具有商业合理性。[②] 由此可见,对于"异常情况"认定标准的争议实质上为行业习惯、商业合理性等专业判断问题。

第二,是否遵守行业执业规范的判定。"未按照行业执业规范实施必要、恰当的核验程序,未获取充分、适当的核验证据"是认定证券服务机构未勤勉尽责的主要事由之一。但由于证券服务机构所面对的核验场景复杂多变,各行业执业规范为保障适用的灵活性,仅能提供较为宏观的指引性规则,需要证券服务机构结合具体的核验场景,编制更为细化的核查、验证计划,并根据执行中的进展情况予以调整。[③] 因此,在行政审理及民事诉讼中,证券服务机构常以"已根据执业规范依职业判断执行了必要程序并获取了充足证据"为由主张已勤勉尽责。由此可见,对于证券服务机构的"职业怀疑""职业判断""必要、恰当的审计程序""充分、适当的审计证据",在执法及司法中存在隐性标准,问题在于这一标准在适用中因模糊性和专业性难以保持一致性甚至是适当性,即使是专家对于同一事项的意见也存在着相左的判断。[④] 另一方面,程序性瑕疵对"勤勉尽责"判定的影响在实践中亦未明确。[⑤] 如何在执法及司法中形成较为合理且统一的裁量方法和标准是当前适用中亟须解决的问题。

---

① 中国证监会行政处罚决定书〔2016〕89号(立信会计师事务所)。

② 中国证监会行政处罚决定书〔2019〕37号(众华会计师事务所)。

③ 《律师事务所从事证券法律业务管理办法》第13条,……在进行核查和验证前,应当编制核查和验证计划,明确需要核查和验证的事项,并根据业务的进展情况,对其予以适当调整。《中国注册会计师审计准则第1201号——计划审计工作》第7条,注册会计师应当制定总体审计策略,以确定审计工作的范围、时间安排和方向,并指导具体审计计划的制定。第9条,注册会计师应当制订具体审计计划……

④ 上海市高级人民法院(2020)沪民终666号,瑞华事务所申请出庭的专家辅助人刘志耕发表意见认为,瑞华事务所提按照审计准则相关规定执行了相应审计程序,获取了充分、适当的审计证据;中证中小投资者服务中心推荐的专家辅助人陈某某发表意见认为,对于"智慧石拐"项目收入确认,瑞华事务所未实施必要、恰当的审计程序,未获取充分、适当的审计证据。

⑤ 如中国证监会行政处罚决定书(广东正中珠江会计师事务所)〔2021〕11号,采信了正中珠江会计师事务所对于审计底稿中描述不一致情况为笔误导致的申辩理由;中国证监会行政处罚决定书(北京市东易律师事务所)〔2017〕70号,东易所工作底稿中存在缺少律师事务所公章、缺少目录索引、部分访谈笔录缺少律师及访谈对象签字等诸多问题,是未勤勉尽责,而非履职过程有瑕疵、情节轻微。

第三，执业固有局限的考量。实践中，存在以虚假陈述结果倒推证券服务行业未勤勉尽责的结果论倾向。[①]证券服务机构常以“未发现舞弊行为是由于执业的固有局限性所致”为由抗辩。具体抗辩事由可分为以下几点，一是发行人合谋舞弊并刻意隐瞒，以核验手段无法发现；[②]二是核验手段有限，核验工作无强制力具有局限性，仅能提供合理保证；[③]三是基于成本效益考量，信息获取难度与低收费标准不匹配。[④]在此方面需要解决的问题是，如何恰当区分核验工作的固有局限与未勤勉尽责的边界。

3. 非专业事项普通注意义务的合理信赖标准

《虚假陈述赔偿规定》对于证券服务机构除本专业外的其他业务事项应履行的普通注意义务进一步作出解释，要求证券服务机构需进行审慎核查和必要的调查、复核，排除职业怀疑并形成合理信赖。由此便衍生出两方面的适用问题，一是对于部分专业事项，其他机构可能不具备识别出异常情况的能力，因而未产生“职业怀疑”，也未履行相关核验程序，此时如何判定是否已勤勉尽责。如中安科案一审中法院认定“华商律师事务所并非专业的审计或评估机构，要求其对基于专业机构评定的资产价值的准确性、真实性、完整性负责，于理无据”，[⑤]此裁量意见是否符合合理信赖标准。二是调查、复核达到合理信赖的标准为何。目前，执法及司法对于合理信赖的标准较高，即使履行了一定的调查程序未发现明显异常情况，非专业机构仍可能因援引其他机构报告而担责。如五洋债案中大公国际辩称其针对所援引的审计报告已在一般知识水平和能力范畴内通过与多组信息比对等方式履行了普通注意义务，但未被采纳。[⑥]《虚假陈述赔偿规定》表明，立法者已认识到证券服务机构勤勉尽责义务存在的不完备之处，但如何在适用中划定“合理信赖”的适当标准是根本解决证券服务机构普通注意义务“深口袋”的关键问题。

---

① 如在中安科案中，一审法院以被告招商证券公司出具的《独立财务顾问报告》中对交易作价的认定与证监会认定不符为由，推定其未勤勉尽责。参见上海市金融法院（2019）沪74民初1049号。

② 广东省广州市中级人民法院民事判决书，（2020）粤01民初2171号。

③ 四川省成都市中级人民法院民事判决书，（2019）川01民初1626号。

④ 上海市高级人民法院民事判决书，（2020）沪民终666号。

⑤ 上海金融法院民事判决书，（2019）沪74民初1049号。

⑥ 浙江省杭州市中级人民法院民事判决书，（2020）浙01民初1691号。

三、以法律意义脉络解释勤勉尽责的描述性意义成分

“勤勉尽责”作为不确定法律概念本应具有重要的适用价值。立法者面对复杂多样又不断变化的法律事实，试图利用“勤勉尽责”的模糊性和概括性，提升法律的普适性和语言的使用效率。[①]但当前适用中暴露出的裁量标准不统一不合理等弊端和矛盾，背离了立法者的初衷。实践中暴露出的矛盾问题，主要集中于勤勉尽责的适用基准和专业判断问题的认定方式，主要原因在于法律适用者对于立法目的、价值的理解偏差，以及知识结构和专业能力的局限。

（一）勤勉尽责标准的法律意义脉络厘定

从法律规范体系来看，法律、司法解释、行政法规、规章、规范性文件以及各证券服务行业执业规范已构建起了以“勤勉尽责”为核心的法定注意义务规范体系，使得证券服务机构的责任边界、过错认定依据、注意义务标准具备可操作性指引。以证券服务机构专业范畴为界限分别规定的“特别注意义务”和“一般注意义务”，以及司法解释及行业准则中规定的“审慎核查”“必要的调查、复核”“职业谨慎”“职业怀疑”“合理信赖”等概念，共同形成了勤勉尽责的意义脉络及其内在概念体系，其性质均为评价性不确定法律概念。因而，在适用中，对于这些概念的评价性成分已较为确定，即证券服务机构具备并审慎发挥了客观专业能力。但应用到具体个案中如何评判这些概念的适用基准，即描述性意义成分，则因其随案情不同而改变的特性，造成了前述法律适用中涌现出的争议问题。[②]

立法者设置“勤勉尽责”等不确定法律概念目的在于保留一定的判断余地，[③]以适应个案情况作出恰当判断。因此，对勤勉尽责标准在个案中的解释适用，不在于具体化其内涵和外延，而应该留意“规整的目的”。[④]通过梳理相关条文间事

---

① 参见吴国喆、梁琪：《不确定法律概念的界定、特征及其缺陷》，载《甘肃理论学刊》2013年第3期，第153页。

② 参见盛子龙：《行政法上不确定法律概念具体化之司法审查密度》，台湾大学法律学研究所1998年博士学位论文，第16页。

③ 参见［德］卡尔·拉伦茨：《法学方法论》，陈爱娥译，商务印书馆2004年版，第36页。

④ 参见蔡琳：《不确定法律概念的法律解释——基于“甘露案”的分析》，载《华东政法大学学报》2014年第6期，第28页；参见［德］卡尔·拉伦茨：《法学方法论》，陈爱娥译，商务印书馆2004年版，第36页。“科赫和吕斯曼赋予演绎说理模式中的法律解释以重要作用，因此他们自然不能将法律解释任由解释者借‘方法选择’来任意支配。依其所见，法官必须遵守一定的解释规则。他们特别重视语言（语义）解释。文义之外，（历史上的）立法者之规范意图也具有决定性。”

理上的一致性、法律的外部安排及其内在概念体系，追溯法律的目的，以及法律基本的“内在体系”，理解“勤勉尽责”的意义脉络，[①]形成较为宏观但具有指引性和可操作性的裁量标准。同时，对于法律适用中遇到的常见争议问题，可借用“类型化”方法结合裁量标准进行分类讨论，形成具有参考意义的具体化解释。

(二)历史解释：追溯勤勉尽责标准的创制目的

卡尔·拉伦茨认为追溯法律的目的才能真正理解法律的意义脉络。[②]立法目的，是立法者通过制定法律文本，意图有效地调控社会关系的内在动机，它既是法律创制也是法律实施的内在动因。[③]

回溯立法沿革，2005年《证券法》首次引入证券服务机构勤勉尽责标准，取代了之前“按照执业规则规定的工作程序出具报告”的具体性表述。在此之前，1993年《股票发行与交易管理暂行条例》要求证券服务机构应当按照本行业公认的业务标准和道德规范进行核查和验证。1998年《证券法》要求证券服务机构必须按照执业规则规定的工作程序出具报告，并进行核查和验证。结合证券核查验证工作需要配合发行人具体情况的个性化特征，勤勉尽责义务引入前，证券服务机构承担的按照执业规则、业务标准和道德规范等具体性标准履职的法定义务，于部分复杂情况而言不足以达到完整而公正披露的效果。[④]因此，勤勉尽责标准的引入目的包含以其不确定法律概念的概括特性提升法律的涵盖能力，应对复杂多变的个案情形，严格约束证券服务机构的核查验证行为，以辅助监管的规范化缓解证券市场的信息不对称问题。

再者，对于移植或借鉴自域外的法律规范，在出现疑义时，采用比较法解释，将外国立法例及判例学说作为一种解释因素，有助于还原移植或借鉴时考量的立法原意和实质内涵，正确阐释本国现有法律规范之意义内容。[⑤]勤勉尽责义务的比较法立法背景与我国存在较大差异，美国证券服务机构的信息核实服务由市场自发形成，利用其经营多年所建立的“声誉资本”为相关信息提供“担保”，发挥保

---

① 参见[德]卡尔·拉伦茨：《法学方法论》，陈爱娥译，商务印书馆2004年版，第207页。

② 参见[德]卡尔·拉伦茨：《法学方法论》，陈爱娥译，商务印书馆2004年版，第206页。

③ 参见刘风景：《立法目的条款之法理基础及表述技术》，载《法商研究》2013年第3期，第49页。

④ See Herzfeld v. Laventhol, Krekstein, Horwath & Horwath, 378 F. Supp. 112, 122 (S.D.N.Y.1974).

⑤ 参见梁慧星：《论法律解释方法》，载《比较法研究》1993年第1期，第58页。

护投资者的重要功能。[①] 美国《1933年证券法》11(b)通过设置"勤勉尽责"义务,以法定注意义务的补强,应对证券服务机构与发行人之间的角色冲突问题,平衡委托人与公众、监管者之间的利益关系。[②]11(c)则将"勤勉尽责"义务的合理性标准限定在"谨慎之人在管理自己的财产时需要采取的标准",即理性人标准,意在以法律虚构的标准人为参照,形成具有可操作性的客观行为标准。[③] 因而,勤勉尽责义务从设置之初就暗含着法律虚构理性人的适用基准。

综上所述,2005年《证券法》勤勉尽责义务的引入,目的在于以高度盖然性的法律虚构标准人应对极具灵活性和个性的证券服务机构履职场景,平衡委托人与公众、监管者之间的利益关系,缓解证券市场各参与主体间的信息不对称问题。通过在原有执业规范性要求基础上,增加对执业能力、执业态度等多方面的要求,形成综合性的义务标准。

此后,《虚假陈述赔偿规定》第13条对证券服务机构过错情形作出限缩解释,限制在故意和重大过失两种情形;第18条明确证券服务机构职责边界并引入合理信赖规则;第19条则专门规定了会计师事务所的免责抗辩事由。以上规则在原有勤勉尽责义务基础上从职责范围、认定因素及过错情形等方面作出合理限缩,体现出精细化认定主体责任、"过责相当"的司法理念,[④] 是对勤勉尽责标准在先前案件适用中产生的社会争议的回应,意在修正与法秩序价值追求相矛盾的司法适用效果。

由此,如何在个案中解释勤勉尽责的描述性意义成分已有较为清晰的脉络,即以理性人模型为客观行为标准,充分考量证券服务机构履职的固有局限情况,予以综合精细化的认定。

四、以制度价值约束勤勉尽责理性人标准

立法试图以法律虚构的理性标准人为参照,形成具有可操作性的客观行为

① 参见[美]约翰·C. 科菲:《看门人机制:市场中介与公司治理》,黄辉、王长河等译,北京大学出版社2011年版,第4页。

② 参见郭雳:《证券律师的行业发展与制度规范》,法律出版社2013年版,第64页。

③ See Benjamin Kujinga, "Reasonable Care and Skill –The Modern Scope of the Auditor's Duty", GAA Accounting, Sept. 8, 2009. 转引自邢会强:《证券市场虚假陈述中的勤勉尽责标准与抗辩》,载《清华法学》2021年第5期,第73页。

④ 最高人民法院对十三届全国人大五次会议第2336号建议的答复。

标准，限制勤勉尽责概念体系在个案中的解释适用。但在当前司法实践中，法官对于理性人标准的构建单纯依赖个人的主观评价，受到知识结构和主观认知的影响，难以保障解释的客观性，脱离了理性人标准合理限制法官自由裁量权的理论功能。

（一）制度价值对理性人标准的合理限缩作用

以法律确立的基本标准判断行为人有无过失，最初创设于过失侵权领域。罗马法以善良家父之注意为基准，[①] 英美法则以理性人在类似情况下的行为为基准。[②] 立法试图通过构建理性人标准将过失边界限定在特定群体达成共识的中等水平的理性、谨慎和细心，[③] 以共识标准限缩司法适用中的自由裁量权，保障过失标准的公平性和公开性。[④] 但"空桶"理论认为，理性人标准仅是盛放法官判断结果的"空桶"，[⑤] 并未对法官自由裁量权形成限制或指引作用，勤勉尽责标准司法适用中产生的争议问题也证实了这一理论并非虚言。究其缘由，在于理性人标准背后所要实现的法律价值未被司法裁量充分解释适用，[⑥] 导致其预期价值的实质落空。

法律价值体现着法律的目标，[⑦] 作为一种应然法或自然法，是法官对具体问题进行价值判断的一种衡量标准。当个案中的具体价值判断结果违背制度价值时，其正当性就会受到质疑。结合特定法规，具体判断理性人标准所要实现的价值，可以合理限制法官的自由裁量权。

（二）勤勉尽责标准的制度价值

立法是对社会上各种现存利益和将来可能产生的利益加以综合评价和平衡的过程，其利益衡量结果最终固定在具体的法律制度中体现为制度价值，该制度价值也因此成为该法律制度不可分割的属性，脱离于立法时衡量的各种利益，成为

---

① 参见叶金强：《私法中理性人标准之构建》，载《法学研究》2015年第1期，第101页。

② See Michael J. De Vinne, "The Reasonable Person as a Living Fossil", Litigation, Vol. 37, No. 1, 2010, p.15.

③ See Michael J. De Vinne, "The Reasonable Person as a Living Fossil", Litigation, Vol. 37, No. 1, 2010, p.16.

④ See Restatement (First) of Torts § 289 cmt. 1; id. § 290 cmt. n.

⑤ See Scalet S P, "Fitting the People They are Meant to Serve: Reasonable Persons in the American Legal System", Law and philosophy, Vol.22, 2003, p.75.

⑥ 参见叶金强：《私法中理性人标准之构建》，载《法学研究》2015年第1期，第108页。

⑦ 参见陈金钊：《司法过程中的法律方法论》，载《法制与社会发展》2002年第4期，第36页。

独立存在物。[①] 因而，勤勉尽责标准的制度价值体现在立法过程中对相关利益的评价与衡量，并随制度的发展而发展。

1. 勤勉尽责标准的相关价值

第一，秩序价值。证券服务机构原为依证券市场需要，自发运用专业知识和专业技能，提供中介服务的营利性组织。立法通过设置法定核验职责使其承担弥补行政监管漏洞的辅助监管职能，监督发行人的信息披露行为；并以勤勉尽责义务约束其履职行为，以过错责任提高其履职成本，以应对其与发行人间的角色冲突问题，规范证券市场发行和交易活动，扼制虚假陈述违法行为，以保护投资者合法权益。从证券服务机构的法定职责、核验对象和预期效果来看，其设置目的意在营造并维护证券市场秩序。

第二，公平价值。证券市场遵循买者自慎原则，但由于交易双方信息的不对称性，投资者相对发行人而言处于劣势地位，不具备买者自慎的理性经济人假设前提。《证券法》以全面披露原则取代买者自慎原则，同时以勤勉尽责标准约束证券服务机构履职行为，意在以证券服务机构合理核验工作保障披露信息的真实、准确、完整，以缓解证券市场的信息不对称问题，弥补投资者在专业知识和信息判断能力上的弱势，使投资者有能力产生合理的投资预期，进而做出审慎决策并合理规避风险。此种以中介专业辅助提升交易相对方能力，进而实现交易实质平等的投资者倾斜保护方式，体现出制度构建中的公平价值。

第三，效益价值。《证券法》通过设置证券服务机构法定核验职责及勤勉尽责履职标准，构建起“看门人”机制，以证券服务机构的“声誉资本”为发行人披露信息提供担保，增强发行人信息披露和证券品质的可信度，[②] 促进了效益价值的实现。一是“看门人”机制建立在信息披露制度之上，尊重并鼓励证券交易自治；二是证券服务机构“看门人”作用的发挥，有利于提高资源的配置效率，促进交易简便快捷实现，降低市场总的交易成本；三是“看门人”机制以权利义务在交易主体间合理分配的方式，保障交易安全，在交易关系微观处理中，增进社会整体效益。

---

① 参见梁上上：《利益的层次结构与利益衡量的展开——兼评加藤一郎的利益衡量论》，载《法学研究》2002 年第 1 期，第 58 页。

② 参见［美］约翰 · C. 科菲：《看门人机制：市场中介与公司治理》，黄辉、王长河等译，北京大学出版社 2011 年版，第 3 页。

2. 利益衡量中形成的制度价值：以公平、秩序和效益为限的投资者保护

确定利益位阶实际上就是在探究立法的目的。[①] 利益衡量或价值判断的结果也并非以某一方完全高于另一方为导向的，而是力图寻求各种利益或价值的调和性判断。[②] 证券服务机构的法定勤勉尽责制度涉及三方利益。一是履行勤勉尽责义务的证券服务机构所承担的履职成本和风险；二是投资者可获得的信息披露质量或虚假陈述侵权赔偿；三是受市场秩序影响的证券市场公共利益。三方利益关系对立统一，当勤勉尽责标准限制在适当范围内时，可以有效保护投资者，使得交易公平进行，维持证券市场的秩序和效益，进而促进资本形成，符合三方利益。

对于移植自域外的法律规定，参考相关国家的立法例、判例学说及交易惯例，尽可能还原其背后的体系结构机制和历史文化因素，[③] 有助于理解所移植法律的实质内涵，在司法适用中准确裁判。

从立法目的来看，美国《1933 年证券法》旨在尽可能使证券所有者与公司管理层处于平等地位，并使买方与卖方对于关切信息具有同等获取能力。[④] 为实现这一目标，第 11 条规定了卖方信息披露责任并将其与私人诉讼权利相联系。根据美国证券交易委员会对立法历史的解释，第 11 条的主要目的不是补偿投资者损失，而是通过责任的威慑性确保证券服务机构坚持高标准的履职行为。[⑤] 因而，从制度创设之初，投资者保护目的的实现路径便是以市场公平、秩序的维持，提升整体效益为导向的，而非事后损失的完全性补偿。

这一观点在勤勉尽责标准立法进程中得到充分证实。根据众议院委员会的会议报告，众议院法案和参议院修正案之间涉及一个关于证券服务机构民事责任的分歧点。参议院修正案将民事责任称为保险人责任，认为证券服务机构应当承担绝对民事责任，而无须考虑其在履职过程中为保障陈述准确性而采取的任何谨慎措施。众议院法案则以合理注意为标准衡量责任，赋予被告证明已经采取了合理的注意来确保陈述准确性的责任，而证明合理注意的标准是以信托关系来表示

---

① 参见王利明：《民法上的利益位阶及其考量》，载《法学家》2014 年第 1 期，第 81 页。

② 参见张利春：《星野英一与平井宜雄的民法解释论之争》，载《民商法论丛》第 40 卷，法律出版社 2008 年版，第 405-406 页。

③ 参见陈甦：《体系前研究到体系后研究的范式转型》，载《法学研究》2011 年第 5 期，第 13 页。

④ See 77 Cong. Rec. 2918 (1933).

⑤ See Securities Act Release No. 5275 (July 26, 1972), 1972 WL 19096, 2 Fed. Sec. L. Rep. (CCH) ¶ 4506B, at 4055 (hereinafter Release No. 5275).

的。[①]最终与会者认为，参议院提出的保险人责任可能会干扰商业的有效运作，不会实质性促进对投资者的保护，且合理注意义务和将某些调查职责委托给他人的履职行为具有合理性，特别是在“行为的性质涉及受托人本人不具备的专业技能或设施的情况下”，因而采纳了众议院合理注意标准，从而创设了勤勉尽责抗辩。[②]但由于在适用过程中出现了部分与立法原意相悖的解释和争议，因而在与《1934年证券交易法》同时通过的修正案中修改了部分条款，意在重申立法原意。一是将勤勉尽责标准从“具有信托关系的人的要求”修改为“一个谨慎的人管理自己财产的标准”，以消除先前表述在解释适用中可能导致的不确定性，[③]以及在部分案件适用中被误读为严格责任的情况。[④]二是将非专家对于专家陈述的合理信赖标准从先前的积极形式“有合理的理由相信且事实上确实相信专家陈述部分是真实的，没有误导性遗漏”改为消极形式“没有合理的理由相信，事实上也不相信，专家陈述部分有误导性陈述或遗漏”。众议院报告记录，修正案并没有实质内容或意图的改变，仅为重申现行条款的主旨。[⑤]由此可见，美国勤勉尽责标准的创设虽以投资者保护为目的，但充分考量了市场主体间的公平以及证券市场整体的秩序和效益。

我国证券服务机构勤勉尽责制度的立法沿革表现出对此利益衡量结果的认同和借鉴。从体系解释的角度，2005年《证券法》虽仅规定了勤勉尽责标准，但在2007年《审理涉及会计师事务所在审计业务活动中民事侵权赔偿案件的若干规定》(下文简称为《审计赔偿规定》)中，第7条规定了免责抗辩情形，其中包括“保持必要的职业谨慎”情形;《中国注册会计师审计准则第1101号——注册会计师的总体目标和审计工作的基本要求》第20条明确注册会计师对财务报表整体是否存在重大错报获取合理保证而非绝对保证;《全国法院审理债券纠纷案件座谈会纪要》(下文简称为《债券纪要》)强调应坚持“卖者尽责、买者自负原则”，上述规定均体现出对于证券服务机构履职能力和局限的客观考虑，公平设置法定义务和责任的立法导向。另外，《债券纪要》明确了承销机构免责抗辩情形，其中包

① See H.R. Rep. No. 85, 73d Cong., 1st Sess. 9(1933).
② See H.R. Rep. No. 152, 73d Cong., 1st Sess. 26(1933).
③ See H. R. REP. No. 1838, 73d Cong., 2d Sess. 41(1934).
④ See 78 CONG. Rrc. 8669(1934).
⑤ See H. R. REP. No. 1838, 73d Cong., 2d Sess. 41(1934).

括"尽职调查工作虽然存在瑕疵，但即使完整履行了相关程序也难以发现信息披露文件存在虚假陈述、误导性陈述或者重大遗漏"情形，体现了对于效益价值的考量。同时，《债券纪要》中民事责任追究以损失填补和震慑违法两功能相结合，《虚假陈述赔偿规定》中合理信赖制度、证券侵权案件专家陪审制度的引入均表现出司法机关面对实践中突出的证券服务机构过责失当问题，以公平、秩序、效益价值为限，对勤勉尽责标准的合理性再次厘定的利益衡量结果。综上所述，证券服务机构勤勉尽责标准的制度价值可确定为以公平、秩序和效益为限的投资者保护。

（三）解释适用中价值基础的误判与修正

勤勉尽责标准在司法适用中的争议问题，本质上源于制度价值误判影响理性人模型的合理建构。在强调投资者充分赔付的政策下，勤勉尽责标准的制度价值被误判为"完全赔付"，[①]因而对判断证券服务机构勤勉尽责的理性人模型呈现出严格标准的错误倾向，使得"专业事项范畴""异常情况""是否遵守行业准则""执业固有局限""合理信赖"等专业判断标准出现偏离证券服务机构平均履职水平的适用问题，将导致更多主体被纳入投资者赔付的"深口袋"。

"完全赔付"制度价值，忽略了公平、秩序、效益对投资者保护的合理限制，违背了勤勉尽责标准意欲实现的"适当的"法效果。一方面，长期适用将抑制作为"重复参与者"的证券服务机构参与核验工作的积极性，[②]并将导致各类市场主体权责激励的系统性扭曲，使得民事责任制度预期的震慑作用被削弱，反向激励"首恶"实施欺诈行为，投资者理性也将进一步弱化，投机行为在"完全赔付"趋势下获得鼓励，最终将扰乱行业秩序；另一方面，行业执业规范是结合实践经验逐步形成的在效益上符合投资者共同利益的特定程序、规则，忽视证券服务机构履职固有局限的过苛标准，将违背行业执业规范设置中的成本效益考量，使得履职成本上升，履职效率下降，最终影响市场整体效益。

因而，在司法适用中对于证券服务机构勤勉尽责义务的理性人标准构建，应受以公平、秩序和效益为限的投资者保护制度价值的约束，以此有效应对前述实

① 参见任孝民：《虚假陈述中介机构连带责任的检视与改革》，载《财经法学》2022年第6期，第37页。

② See Janet Cooper Alexander, "Do the Merits Matter? A Study of Settlements in Securities Class Actions", Stanford Law Review, Vol.43, 1991, p.497-598.

践中的裁量标准争议问题。对于争议焦点,法官应考量法律效果,判断该行为是否适宜作为负担责任的根据。[①]在公平价值方面,专业判断问题应充分考虑证券服务机构的履职能力和局限性,采用中间水平的理性人标准。在秩序和效益价值方面,首先,应充分认识核验工作因成本、时间、人力物力、核验手段的制约具有固有限制,[②]在个案中审慎区分固有限制和未勤勉尽责与虚假陈述结果间的因果关系;同时,对于不影响核验结果的履职瑕疵应认定为已勤勉尽责。其次,应尊重效益导向下形成的证券服务行业分工,对于跨专业领域的工作范围认定应高度谨慎,维持各负其责的稳定行业秩序。再次,合理信赖的认定标准,对于因跨专业性局限而未发现异常情况进而未实施调查、复核行为的情形,因符合跨专业事项核验的客观能力局限,应认定为属合理信赖并已勤勉尽责。最后,对于因未尽合理信赖义务而适用其他机构专业意见导致出具的报告存在虚假陈述的情形,应认定为一般过失或轻微过失,负担补充赔偿责任,与本专业工作故意或重大过失所承担的连带责任予以区分,在保障制度的损失填补和震慑违法功能下,以责任区分性引导各行业各司其职,避免统一连带责任的反向激励副作用。

综上所述,当前勤勉尽责适用基准的解释争议,根源在于制度价值被误判为对投资者的完全赔付式保护,使得理性人模型错误偏向严格标准,违背了制度价值形成过程中对于实现投资者实质性保护法律效果,须尊重商业秩序,将勤勉尽责标准限制在合理范围内的价值判断。

五、价值指引下勤勉尽责理性人标准的解释建构

勤勉尽责制度价值的厘定为法律虚构理性人标准的构建提供了指引和约束,但评价性法律概念的描述性意义成分在不同场景下具有不同含义,如何在个案中形成契合立法目的的具有可操作性的客观行为标准,还需要探讨实现适用标准具象化的司法方法。

(一)基于知识的客观标准

理性人标准具有三个基本属性,即中间水平的理性、谨慎和注意。由于疏忽

① 参见[德]卡尔·拉伦茨:《法学方法论》,陈爱娥译,商务印书馆2004年版,第171页。

② 参见卓继民:《跨洋大鏖战:美国证券集体诉讼之中国概念股》,中国财政经济出版社2013年版,第81页。

的基本要素是对使先见之明成为可能的事实的了解，[①]因而理性人标准事实上以知识为基础。具体到勤勉尽责制度，构建理性人标准还需考虑是否顾忌行为人实际的知识水平，由此可区分为主观标准和客观标准两类观点，[②]主观标准以行为人具体知识水平为参考系，对于超出行为人知识水平的事项认定其不存在过错；客观标准则以行业客观平均水平为参考系，对于超出行为人知识水平但未超出行业平均水平的事项认定行为人未勤勉尽责，存在过错。

我国《证券法》虽未明确规定证券服务机构勤勉尽责义务适用的理性人标准类型，但法律规范体系具有内在的关联性和一致性，一般性规定与特别性规定之间具有协调性，采用整体解释规则可保障法律体系及概念用语的统一性，排除法官解释的主观能动性。[③]《审计赔偿规定》制定依据包括《证券法》，且适用于证券虚假陈述情形中的审计侵权赔偿，因而《审计赔偿规定》中注册会计师事务所的过错认定标准与《证券法》中勤勉尽责标准具有逻辑上的一致性。[④]《审计赔偿规定》第6条规定，注册会计师在审计过程中未保持必要的职业谨慎，以低于行业一般成员应具备的专业水准执业并导致报告不实的，应当认定为存在过失。由此可知，我国对于证券服务机构勤勉尽责义务采客观标准。

同时，填补判断标准应考量规则所欲实现的法律效果。证券服务机构勤勉尽责义务欲以法定注意义务约束证券服务机构信息核验行为，以缓解信息不对称问题实现投资者保护。客观标准相较而言更符合证券服务机构以专业知识和技能提供中介服务的行业特性，更契合以法定注意义务确保证券服务机构坚持高标准履职行为的制度目的。

因而，基于各证券服务行业的客观专业差异，理性人标准应以行业为限予以区分，充分考量并尊重各行业专业水平的客观差异性。同时，在参考其他机构报告的合理信赖标准构建上，需要注意各行业的合理信赖标准不应是统一的非专业人标准，而应充分考虑行业间专业知识和经验的交叉，予以恰当区分。如在实践中独立财务顾问多由保荐人兼任，因而具有一定的法律及审计专业背景，对于相

---

① See Hope v. Fall Brook Coal Co., 38 N.Y.S. 1040, 1043 (App. Div. 1896).

② 参见李鼎：《私法中理性人建构的困境与出路》，载《法律方法》第40卷，研究出版社，第376页。

③ 参见杨铜铜：《论不确定法律概念的体系解释——以“北雁云依案”为素材》，载《法学》2018年第6期，第130页。

④ 参见缪因知：《证券虚假陈述赔偿中审计人责任构成要件与责任限缩》，载《财经法学》2021年第2期，第105页。

关异常情况的识别标准应高于普通人的知识水平，以实现激励证券服务行业充分发挥专业能力持续承担辅助监管职能的预期法律效果。

(二)以商事习惯和专家辅助人制度解决标准具象化问题

理性人标准的客观化建构以所涉证券服务行业的平均知识水平为基准，如何将理论转换为可操作性标准是解释适用中无法绕开的具象化问题。

第一，以商事习惯扩充解释资源。勤勉尽责标准涉及行业执业规范适用、商业合理性认定等专业判断问题，法律规范体系无法对此提供充分的解释资源。由于缺乏相关专业知识，法官在证券服务专业问题中，无法仅凭主观判断，仍需借助其他解释资源，以保障勤勉尽责理性人标准解释的适当性。商事习惯作为上市公司及证券服务机构在工作中反复实践形成的可影响法律关系的事实，[①] 可以作为认知渊源适用于司法，有效应对专业判断问题，以实现对法律规范体系的价值补充。但商事习惯不同于明文规定的法律规范，其适用须在查明是否客观存在、是否具有对相关主体的实质约束性等问题的基础上予以综合认定，[②] 以此解决理性人标准具象化问题。

第二，以专家辅助人制度弥补法官专业认知局限。法官专业认知能力的局限，将对行业规则及商事习惯的认定适用带来严峻挑战，进而影响理性人标准解释的准确性。对于特定专业领域的概念和术语，法官在解释时为保障准确性，应当考虑该领域内专业人士对其所具有的通常理解，借助各个行业内专业人士的知识和经验，来确定其通常的含义。[③] 但专业解释虽可以弥补法官的专业认知局限，却存在将理性人标准完全交由专家鉴定，使得司法裁判变成社会科学知识竞技场的风险，法官的司法裁判权也将因此实际让渡给专业认定群体，使得司法裁判彻底抛弃价值判断，影响透明性和公正性。[④] 为避免前述专业解释的不当适用风险，应适用强调裁判辅助性的专家辅助人制度，将适用范围限制在弥补法官专业认知不足的限度内，辅助排除当事人在举证、质证以及法官在案件事实认定中由于专

① 参见李建伟:《法源意义上的习惯与习惯法合一论——以商事习惯与商事习惯法为视角的研究》，载《政治与法律》2021年第11期，第65页。

② 参见季洁:《法律适用中的商事习惯类型化研究》，载《河北法学》2023年第4期，第101-102页。

③ 参见王利明:《法律解释学导论——以民法为视角》，法律出版社2009年版，第229页。

④ 参见李忠诚:《论知识产权法中理性人标准的价值基础》，载《学海》2023年第2期，第153页。

业问题所引起的障碍，最终协助法官对涉及专业性问题的案件事实进行正确认定，在保障法官裁判权的同时，有效解决专业认知局限问题，以发现事实真相。[①]同时，为保障理性人标准的真实性、客观性和有效性，应规范专家辅助人的资格认定，由双方当事人各自选择专家并由选定专家合意确定第三方中立专家共同发表专业意见，[②]接受控辩双方及法官的质询，并由法官综合考量最终认定标准，结合专家辅助人责任制和监督惩罚机制约束专家辅助人保持客观中立性。

六、结论

勤勉尽责标准在司法实践中的争议问题集中于适用基准及专业判断问题，根源在于法官对于法律虚构理性人的构建过度依赖自身的主观臆断，脱离了法律解释学的应有约束。回溯立法历程中的利益权衡考量，勤勉尽责标准的制度价值可确定为以公平、秩序和效益为限的投资者保护。以此为基准，现存司法争议问题本质上源于勤勉尽责理性人标准的解释适用脱离了制度价值的约束，呈现出严格标准的错误倾向，违背了制度价值形成过程中对于实现投资者实质性保护法律效果，须尊重商业秩序，将勤勉尽责标准限制在合理范围内的价值判断。勤勉尽责标准在个案中的解释适用应受制度价值约束，通过援引商事习惯等认知渊源，必要时结合专家鉴证和专家辅助人制度，弥补法官在专业判断问题上的认知局限，解决客观理性人标准的具象化问题。

（编辑：杨铜铜）

① 参见张立平、杨丹：《民事诉讼专家辅助人的法律定位及其制度完善——以法条与司法解释的逻辑解读为基点》，载《湘潭大学学报（哲学社会科学版）》，第49页。

② See Richard A. Posner, "Antitrust in the new economy", Antitrust Law Journal, Vol.68, 2001, p.938.

国际商事仲裁裁决效力阻断后的司法审查方法

——以《纽约公约》适用为视角

李海跃 *

摘　要　《纽约公约》意在统一承认与执行外国仲裁裁决的法律标准，但能否实现公约目的取决于法官进行司法审查时法律解释与续造之方法。国际商事仲裁裁决面临仲裁地法院和执行地法院的“双重监督”，仲裁裁决的终局效力被仲裁地法院撤销、宣告无效等司法程序阻断后，能否在他国得到承认与执行的各国实践不一。传统观点主张不应当被承认与执行，但也有实践认为仲裁裁决仍可“死灰复燃”，这是国际商事仲裁裁决领域公约适用冲突的典型问题。为缩小公约适用分歧，各国司法人员应当立足公约条款内容以及原则目标，通过司法审查方法的统一来弥补公约条款的缺憾。本文通过对《纽约公约》法律适用“四步法”，即以适用公约第 5 条第 1 款戊项为原则，适用公约第 7 条“更优权利条款”为优先，同时以适用国际礼让原则为补充，并以适用公共政策保留为例外，以提升国际商事仲裁裁决的可执行性，增强当事人对于适用公约的法律预期。

关键词　国际商事仲裁裁决　司法审查方法　终局效力　阻断　法律适用

*　李海跃，男，浙江嘉兴人，上海财经大学博士研究生、上海海事法院法官，研究方向为国际商事仲裁。

一、争议缘起：各国司法审查路径分歧

终局性是国际商事仲裁效率原则的集中体现，赋予国际商事仲裁裁决以终局效力既是仲裁庭裁判权行使的内在要求，也是仲裁制度发挥争议解决功能的重要前提，更是仲裁裁决获得国家强制力保障的基本要件。国际商事仲裁面临仲裁地法院和执行地法院的"双重监督"。[①] 面对一方在外国仲裁地法院提出上诉、申请撤销或宣告无效等仲裁裁决效力阻断程序后，另一方同时向执行地法院提出承认与执行申请，仲裁裁决是否终局？现代法学理论普遍认可法官对法的解释和续造权力，其首要任务是进行法律解释，或针对漏洞进行法律续造。[②] 这是法官行使自由裁量权的应有之义，但不同法官对法律词语的解释不同，解释的模糊性会影响司法结论的权威性，需要一套一致的、有原则的法律解释方法规则。[③] 应当如何理解与适用《纽约公约》第 5 条第 1 款规定，依何种法律方法逻辑进行审查以促进公约实施的权威与统一性，成为各方争议焦点。

（一）拒绝承认与执行裁决的传统立场

传统观点认为，仲裁地国是国际商事仲裁裁决效力的唯一赋予者，被它撤销的仲裁裁决已经"死亡"，不应该在其他国家得到承认和执行。[④] 尽管阻断仲裁裁决效力的程序和方式存在不同，一旦原仲裁裁决的终局效力被仲裁地司法审查程序阻断之后，通常该裁决会被认为无效而不能得到承认和执行。如德国法院在审查一起涉及俄罗斯联邦工商会海事委员会做所的一项裁决中的观点非常典型。该案合同约定争议提交"莫斯科仲裁委员会"，双方就仲裁庭管辖权问题产生重大争议。裁决作出之后，败诉方即向莫斯科市政法院提出撤销仲裁裁决请求，而胜诉方则向德国罗斯托克高等地区法院提出承认与执行申请。德国法院并未中止执行程序，准予了初步执行仲裁裁决的请求，但同时强调，它有义务根据可使用的外国

---

① 参见［荷兰］范登伯格：《仲裁裁决撤销制度应被废除吗？》，傅攀峰译，载《北京仲裁》第 103 辑，法律出版社 2018 年版，第 8 页。

② 参见［德］卡尔·拉伦茨：《法学方法论》，陈爱娥译，商务印书馆 2016 年版，第 243 页。

③ 参见［美］弗兰克·伊斯特布鲁克：《法律解释与司法权力》，邱小航译，载陈金钊、谢晖主编：《法律方法》第 39 卷，研究出版社 2022 年版，第 3-12 页。

④ See Gary H. Sampliner, "Enforcement of Nullified Foreign Arbitral Awards", Vol.14 Journal of International Arbitration, p.146 (1997).

（如俄罗斯）程序法依职权审查裁决的约束力性质，如果外国主管机关决定撤销，则所涉裁决不再具有约束力。因此，在莫斯科市政法院撤销决定公布之后，德国法院又作出了拒绝承认和执行的判决。但由于俄罗斯最高法院反对撤销决定，德国联邦法院根据新的事实，撤销了地区法院的判决，恢复了仲裁裁决的效力，并予以承认和执行，强调“如果裁决还没有生效或被裁决作出国撤销，执行国必须拒绝承认该裁决”。①

当国际商事仲裁裁决被外国法院撤销、宣告无效后，执行地国拒绝承认与执行该仲裁裁决的方法路径和理由依据主要有两种：

第一，依据《纽约公约》第5条第1款戊项进行审查。《纽约公约》第5条第1款戊项在终结《日内瓦公约》“双重审查”机制后，仍然将裁决不具有终局效力作为拒绝承认和执行的实质理由，并进一步罗列“被撤销或被停止”的具体情形。因此，在裁决终局效力被裁决地法院司法程序阻断的情况下，可以构成《纽约公约》项下拒绝承认和执行的正当理由，也是该种情形下最重要的理由，几乎所有依据《纽约公约》拒绝承认和执行的案件中，都援引了该条规定。

第二，依据国际礼让原则进行审查。从各国司法判例看，在拒绝承认和执行被仲裁地法院阻断效力的国际商事仲裁裁决的理由方面，除了援引《纽约公约》第5条第1款戊项作为依据外，国际礼让是另一个重要理由。由于阻断仲裁裁决效力的并非仲裁程序，而是外国司法诉讼程序，不再属于当事人意思自治范畴，而代表了仲裁地的国家意志。如在Getma International v.Republic of Guinea案中，法国公司与几内亚共和国因履行特许经营协议产生纠纷，仲裁机构作出的裁决被非洲司法和仲裁共同法院（CCJA）撤销，美国哥伦比亚特区法院认为，CCJA是《纽约公约》所指有管辖权的“主管机构”，基于国际礼让原则，除了违背基本道德和正义理念的例外情形，法院通常不会对主管机构的撤销裁决行为进行二次审查。例外情形非常罕见，而且证明要求高，本案申请人未能达到这一证明要求。②

（二）支持承认与执行裁决的司法立场

基于对国际商事仲裁的理念认识和具体案件中的特殊情形考量，在个别国家

① 参见张美红：《国际商事仲裁程序“非国内化”研究》，上海人民出版社2014年版，第176-178页。

② See Getma Int'l v. Republic of Guinea, 862 F.3rd 45（2017）.

和部分法院实践中存在承认与执行被外国司法程序阻断效力的仲裁裁决情形。从支持承认与执行的依据角度，主要分为三类：

第一类，国内法具有“更优权利”。“更优权利”条款来源于《纽约公约》第7条第1款，存在比《纽约公约》更有利于仲裁裁决承认和执行规则的，允许成员国优先适用该规则。法国法院认为本国法律并没有将“裁决已被撤销”等作为不予承认国际仲裁裁决的理由，因此可以得到承认和执行，法国是依据该款承认和执行被阻断效力仲裁裁决最多的国家。如在Pabalk v. Norsolor案中，该案仲裁裁决由ICC在奥地利维也纳作出，后被维也纳上诉法院撤销部分仲裁裁决。法国最高法院根据《纽约公约》第7条，成员国有权根据本国更优法律执行外国仲裁裁决，如果法国法律允许执行某项外国仲裁裁决，那法国法院就不可以拒绝，因此决定执行ICC裁决。[①]

第二类，国际条约具有“更优权利”。《纽约公约》第7条在解决法律适用冲突方面确立了“更优权利”原则，即《纽约公约》与其他双边或多边条约是“兼容”的，相互之间不存在绝对的效力层级，只要更加有利于裁决的承认和执行，该规则就有适用的优先性。《公约》第9条第1款规定，裁决被撤销且撤销理由符合公约规定的四种情形之一的[②]，才构成另一缔约国拒绝承认和执行裁决的理由。这个观点在欧洲国家的实践中，得到了广泛的支持。

第三类，外国裁判违反本国公共政策。基于国际礼让，国际社会倾向于尊重对方司法主权，但本国公共利益仍是被优先考虑的因素。不少观点指出，执行地法院和仲裁地法院都控制着仲裁裁决的效力，《纽约公约》赋予成员国自由裁量权并不意味着法院在任何情况下都可以行使权力，只有仲裁地国撤销仲裁裁决的事由不被执行地国法律认可或者违反本国公共政策时，才会出现承认与执行被撤销仲裁裁决的情况。[③]如果认为仲裁地法院阻断仲裁裁决效力的判决违反本国公共政策，执行地法院会拒绝确认该外国判决在本国发生法律效力，原仲裁裁决被视作没有被撤销因而继续具有终局效力，从而得到承认与执行。

---

① 参见张美红：《国际商事仲裁程序“非国内化”研究》，上海人民出版社2014年版，第154页。

② 四种情形包括：（一）当事人无行为能力或仲裁协议无效；（二）当事人没有得到仲裁员任命或仲裁程序的正式通知；（三）裁决内容超出仲裁协议范围；（四）仲裁庭组成或仲裁程序不符合约定。

③ Clifford J. Hendel and María Antonia Pérez Nogales, “Enforcement of Annulled Awards: Differences Between Jurisdictions and Recent Interpretations”, in Katia Fach Gomez and Ana M. Lopez-Rodriguez (eds.), “60 Years of the New York Convention: Key Issues and Future Challenges”, Kluwer Law International, 2019, p.187-204.

《纽约公约》无须国内立法转化即可直接适用,公约第5条列举的拒绝承认和执行仲裁裁决理由,是缔约国法院进行仲裁司法审查的直接依据。依司法权运行规律,再完备的成文立法也难以涵盖全部实践,在不同法律背景和体系中,法官对同一条款进行不同解读的情况依然会存在。依靠科学的法律方法,法官能够在法律适用过程中用理性论证的方式解决事实与法律不规范不对称的难题。[①]因此,通过相对一致的法律适用方法和逻辑推理演绎,在法官群体中逐渐对公约理解与适用达成共识,是更为务实的分歧解决途径。比如,联合国贸法会秘书处对公约适用指南的编纂工作,以及ICCA(国际商事仲裁理事会)所创办的案例适用机制和出版法官手册等,在促进公约解释和适用统一方面取得了卓越成就。该种路径仍然值得进一步细化发展。针对被阻断效力仲裁裁决的承认和执行争议,各国对于仲裁制度和价值理念尚无法统一,笔者认为应当优先在司法审查方法上寻求一致,可以通过法律适用"四步法",即依照原则性、优先性、补充性和排他性的法律适用顺序,增强当事人对公约法律适用结果的可预见性。

二、步骤一:《纽约公约》第5条第1款戊项适用的原则性

文义解释是最基本的法律解释方法,从语义的角度,法治围绕着法律用于的理解展开,文义解释方法具有使用优先性。[②]《纽约公约》适用亦是如此。

(一)第5条第1款的性质之争

条约是国际公认的法律渊源,《国际法院规约》第38条明确应当在裁判时援引。《纽约公约》作为国际商事仲裁领域最重要的"造法"条约,为缔约方行为创设了一般法律规范,并产生拘束力。在围绕是否承认和执行被阻断效力的仲裁裁决这个问题上,《纽约公约》有没有要求缔约国法院拒绝执行的强制义务,核心就是公约第5条第1款的性质,主要争议集中在公约第1款首句中的措辞,即"裁决仅在……,才可以拒绝承认和执行……"(recognition and enforcement of the award may be refused...),此处英文版使用了"may",中文版用了"可以",俄文、西班牙文也用了类似表述。对比《日内瓦公约》第2条规定,"法院应予拒绝承

① 参见郑永流:《法律方法阶梯》,北京大学出版社2020年版,第14-15页。

② 参见陈金钊:《文意解释:法律方法的优先选择》,载《文史哲》2005年第6期,第144-150页。

认和执行……”(recognition enforcement of the award shall be refused…),《纽约公约》的措辞变化引发了“可以”还是“必须”之争,即该款规定是授权性的还是强制性的。

支持授权性规定的观点,如Paulsson教授主张,《纽约公约》使用“may”而非“shall”“must”等词,表明赋予执行地法院以自由裁量权,属于授权性规定,法院在遇有所列情形时,可以自由裁量是否拒绝承认和执行仲裁裁决,以最大限度促进国际仲裁裁决的承认和执行。① 有观点进一步解释称,该条的强制性体现在缔约国不可以增加拒绝承认和执行的理由,而对于存在这些拒绝理由的仲裁裁决,公约并不强迫缔约国必须拒绝承认和执行,法院可以自由裁量。② 肖永平教授从语义角度称,“may”作为英语中的情态动词,一般理解为“可以”,主张相比《纽约公约》大部分条款(第1、2、3、4、7条)都使用“shall”,只有第5条用“may”,考虑到公约制定的重要性和严肃性,不应理解为疏漏,应解释为授权性规定。③

支持强制性规定的观点主要基于两个理由。第一,文义解释牵强附会。公约目前采用的文本是荷兰代表团提出的“荷兰提案”,④ 该提案由荷兰仲裁专家Sanders教授参与起草。据Sanders教授解释称,公约起草过程一直使用“shall”,最终草案使用“may”是文本校对疏忽导致,实际上就是指“shall”,这个从法文版措辞可以看出(《纽约公约》法文版用了“seront”的表述,译为“必须”),没有给法官自由裁量权留下余地。⑤ 著名国际仲裁专家范登伯格也指出,《纽约公约》的准备文件并没有提及为何选择“may”或者围绕两者进行讨论,显然不是立法者可以选择的结果。他也赞成“may”应做“shall”理解,只要当事人证明存在公约列举的五种情形之一的,对于是否承认和执行仲裁裁决,法院不存在自由裁量权。⑥ 第二,

---

① See J. Paulsson, “May or Must under the New York Convention: An Exercise in Syntax and Linguistics”, Vol.14 Arbitration International, p.229(1998).

② See GOODE, ROY, “The Role of Lex Loci Arbitri in International Commercial Arbitration”, Vol.17 Arbitration International, p.22(2001).

③ 参见肖永平、廖卓炜:《已撤销仲裁裁决在美国的承认与执行》,载《经贸法律评论》2019年第2期,第49-59页。

④ See U.N.Doc. E/CONF.26/L.17.

⑤ See Jacques Werner, “Where Do You Come from, Arbitration?-Some Reflections on Quo Vadis Arbitration? -Sixty Years of Arbitration Practice”, in Pieter Sanders, Vol.4 Journal of International Arbitration, p.185-188(1999).

⑥ See A. J. van den Berg, Enforcement of Arbitral Awards Annulled in Russia, Journal of International Arbitration, Vol.27, p.186(2010).

与《纽约公约》第7条“更优权利条款”相呼应。根据“更优权利条款”,执行地法院本来就有权给予比《纽约公约》更加优惠的承认与执行仲裁裁决的条件,如果将第5条第1款解释为授权性规定,执行地法院就已经获得了自由裁量权,那么第7条就没有存在的必要。①

法官对于仲裁案件的司法审查过程,是对法律(包括国际公约)和先例的阐释与运用过程。无论是普通法还是大陆法,自由裁量权的行使都是司法行为的核心。法院拥有自由裁量权并不代表对仲裁制度持积极或消极态度,关键在于秉持怎样的理念、逻辑和方法对仲裁裁决进行司法审查。同一公约语境下,类似案件情形在不同国家或不同司法机关出现不同的处理结果,也是法官在行使自由裁量权过程中对条文理解不一致所致。因此,笔者认为,在《纽约公约》第5条第1款项下,讨论法官是否具有自由裁量权这个问题本身就不能成立。无论该款用“may”还是“must”,都无法否定法官的自由裁量权。从公约解释角度,法律解释正当性基础的首要标准就是文义解释。立法者制定法律之后向社会公布,给社会公众以稳定预期,司法机关只有遵从立法语言对条文进行解释,才不至破坏法治的稳定性,在成文法语境下尤为重要。如果法律解释不遵循逻辑规则,就如学者所言属于“带伤的思维”。② 笔者认为,对于《纽约公约》第5条第1款,就文义而言,英文中的“may”一般情况下解释为“可以”,而非强制性的必须作为。无论是立法过程中有意权衡还是无心之失,将该款解释为授权性规定,确实更加符合公共的惯常理解。但需要注意的是,“may”在不同语境下,尤其主体涉及公职人员职责时,有时也可以作“must”或“shall”的理解。③ 法院作为一个公权机关,依所列5项进行司法审查是其职责,从这个角度将其理解为强制性规定,也有一定的道理。但如前所述,法官自由裁量权不会因为条文措辞而被否决,围绕“may”的文义解释就显得不那么重要了。从司法实践的案例阐述看,即便将其解释为授权性规定的法院,自由裁量权仅是论证的逻辑起点,而不是否定外国法院司法审查结果并予以承认和执行的直接依据。

① 参见中国国际仲裁30人编:《1958年〈承认与执行外国仲裁裁决公约〉(〈纽约公约〉)理论与适用》,法律出版社2020年版,第186页。

② 参见陈金钊:《带伤的思考及法律方法矫正》,载《探索与争鸣》2020年第8期,第45-50页。

③ 参见薛波主编:《元照英美法词典》,法律出版社2003年版,第902页。

(二)第5条第1款戊项的适用分析

关于第5条1款戊项是否适用仲裁裁决终局效力阻断问题，根据统计，在拒绝承认和执行仲裁裁决理由中该项抗辩占10%，在这些抗辩中有34%的案件支持了被告的抗辩，大部分法院会选择继续承认和执行程序。[①] 法院在审查案件适用条款时有权行使自由裁量权，既包括适用或不适用某个条款的权利，也包括如何适用某个条款的权利。但自由裁量权所体现的灵活性也应当以法律的稳定性为基础。公约所列明的理由，既是对缔约国法院拒绝承认与执行仲裁裁决司法权力的限制，也是对仲裁法律关系中的相关主体明确行为规范和法律后果，特别是要给仲裁当事人以明确的规则预期。仲裁裁决胜诉方的预期是，除非出现公约第5条所列情形，否则其要求执行胜诉权益的主张就可以得到国内法院的支持；同样，对于仲裁裁决败诉方的预期是，一旦出现公约第5条情形，其拒绝承认和执行仲裁裁决的抗辩主张就应当得到支持。这种规则预期是针对双方的，而非单纯针对胜诉方。法院则有义务保护当事人的司法期待，也有责任维护公约规则解释适用的可预见性。《纽约公约》第5条第1款戊项规定两种情形可以拒绝承认和执行仲裁裁决的理由：一是仲裁裁决不具有拘束力；二是仲裁裁决被撤销或停止执行。就内容措辞而言，是比较清晰的，与其他四项拒绝承认和执行理由相比并无明显含糊之处。因此，针对被阻断效力的国际商事仲裁裁决，如没有特殊情况，《纽约公约》第5条第1款戊项应当原则上予以适用，作为拒绝承认和执行仲裁裁决的直接依据。这是确保公约最大限度发挥其维护仲裁制度稳定运转的基础。

法院在适用公约本款拒绝承认和执行被阻断效力的仲裁裁决时，有三个具体问题需要注意：

一是“主管机关”的判断。公约采用“主管机关”(a competent authority)的表述，实践中通常认为法院作为司法机关享有当然的裁决审查权力，无须特别进行证明。但在极个别情况下，如果可以证明某个政府特别机构可以依当地法律行使

---

① See Crina Baltag, “Article V(1)(e) of the New York Convention: To Enforce or Not to Enforce Set Aside Arbitral Awards?”, Journal of International Arbitration, Vol.39, 2022, p.398.

此类权力的,可以得到执行地法院的认可。[①]

二是管辖地的确定。公约措辞为“裁决地所在国或裁决所依据法律之国家”,“裁决所在地国”即为仲裁地国,“裁决所依据法律之国家”即仲裁程序准据法所指向的国家,在没有特别约定的情况下,仲裁程序准据法即为仲裁地法。所以,通常两者指向的对仲裁裁决效力审查有管辖权的都是仲裁地法院。如果裁决被不具有管辖权的法院撤销,不会产生阻断终局效力的效果。如在 Karaha v. Perusahaan 案中,双方约定仲裁地为瑞士日内瓦。裁决作出后,败诉方向瑞士法院申请撤销裁决但未被受理,又向马来西亚法院提出申请并获得支持。在申请承认和执行程序中,美国联邦第五巡回上诉法院认为仲裁地是瑞士,马来西亚法院对撤销申请没有管辖权,因此认为该案不符合公约本条戊项,最终承认和执行了该仲裁裁决。[②]

三是时间节点的判断。本款适用于仲裁裁决“已经”被撤销的情形,如果撤销仲裁裁决的程序还在进行中则应适用公约第6条进行判断。但实践中,在司法效力阻断裁决出具后但仍存在其他救济程序的情况下,裁决能否被认定“已经撤销”存在争议。笔者认为不应当穷尽裁决地法院所有司法程序,只要拒绝执行一方当事人能够证明裁决已经被有管辖权的法院撤销或宣告无效等,无论是否还有上诉程序救济,就可以被认定为“已经撤销”。如果上诉程序将初审结果推翻,则可以通过执行回转程序进行救济。从实践来看,被上诉法院推翻裁决结果的概率非常低,等待国内法院上诉过程将严重影响裁决执行程序效率,等待所耗费法院和当事人的利益远大于等待所得到的最终受益。如前述德国法院审查的俄罗斯仲裁裁决案件中,在莫斯科市政法院撤销该裁决之后,即依据公约本款规定拒绝承认和执行,而没有等待上诉法院的裁决结果。直到上诉法院最终结果出具之后,再行改变了承认与执行决定。

三、步骤二:《纽约公约》“更优权利条款”适用的优先性

为了构建“找法”的统一路径,立法者设计多种法律发现规则要求法官在司

① 参见中国国际仲裁30人编:《1958年〈承认与执行外国仲裁裁决公约〉(〈纽约公约〉)理论与适用》,法律出版社2020年版,第180页。

② See Karaha Bodas Co., LLC v. Perusahaan Pertambangan Minyak Dan Gas Bumi Negara, 364 F.3d 274 (5th Cir. 2004).

法过程中予以遵循，比如特别规定与一般规定不一致时，优先适用特别规定等。① 公约起草者考虑到其他国际条约或国内法在承认与执行仲裁裁决规定方面可能比公约规定更加宽松，认为应当保留当事人选择其他条约或国内法的可能性，公约可以作为承认与执行仲裁裁决的最低限度保障，以此扩大影响力和适用范围。② 在参考《日内瓦公约》的基础上，③《纽约公约》设计了第7条第1款，该条称为“更优权利条款”(More-Faverable-Right Clause)，只要满足“更宽松承认与执行”这个条件，就优先于公约一般条款。从各国实践看，无论是国内法优先适用还是其他公约优先适用，《纽约公约》第7条第1款是法院否认外国司法程序阻断仲裁裁决效力的最直接依据。

(一)第7条“更优权利条款”的基本内容

《纽约公约》第7条第1款该条分为两部分：第一部分是确认公约与其他条约在关系上具有兼容性，即《纽约公约》不影响缔约国参加其他相关条约效力。该款是公约起草时新增的内容，这部分被称作“兼容条款”(the compatibility provision)。④ 第二部分是确认公约与其他法律、条约在内容上以“更优权利”为适用原则，即利害关系人有权援引裁决地所在国的法律或条约所认可的方式，并在其许可范围内援用仲裁裁决。该部分内容基本沿用《日内瓦公约》“更优权利条款”表述。“兼容条款”和“更优权利条款”应作为一个整体去解释，体现更加有利于承认和执行的思想。第一部分是第二部分的前提和基础，公约不排斥其他条约效力，只有这样才能赋予利害关系人在更加有利的条件下援用相关条约的权利。⑤ 第二部分是解决第一部分的目的与方法，在条约之间内容相互冲突时，依据更加有利于承认和执行裁决的条件为选择适用标准，而不是通常在解决法律冲突

---

① 参见吕玉赞：《如何寻找“裁判理由”：一种系统化的操作》，载《东方法学》2020年第3期，第101-115页。

② See Marike Paulsson, “The 1958 New York Convention in Action,” Arbitration International, Vol.32, p.541-545(2016).

③ 1927年《日内瓦公约》第5条：利害关系人有权寻求援用裁决所在地国的法律或条约允许的方式，并在其许可范围内援用仲裁裁决。

④ See Travaux preparatoires, Report of the Committee on the Enforcement of International Arbitral Awards, E/AC.42/4/Rev.1, p.15.

⑤ 参见中国国际仲裁30人编：《1958年〈承认与执行外国仲裁裁决公约〉(〈纽约公约〉)理论与适用》，法律出版社2020年版，第180页。

时所采用的"后法优先于前法""特殊法优于普通法"的标准。同时,这里的"更加有利的条件"既包括实体方面更加有利的规定,也包括程序方面更加便捷的规定。应当注意的是,"更加有利的条件"是指更为宽松的承认与执行裁决标准,而不取决于主体判断。根据公约,有权援引本条的主体为"利害关系人"(interested party)。而仲裁裁决司法审查程序中的利害关系人包括申请人、被申请人,两者立场相对,利益相反,显然不能将"更加有利的条件"视为被申请人的权利,否则该条就被解释成"更加有利于"拒绝承认和执行裁决,显然与公约旨意相悖。本条规定了两个权利内容,一是享受仲裁裁决利益的权利,二是选择更有利的执行依据的权利,后者权利内容只能由前者行使,因此只有申请人才有权援引本条。①

公约第7条规定了两种"更优权利"来源:一是执行地国内法,二是执行地缔结的双边或多边条约。国内法方面,"更优权利"主要体现在申请执行裁决的程序要求、仲裁协议形式要件等方面。比如,根据《纽约公约》第4条在申请执行裁决时需要提供裁决正本(或正式副本)和译本,而部分国家的要求更加宽松,如德国只要求当事人提供裁决正本或经证明的副本即可,德国法院会优先适用国内法规定。②

(二)关于"优先性"的理解

《纽约公约》没有讨论第5条第1款戊项和第7条第1款的关系,也没有立法记录表明制定公约时曾考虑过对已被撤销的裁决可以通过第7条第1款来执行。根据官方意见,如果根据缔约国国内法或其加入的其他公约可以承认和执行此类仲裁裁决,公约也没有禁止。③笔者认为,在确保公约第5条第1款戊项原则性适用的前提下,应当认可第7条第1款适用的优先性。从本款的立法意图不难看出,公约实际设计了两种承认与执行仲裁裁决的法律体系,一种是公约体系,另一种是非公约体系,一旦非公约体系比公约体系更加有利于承认和执行的,优先适用非公约体系也是缔约国的基本义务。

---

① 参见黄亚英、李薇薇:《论1958年〈纽约公约〉中的更优惠权利条款》,载《法学杂志》2002年第2期,第9-11页。

② 参见联合国贸易法委员会秘书处:《关于〈承认及执行外国仲裁裁决公约〉(1958年,纽约)的指南》,第300-301页。

③ 参见联合国国际贸易法委员会:《贸易法委员会秘书处关于〈承认和执行外国仲裁裁决公约〉(1958年,纽约)的指南》,第302页。

《纽约公约》、国内法和其他公约可能在某个具体方面具有“更加有利与承认和执行”的比较优势，存在部分“有利条款”和部分“不利条款”混合内容，较难从整体上作出更加有利或者不利的判断。在有利和不利条款共存的情况下，能否将国内法或其他公约更加优惠的规定和《纽约公约》的其他条款混合选择适用？这种将各个法律制度中最有利的法律规定进行混合适用的方式被称为“摘樱桃”式选择（cherry picking），是否允许该种选择，《纽约公约》第 7 条并没有明确规定，在司法实践中是一个极富争议的难题。如在 Chromalloy 案中，美国法院既依据《纽约公约》条款，又选择《美国联邦仲裁法》中更加有利于执行的部分要素内容，将其作为混合依据，最终承认和执行了仲裁裁决。

笔者不同意“摘樱桃”式选择，将《纽约公约》与国内法或其他公约混合适用。第一，从制度层面，《纽约公约》为国际商事仲裁裁决的承认和执行提供了两种制度依据。公约自身的一套完整承认与执行制度，主要包括第 3 条至第 6 条，这些条文相互之间具有内在逻辑关联而形成一个整体，并进而发挥作用。第 7 条则是另一套制度依据，指向国内法或其他国际公约。公约通过本条是协调两种制度关系，而非打破制度之间的界限，破坏公约的内在逻辑结构。“摘樱桃”式选择的后果会造成法律适用条款“拼凑”，经过重新排列组合之后法院创造出的第三套“制度”。第二，从目的角度，《纽约公约》的目的就是在世界范围内形成一套相对统一的仲裁裁决执行制度，为当事人提供成熟稳定、可预测和透明的法律环境，但“摘樱桃”式选择违反法律确定性的基本原则。即便公约意在促进仲裁裁决的承认和执行，但也不允许偏离特定法律制度，“菜单式”自由混合不同法律内容违背公约目标。美国司法实践存在混合适用情形，导致司法裁判容易受价值判断等主观因素影响，在适用公约“外衣”的背后实质上仍是互惠等司法主权因素考量，造成规则的不可预见性。第三，根据起草背景，早在制定《日内瓦公约》“更优权利条款”时，工作组就指出：“当事人不能随意将《日内瓦公约》的条款与其他公约或国内法的规定结合适用，而只能整体性地利用某一制度。”主流观点认为，根据本条进行“摘樱桃”式的选择是被公约禁止的，当事人或法院不得在同一案件中将最有利的条款进行拼凑适用。[①] 但需要注意的是，不能选择性适用不等于排除混合

① 参见中国国际仲裁 30 人编：《1958 年〈承认与执行外国仲裁裁决公约〉（〈纽约公约〉）理论与适用》，法律出版社 2020 年版，第 258 页。

适用。国内法、国际公约等作为法律渊源,法院在选择法律适用时需要依据特定的原则和方法作为一个整体进行考量。

(三)法院援用本条的方法

在适用"更优权利条款"时,法院应否依职权适用,也是一个重要问题。一种观点认为,在当事人没有主动请求援引时,法院不能主动援引其他法律作为裁判依据。支持该种观点的另一个理由是根据正当程序原则,请求人应当明确所依据的法律,并给予对方辩论权。如瑞士最高法院在苏丹石油种子公司案中主张,当事人虽然有权援引比《纽约公约》更加宽松自由的条件作为执行依据,但法院不能代替当事人作出援引法律依据的决定。① 另一种观点则认为,法院可以主动适用本条规定,不依赖当事人主张。如德国法兰克福上诉法院在苏联多瑙河蒸汽航行公司案中认为,法院应当依职权审查所有的法律依据,以选择对执行裁决更有利的法律。②

笔者倾向于后一种观点,首先,选择法律属于法院职权范围,法院作为居中裁判者有义务选择最恰当的法律作出裁判。选择何种法律作为承认和执行仲裁裁决的依据,是仲裁司法审查程序的基础,司法裁判的逻辑起点不应当依赖当事人确定。如果法律适用选择错误,司法裁判将面临发回改判、再审等纠错程序,也证明了法院负有选择法律的义务。其次,无论是国内仲裁还是国际仲裁的审查程序,作为要求承认和执行一方当事人,只负责提供仲裁裁决书等事实依据,法律依据方面通常会泛指,无法明确其主张的具体条款。只有被申请人一方抗辩时,才会提出其拒绝承认和执行的事实及法律条款。最后,从实践来看,该种观点得到更加广泛地支持。联合国贸法会在适用公约指南中明确指出,法院适用更加宽松的承认和执行标准不违背公约可以自行援引,利害关系人不必明确该执行依据。③ 但反对观点有其合理性,法院在依职权适用"更优权利条款"时,不能违反正当程序原则。一方面,司法审查上应当基于请求基础,法院不得擅自变更当事人业已明

---

① See Sudan Oil Seeds Co. Ltd. (U.K.) v. Tracomin S.A. (Switz.), Federal Supreme Court, Switzerland, 5 November 1985, Arrets du Tribunal Federal (1985) 111 Ib 253.

② See Soviet Danube Steam Navigation Company v. Travel Agency. 转引自中国国际仲裁30人编:《1958年〈承认与执行外国仲裁裁决公约〉(〈纽约公约〉)理论与适用》,法律出版社2020年版,第256页。

③ 参见联合国国际贸易法委员会:《贸易法委员会秘书处关于〈承认和执行外国仲裁裁决公约〉(1958年,纽约)的指南》,第291页。

确的法律和事实依据，如果存在模糊之处，可行使释明权要求申请人进一步明确；另一方面，在审查过程中需要注意对被申请人抗辩权利的保护，避免在被申请人未提出有效抗辩主张的情况下进行裁判“突袭”。

四、国际礼让原则与公共政策保留的适用

法律被更多地视作开放的、未终了的、有待具体化的规范总谱，应用法律不仅是一个将事实与规范对接的法律推论活动，它还是一个续造既有法律或发现新法律的过程。① 在这个过程中，法律原则无疑是扮演着司法活动“压舱石”的作用。国家主权原则是国际法最基本的原则，“平等者之间无管辖”，一国作出司法裁决的效力不在他国发生法律效力。在承认与执行外国仲裁裁决方面，国际礼让与公共政策保留是被广泛接受的法律原则，而且两者往往需要综合运用。如在美国，法院通常会遵循国际礼让原则，但如果撤销仲裁程序被认为是不公平和不公正的，该种撤销行为会被认为违反国内公共政策。②

（一）步骤三：国际礼让原则的补充适用

在承认与执行外国判决方面，理论层面存在“礼让说”“债务说”“既得权说”“互惠说”等不同学说。由于仲裁裁决的司法阻断程序针对仲裁裁决，不直接确定当事人之间的金钱给付关系，无论是“债务说”还是“既得权说”，并不具备适用条件。而“互惠说”的门槛过高，存在较大缺陷，已被不少国家抛弃。③ 相比承认与执行外国判决，国际商事仲裁领域更加开放包容，笔者认为，在是否认可被阻断效力的仲裁裁决的问题上，运用“礼让说”对《纽约公约》进行补充最为恰当。

“礼让”思想早在罗马法时期就被提及，而国际礼让（the Comity Doctrine）作为一种学说源于17世纪荷兰法学家胡伯为解决法律冲突而提出的三个法律原则，即“胡伯三原则”，其核心在于确认法律效力具有地域限制，但国内法院通过礼让可以适用外国法律。该原则最早用以解决法律选择，后来逐渐适用于承认与

---

① 参见郑永流：《欧陆法律方法的方向性进程》，载《清华法学》2018年第2期，第95–107页。

② See Maria Slobodchikova, Enforcement of Annulled Arbitral Awards in the United States: Discretion to Confirm an Arbitral Award Constrain by Principles of Comity, Carlos González–Bueno, *40 under 40 International Arbitration*, Dykinson, S.L., 2018, p.478.

③ 参见朱伟东：《试论我国承认与执行外国判决的反向互惠制度的构建》，载《河北法学》2017年第4期，第19–25页。

执行外国判决领域，并在司法实践中占据着重要地位，其内涵也在不断丰富发展之中。[①] 在坚持本国司法主权的前提下一定程度上尊重外国司法判决效力，始终是国际礼让原则的核心。如果不顾仲裁裁决已被外国法院撤销的事实予以承认和执行，有观点认为，是对外国判决的明显不尊重，甚至会被视为是政治冒犯。[②] 该种观点尽管过于夸大不予承认司法裁决的政治影响，但在不减损本国公共利益的情况下，国际礼让原则在承认与执行国际商事仲裁中得到广泛支持。

笔者认为，对于外国法院阻断仲裁裁决终局效力的司法决定，运用国际礼让原则进行司法裁判需要满足三个条件。第一，外国法院对仲裁裁决效力审查具有管辖权。关于法院管辖权的确定依据方面，可以参照《纽约公约》第5条第1款戊项中"裁决地所在国或裁决所依据法律之国家"进行判断。简言之，仲裁地法院或者仲裁准据法所确定的法院才对仲裁裁决效力审查具有管辖权，其他法院所作出的阻断仲裁裁决效力的判决不适用于国际礼让。这属于执行地法院主动审查的范围。第二，外国司法审查符合正当程序原则。正当程序的核心在于裁决当事人的知情权、参与权、辩论权等基本权利没有被剥夺。关于是否符合正当程序原则的判断，不可避免地需要依据执行地法，但也不能要求外国法院的仲裁裁决效力审查程序完全符合本国程序法律。此项事由需要当事人主动提出抗辩并加以证明，法院不主动审查。第三，不存在本国法禁止的情形。部分国家会针对外国判决列明一些拒绝承认和执行的情形，应当作为礼让原则的例外。如在美国1962年《承认域外金钱判决统一法》就在第4条规定了拒绝承认外国判决的3种强制性情形和6项任意性情形，如果存在外国判决系通过欺诈获得、判决与另一终局性判决相冲突、外国诉讼程序与当事人争议解决协议冲突等情形，法院就可以拒绝承认和执行。这些例外在本质上属于本国公共政策范畴，比较容易得到法院的支持。

(二)步骤四：公共秩序保留的排他适用

适用国际礼让时，作为"孪生"原则——公共秩序保留，应当被同时考虑。公

---

① 参见赵学清、郭高峰：《礼让说在美国冲突法中的继受和嬗变》，载《河北法学》2014年第4期，第28-36页。

② See Alfons, Claudia, "Recognition and Enforcement of Annulled Foreign Arbitral Awards: An Analysis of the Legal Framework and its Interpretation in Case Law and Literature", Frankfurt: Peter Lang GmbH, 2012, p.115.

共秩序保留被认为是国际私法中的安全阀，被国际公约、各国立法与司法实践所认可。公共秩序保留是指外国法律、判决（仲裁裁决）与本国重大利益、基本政策、道德观念或法律原则相抵触而被排除适用或承认和执行的一种保留制度。[①]《纽约公约》第5条第2款乙项将公共政策作为拒绝承认和执行仲裁裁决的理由，而且赋予法院主动审查的权力。如果外国阻断仲裁裁决的司法判决被认为属于公共秩序保留范畴，那么该判决将无法得到执行地法院的认可。

从比较法的视角，各国对于公共秩序保留基本采用表述性的原则界定，缺乏列举性的具体规定。[②]在适用公共秩序保留时，需要注意三个问题：

一是“公共秩序”专指裁决执行地国的公共秩序，而非国际公共秩序。为了避免滥用公共秩序保留，理论界提出“国际公共秩序”的概念，[③]意在使只有违背国际公认的一些基本原则或重大利益时，才可以适用公共秩序保留。但公共秩序保留就是为了在执行外国判决或仲裁裁决时避免与本国法律原则、正义观念等形成冲突，法院代表国家行使司法主权，不可能超脱于国家立场进行司法裁判，公共政策保留的出发点与落脚点始终是本国利益。所谓“国际公共秩序”，也是从本国角度的理解界定。[④]当然，从国际礼让角度，为尊重外国判决，不能完全按照国内公共秩序进行判断，其标准应当适当宽松于国内标准。只有为了保护执行地国重大强制性政策、最基本法律原则的情况下才适用，是一种例外的情形。

二是公共秩序保留的事项以程序性为主。国际法学会（ILA）针对国际商事仲裁领域的公共政策保留问题进行了专题讨论，并在2002年新德里大会国际商事仲裁委员会上发布了最终报告，将公共政策分为程序性与实体性两类。程序性公共政策主要是存在违反正当程序原则的情形，如因欺诈获得的裁判、陈述意见的权利被剥脱、秘密裁判等。实体性公共政策主要包括违反法律基本原则、公序良俗、国家利益等情形。[⑤]由于仲裁裁决效力的司法审查程序，并不直接处理实体问题，很少会存在违反实体性公共政策的情形，而主要看当事人程序性权利是否得

① 参见肖永平：《国际法原理》，法律出版社2003年版，第127页。

② 参见金振豹：《国际私法上公共秩序保留制度之比较研究》，载《比较法研究》2004年第6期，第85-96页。

③ 瑞士法学家布鲁歇首次提出国内公共秩序法和国际公共秩序法的概念，国内公共秩序法是在法院地的内国法适用时才应予以适用，而国际公共秩序法则绝对要求在国际私法领域内适用。参见韩德培主编：《国际私法》，高等教育出版社、北京大学出版社2007年版，第142页。

④ 参见《李浩培文选》，法律出版社2000年版，第91页。

⑤ See Final ILA Report on Public Policy as a Bar to Enforcement of International Arbitral Awards (2002).

到保障以及法院审查程序是否尊重了当事人约定等。

三是公共政策保留以适用为例外。公共政策保留是一把“双刃剑”，在国际关系中发挥“安全阀”“平衡器”的同时，也存在被滥用的可能，各国都普遍对其适用持严格谨慎态度。[①] 大部分国家将公共政策的应用严格限制在违反仲裁违反正当程序方面，但也有少数实践利用公共政策例外来保护本国经济利益的情形，如土耳其就存在一些将本国经济利益优于仲裁裁决可执行性的司法判例。[②] 由于公共政策的解释过于宽泛，英国法官曾有过形象比喻，“公共政策是一匹不受控制的马，一旦骑上它，就不知它会带你到哪里”。如果存在其他事由，就不能适用公共政策保留。如我国最高人民法院在江苏中天案中就明确表示，如果裁决存在其他拒绝承认和执行事由，公共政策就不再被讨论。[③] 为确保仲裁裁决效力规则的可预见性，无论是依据公约还是国际礼让，应当以尊重外国司法审查结果为原则，以公共秩序保留为例外，且其适用范围应该受到严格限制。

五、结论

通过仲裁裁决效力阻断程序，如果仲裁裁决结果被撤销、宣告无效或被变更等后，原仲裁裁决在执行地是否具有终局效力，能否继续得到承认和执行？传统多数意见持否定态度，但也有部分意见依据“更优权利条款”和公共政策保留支持承认与执行，一定程度上导致了实践“混乱”。可以预见，在公约没有进一步明确的情况下，各国司法机关仍然会根据自己的价值判断对公约进行解释，围绕是否承认和执行终局效力被阻断的仲裁裁决的争议会继续。

司法裁判在本质上不仅是一种法律论证活动，而且是一种依法裁判的论证活动。[④] 司法者需要通过恰当的裁判方法让司法行为符合公众对于法治权威性、稳定性、可预见性的期待。应当看到，《纽约公约》第 5 条列明的拒绝承认和执行理由，既是缔约国法院的司法裁判标准，也是为了给国际商事仲裁当事人以稳定法律预

---

① 参见金振豹：《国际私法上公共秩序保留制度之比较研究》，载《比较法研究》2004 年第 6 期，第 85—96 页。

② See Kazim Sedat Sirmen, “The Public Policy Exception in Recognition and Enforcement Proceedings of Foreign Arbitral Awards: A Comparative Analysis of German, Swiss and Turkish Practice”, in Bjorn Arp (eds.), International Arbitration in Times of Economic Nationalism, Kluwer Law International, 2022, p.155—170.

③ 最高人民法院民事审判第四庭编：《涉外商事海事审判指导》（第 21 辑），人民法院出版社 2011 年版，第 122 页。

④ 参见雷磊：《法律推理基本形式的结构分析》，载《法学研究》2009 年第 4 期，第 18—39 页。

期，应当通过文义解释等方式予以遵循。如果肆意以自由裁量权为由破坏当事人预期的话，最终伤害的只能是仲裁制度本身。正如有学者指出的，对执行已撤销裁决的某些案例，认为是一种突破是正确的，但无须悲观地认为是一种末日一般的突破，大多数国家都无这样的法律实践。[①] 在《纽约公约》条款措辞相对确定的情况下，法律逻辑演绎的正确运用对于公约施行尤为重要。为了增强国际商事仲裁当事人对《纽约公约》适用的可预见性，应当依照有利于承认和执行仲裁裁决的原则，按照法律适用"四步法"，即公约第 5 条第 1 款戊项适用的原则性、"更优权利条款"适用的优先性、国际礼让原则适用的补充性和公共秩序保留适用的排他性，通过公约项下法律适用方法的统一来减少司法审查结果的冲突。

（编辑：吕玉赞）

① 参见林一飞：《仲裁裁决抗辩的法律与实务》，武汉大学出版社 2008 年版，第 198-200 页。

域外比较

比较法的新旧使命 *

［德］海因·克茨 ** 著　成峥 *** 译　刘浩波 **** 校

摘　要　比较法在当下德国的立法、法学教育和司法领域均发挥着重要价值。一方面，辅助立法，为法官续造国内法律制度提供建议，是比较法尚未充分实现的旧使命。另一方面，欧洲共同民法的发展向比较法提出了新使命：构建欧洲共同民法的学术基础。此外，法律全球化或跨国化进程扩展了比较法的研究对象，要求其关注国内法律制度之外的其他规范，并促使比较法的研究方法进行转变：借助经济学分析说明应如何设计法规，以激励其对象采取有效行为，经济节约地利用稀缺资源。比较法的功能方法离不开社会学的事实知识。比较法不应局限于比较法律制度，还应对法律文化进行比较。

关键词　比较法　欧洲共同民法　法规的经济学分析　法社会学　法律文化比较

本文的主题是现代比较法的使命，特别关注比较法能为构建欧洲共同民法基础做出何种贡献，并探讨了对比较法的方法的批评，以及法律全球化和跨国化进

*　基金项目：本译文系甘肃省哲学社会科学规划项目“地方财政资助科技成果就地转化的法治促进机制研究”（2021QN016）阶段性研究成果。

**　海因·克茨（Prof. Dr. Dr. h.c. Hein D. Kötz, M.C.L., F.B.A.），德国汉堡大学法学院荣休教授，主要研究领域为民法、比较私法、国际私法。本文原载 *Juristenzeitung* 2002，257-264. 中文摘要和关键词为译者所加。

***　成峥，女，德国帕绍大学民商法方向博士研究生，兰州理工大学法学院讲师，研究方向为民法。

****　刘浩波，男，德国帕绍大学法律史方向博士研究生，研究方向为法律史与法律思想。

程对其产生的影响。[1]

一、当今的比较法

许多人可能会问,是否真的应该认真思索比较法的“新使命”?近年来,难道我们在比较法领域并未取得长足进步吗?理查德·布克斯鲍姆(Richard Buxbaum)曾断言:“本世纪的欧洲正处在前所未有的比较法盛世。”[2]这难道不是真的吗?如今,所有重大立法方案不都伴随着或多或少的比较法研究吗?身为比较法学者,我们不是早就拥有优秀的方法论工具吗?比较法方法不是越来越被公法[3]乃至刑法[4]认可吗?那些以学术为目的、从事比较法研究的人,他们的学术声望难道没有提高吗?过去,人们有时会觉得,比较法学者在大多数同行眼里就是高雅的江湖骗子。在20多年前,茨威格特(Zweigert)还坚信:“绝大多数德国法律人认为,比较法是少数专家的深奥噱头,只对个别边缘学术问题有用。”[5]与之类似,玛丽·安·格伦顿(Mary Ann Glendon)描述了美国的比较法状况。她写道:“美国律师们总认为,对外国法律体系的兴趣就像品尝陈年佳酿——对它们有一定的熟悉是高品位和精致的标志,但专注于此很容易被视为浪费、奢侈或更糟糕。”[6]不过我认为,最起码在德国,近年来这种情况已有所改变。例如,联邦政府的债法现代化法律草案屡遭反对,理由是该草案在比较法方面未经充分准备和保障。我坚信,这种反对意见完全错误。但它至少表明,如今在公开讨论德国民法核心问题时,人们也认真探讨了比较法观点。

当然,有光之处必有阴影。因此,我只想顺带简述两点。在这两点当中,当今比较法还远远未具有我坚信它应有的重要性。

---

① 本文系2001年9月19日于汉堡举行的德国比较法学会第28届年会的开幕贺词。

② R. Buxbaum, Die Rechtsvergleichung zwischen nationalem Staat und internationaler Wirtschaft, RabelsZ 60(1996)201.

③ See C. Starck, Rechtsvergleichung im Öffentlichen Recht, JZ 1997, 1021.

④ See K. Kühl, Europäisierung der Strafrechtswissenschaft, Zeitschrift für die gesamte Strafrechtswissenschaft 109(1997)777.

⑤ K. Zweigert/H.-J. Puttfarken, Einleitung, in: dies.(Hrsg.), Rechtsvergleichung(1978)1.

⑥ M. A. Glendon, A beau mentir qui vient de loin: The 1988 Canadian Abortion Decision in Comparative Perspective, Nw. U. L. Rev. 83(1989)569, 570.

(一)教育

第一点是德国法学教育。最近几十年,德国法学教育因其地方主义(Provinzialismus)而一直备受诟病。我相信,我的观点不会有人反对:德国法学教育中的激励措施太少,在当今条件下,无法让学院和学生在教育和考试中给予外国法、比较法和国际法课程应有的重视。如果这是诊断书,那么对于治疗方法,人们会逐渐达成共识。我坚信,唯一的治疗方法是,最终在德国法学教育中打破妨碍该领域一切有力举措的诅咒:它就是德国国家法律考试制度。我们的这一制度不仅在欧洲,而且除了日本和韩国,在全世界都是独一无二。今天的法学专业学生参加比较法、外国法和国际法课程,努力学习外语和法律外语,甚至在国外学习一到两个学期的法律。从他们在就业市场机会的角度来看,他们的做法非常明智;但从他们考试成绩的角度来看,他们的做法完全不理性。幸运的是,近年来,我们可以发现,法学专业学生仿佛绕过司法部部长及其教育制度,越来越努力地接受国际化教育;伊拉斯谟/苏格拉底计划(ERASMUS/SOCRATES-Program)和欧洲法律学生协会(ELSA)为此做出巨大贡献。但它恰恰说明,与其他地方一样,这里的市场力量正在逐渐削弱国家规范。我们需要的是真正的解放,亦即大学毕业考试最终取代国家考试,因此,各学院可自由制定国际化、以欧洲为重心的教学计划,以便使自己脱颖而出,并在相互竞争中争夺最优秀的学生。

(二)司法

我的第二个题外话是比较法对法官造法的意义问题。①50年前,在图宾根大学的就职演讲中,茨威格特提出,比较法作为一种"普遍的解释方法",不仅应在立法者起草法律时发挥重要作用,而且在法官解释法律和填补法律漏洞时也应发挥重要作用。② 总之,现在的共识是:如果需要解释的规范可追溯到旨在统一实体法或法律冲突的国际公约,如果需要解释的规范是由欧盟指令转化而来,用比较思维考虑外国法律制度就一定是法官的必修课。显然,在此情况下,法官必须解释

① See H. Kötz, Der Bundesgerichtshof und die Rechtsvergleichung, in: 50 Jahre Bundesgerichtshof, Festgabe aus der Wissenschaft (2000) 825.

② See K. Zweigert, Rechtsvergleichung als universale Interpretationsmethode, RabelsZ 15 (1949/50) 5.

有问题的规范，并填补其漏洞，为的是不损害规范所要实现的法律一体化；而且也意味着，他还必须考虑相关的外国判例法和学说。事实上，我们可举出几个判决例子。在这些判决中，德国联邦法院成功修完这门必修课。然而，在"自选方案"中，不仅不会印象深刻，甚至令人失望。因为在这里，颁布需要解释的规范，不是以法律一体化为目的，也不是明显想要融入国际背景。不过，在这方面，对于扩展法官视野，比较法也能做出重要贡献，以确保全面展示所考虑问题的解决方案，完全掌握和认识其利弊，以此来提高判决的直观性和说服力。当法官确实无法将外国法律的解决方案用于自己的问题时，情况也是如此。现在这里明显存在空白。我之所以相当强调这一点，是因为可以轻易证明：在其他欧洲国家的司法判决中，比较法的论证比在我们这里发挥的作用要大得多。在一些小国家，例如瑞士与荷兰，出现这种情况不足为奇，因为当地人们从来不幻想所有问题都能从国内法角度得以解决。但即便在英国这样的国家，上议院判例中的比较法论证，近年来也凸显出令德国观察者有时都会羡慕的重要性，使那些指责英国法学家总是孤僻傲慢且是欧洲怀疑主义的谎言不攻自破。那么在 McFarlane v. Tayside Health Board 案中，[①] 医生为丈夫实施了绝育手术，但在术后检查时存在疏忽，因而有过错地向该夫妻提供了错误的建议：他们今后无须再采取避孕措施。问题在于，该父母是否可以请求该医生损害赔偿抚养一个健康孩子的费用。上议院驳回了这对父母的诉讼请求，在很大程度上依据于对包括法德在内的许多国家相关判例的认真分析。斯泰恩勋爵(Lord Steyn)以如此评论结束他对比较法的思考：

法官大人，比较法学科的目的并不是比较不同国家所采取的解决方案。比较法具有多样、不可估量的价值，它使我们更加关注竞争思维的重要性。它提醒我们，法律是受文化差异显著影响的竞争思想世界的一部分。

情况确实如此。当然，我绝不能要求德国各地法官自行努力，获取与其判决相关的比较法材料。他们没有时间这样做，往往也缺乏必要的专业知识。在上议院的另一项裁决中，戈夫勋爵(Lord Goff)对此评论如下：

尽管我非常支持比较法研究，但我还是犹豫不决，因为经验告诉我，与大陆法系进行这样的比较，无论多么简短，都是非常困难的，甚至有可能产生误导。然而，在当前案例中，多亏了杰出的比较法学家用我们的语言(德语和英语)出版的

---

① [1999] 4 All E. R. 961.

资料，我们可以直接获得这些出版物，它们应足以消除我们对德国法律的无知，从而通过比较阐明我们对本国法律的理解。①

为法律实践提供外国法律材料，或者至少促进法律实践获得外国法律材料，当然是比较法学的责任。我认为，近年来，在这一领域我们已经做了很多工作。不过，在日益增长的比较法文献中，以及在统一销售法和《关于民商事案件的管辖权及判决执行公约》(EuGVÜ)的比较法评注中，其中的宝藏还远未被充分发掘。我不仅鼓励我们的法官，而且更要鼓励我们的律师去发掘这些宝藏。因为他们显然还没有充分认识到这一事实：在许多案例中，对其当事人有利的法律观点可以建立在比较法论据的基础上。法院还应考虑，有时可以根据《德国民事诉讼法》第139条向律师指出比较法材料的可取性，以此来帮助律师。

二、欧洲共同民法的视角

在法官造法时将比较法观点纳入考虑，这当然不是比较法的新使命，而是比较法早已众所周知、至今仍未实现的旧使命。人们更有理由将比较法的使命描述为在过去20年才成为法律意识的“新”使命：我指的是逐步形成“欧洲共同民法”。

(一)共同的先理解

欧根·埃尔利希(Eugen Ehrlich)曾说：“对于法学来说，正如每一种艺术理论……只有能够推动实践行动的认知才具备价值。”② 这一点是否属实，我在此尚不确定。无论如何，比较法的实践效益最初主要体现在，它可为立法者和司法判例提供续造特定国内法律制度的建议。只要比较法这样行事，它就始终带有“国别色彩”，因为它将国内法律制度视为固定基准，并将改进这一制度视作主要目的。虽然从一开始，比较法对于国际法律一体化也具有重要意义，然而无论是筹备统一的法律或示范法，还是起草欧盟框架内的指令和条例，它都主要将自身定位为立法辅助工具。在我看来，近年来已经发生根本性变化，这已使得比较法使命得以扩展。早在1979年，赫尔穆特·科英(Helmut Coing)就已要求，“比较

① See White v. Jones [1995] W. L. R. 187, 201.

② E. Ehrlich, Zur juristischen Logik, AcP 115 (1917) 279.

法不能局限在制定一体化规范的道路上”。虽然在立法中,法律一体化必不可少,但是它必须追随着相应的学术运动。该运动的目的,是在欧洲各国法学家之间,“形成共同的先理解和共同的思想传统,该思想传统可公正对待一体化规范并确保该规范的统一适用”。[①] 两年后,在茨威格特祝寿文集的文章中,我提出创建“欧洲共同民法”的计划以供探讨,并思考将这一计划付诸实践所必经的比较法之路。[②] 这在当时也许是个好主意。但是,假如在20世纪80年代初,奥里·兰多(Ole Lando)没有提出成立欧洲合同法委员会(Commission of European Contract Law)的绝妙想法,没有通过充沛精力和组织才能将这一想法付诸实践,没有推动委员会做出印象深刻的工作成果,那么这个想法可能还只是个好想法。如今,欧洲共同民法的理念已脍炙人口。在特伦托和帕维亚,在提耳堡和维也纳,在奥斯纳布吕克、乌德勒支和汉堡,乃至在整个欧洲都成立了工作组。在比较法基础上,工作组尝试着展现在欧洲特定法律领域存在可被普遍接受的规则,以及这些规则的内容,它们在欧洲的发展是趋同抑或分离。在上次会议上,德国比较法学会(Gesellschaft für Rechtsvergleichung)也致力于“欧洲合同法”,并将于明天探讨“欧洲侵权法的基本结构”。以此方法写作的文献也开始出现。我想提及克雷斯蒂安·冯·巴尔(Christian v. Bar)的两卷本著作《欧洲比较侵权行为法》、彼得·施莱希特里姆(Peter Schlechtriem)的《欧洲的返还与不当得利返还》(Restitution und Bereicherungsausgleich in Europa)和我自己的《欧洲合同法》[第二卷即将由阿克塞尔·弗莱斯纳(Axel Flessner)出版],最后是托马斯·卡德纳(Thomas Kadner)的《欧洲共同国际私法》(Gemeineuropäisches Internationales Privatrecht)。无论如何,它不只是汇集各国的研究成果,不只是相互比较汇集的研究成果,也不只是在比较基础上续造特定国内法律制度,或者是在立法中实现法律一体化的具体方案。更确切地说,它使人们意识到,欧洲各国研究和学说存在共同主题——欧洲共同民法的基础。

(二)编纂一部欧洲民法典?

如今在许多方面,这个计划已经落伍。他们说,通过耐心的学术工作努力建

---

① Ius commune, nationale Kodifikation und internationale Abkommen, Drei historische Formen der Rechtsvereinheitlichung, in: Le nuove frontiere del diritto, Atti del Congreso di Bari I(1979)171, 192.

② See H. Kötz, Gemeineuropäisches Zivilrecht, in: Festschrift für Konrad Zweigert(1981)481.

立欧洲共同民法的基础，的确值得称赞，但是还不够。有必要立即采取具体步骤，制定一部欧洲民法典，这部民法典必须包含与经济有关的民法统一规则。事实上，欧洲议会已反复提出这一要求。现在欧盟委员会也作出反应。2001 年 7 月，欧盟委员会向欧盟理事会和欧洲议会提交《欧洲合同法的通信》(Mitteilung zum europäischen Vertragsrecht)。其中，欧盟委员会呼吁有关各方尽量就以下问题发表具体意见：各成员国不同的合同法制度并存是否损害国内市场运作？欧盟委员会还希望了解，如果问题的答案为肯定，应采取哪些举措。欧盟委员会甚至认为，颁布一个“综合法律文本”就是这样的举措，该文本不仅规范具体的合同类型，而且规范一般合同法，从而在此范围取代各国法律制度。①

1.促进内部市场?

我对委员会的询问结果并无异议。因为毋庸置疑，如果我们在欧洲有一部统一的保险合同法、一部统一的运输合同法或统一的动产担保法规则，内部市场运作就会更好更顺利。这也适用于合同法的一般规则。与保险合同法或运输合同法规则不同的是，它们在很大程度上带有任意性；因此可以说，在某一方面，当事人不需要担心不同国家法规，因为他们总是可以在合同中写入他们认为合适的内容。然而，持此观点者忽略了两点：一方面他们忽略了，在各国法律制度中，哪些是合同法中任意性规则、哪些是强制性规则，二者几乎不存在差异；另一方面，重要的是他们忽略了，在任意性法律和强制性法律之间并无明确界限，而是存在着灵活的转化，这是因为合同法的特定规则在理论上可能是任意性的，但如果在实践中当事人想通过合同排除法律规定，他们必须投入的交易成本越高，该规则就越像强制性规则。这就是为什么在许多合同中没有约定在何种前提下双方当事人中任一方可以留置他的给付、抵销对抗债权(Gegenforderung)、撤回合同、请求违约损害赔偿或援引诉讼时效。这种约定之所以没有出现，合同总是或多或少是“不完整”的，并不是因为当事人的懒惰或缺乏理解，而是因为他们权衡了在合同中约定上述各点所花费的精力和成本，以及他们希望从中获得的收益，从而得出一个绝对理性的结论：做这些约定对他们来说并不值得。出于这一原因而未发生的讨价还价购买的合同法规则，在理论上可能具有任意性。但在实践中，这些规则是强制性的，它意味着，对当事人来说这些规则恰恰取决于，不同国家的法律哪

① See ABI. EG 2001 C 255/1 vom 13. 9. 2001.

些规定对他们的合同来说是决定性的。他们将会倾向于选择自己和自己的律师更习惯和更信任的本国法律;他们将会希望实施相应的法律选择条款,如果做不到这一点,他们就会尝试约定风险溢价或完全撤回合同。因此,我有充分理由认为,统一的一般合同法将改善内部市场的运作。如果回顾一下,委员会在以往一旦决定颁布一项指令,就会漫不经心地将其归因于对内部市场的好处,委员会需要以这些好处证明其行使职权的合理性,那么人们可能存在的最后疑虑也会烟消云散。我认为,这本质上是个政治问题:如果在政治上真的希望制定一部统一的欧洲合同法,就可以不费吹灰之力找到这部法律对内部市场运作的好处;而且,在这种情况下,欧盟机构的权限也可以更加不费吹灰之力地扩大,就像1873年通过《米克尔—拉斯克法》(lex Miquel-Lasker)支持《德国民法典》那样。

2.关于基础的共识?

即使统一的欧洲合同法对内部市场有益,且在政治层面愿意去制定统一的合同法,但仍然存在一个截然不同的问题:今天的欧洲是否已经建立统一合同法(以欧盟法规的形式)对成员国具有约束力的学术基础。从目前情况来看,该问题的答案为否定。历史经验表明,欧洲过去所有的民法法典化统一方案能取得成功,唯一的前提是,在法律制度一体化之前,已经对其进行深入的学术讨论,并在讨论中就统一方案的重要基础达成共识。1804年《法国民法典》以法国统一的法律文本取代了卢瓦尔河以南地区的"成文法"(droit écrit)和法国北部地区的"习惯法"(coutumes)。它之所以能成功,是因为在18世纪的学术讨论中已经出现了"法国共同法"。为致敬时代精神,拿破仑在部分法律草案中补充一些伪革命性要点;自此之后,在短短几个月内就可以轻松将法国共同法转化为法律条文形式并立即生效。《德国民法典》也是一个法律统一方案,但众所周知,它的学术基础是全德范围内的潘德克顿科学。瑞士情况也很相似,在瑞士用《瑞士民法典》取代诸州法律的关键是,欧根·胡贝尔(Eugen Huber)不仅以其著作《瑞士私法的体系和历史》(System und Geschichte des Schweizerichen Privatrechtes)提高了对州法律共同规则的认识,而且在此基础上还亲自起草了《瑞士民法典草案》。我坚信,现在欧洲法律一体化(若其目标不仅是包价旅游法和电子签名法)取得成功的前提只有一个:在欧洲法学家之间进行统一的学术讨论并为之做准备。不只意大利、荷兰和德国的法学家,而且所有成员国的法学家,包括那些迟早将会加入欧盟的国家的法学家,都必须参与其中。毋庸置疑,在今天,这一前提尚不满足。

尽管如此，如果欧洲统一合同法的支持者聚集在蒂堡的旗帜下，而反对者聚集在萨维尼的旗帜下，互相进行宗教战争，那就大错特错了。因为即便尤尔根·巴泽多（Jürgen Basedow）经常强调应立即启动欧洲统一合同法的制定工作，但据他预估，他所建议的欧盟法规要在20～30年后才能生效。①然而，这段时间也应安抚怀疑论者，因为他们也不能排除这样的可能性，亦即在30年后，欧洲法学家之间开始对话，借此建立一体化方案所必要的学术基础。30年的时间看起来很长。然而，我认为它一定会实现。特别是，如果说大部分工作已经根据《欧洲合同法原则》完成，那还为时过早。例如，我们必须考虑到，《欧洲合同法原则》每一处都是笼统的概括条款。与《德国民法典》第242条相似，《欧洲合同法原则》的表述为，各方当事人“必须依诚信和公平交易原则而行为”，②以及如果一方当事人终止磋商“悖于诚信和公平交易原则”，则必须承担损害赔偿责任。③同样，如果合同一方当事人出现错误，对方缔约人知道或应当知道该错误，但“悖于诚信和公平交易原则”未纠正该错误，使犯有错误的一方当事人继续处于错误之中，则该当事人可以撤回合同。④在德国，或许也在大多数欧陆法律制度中，我们可以发现，在此类条款和其他一般条款中并无不同。但对许多英国法学家来说，它们作为成文法的组成部分十分奇怪，而且对有些人来说非常难以接受。为了克服我们英国同事的抵触和顾虑，仍然需要进行大量的说服工作。当然，英国合同法中也有许多零散的规则，如果仔细观察，它们以公平要求为指导。然而，这里随即就会出现一个问题：一旦包含诚信条款的欧洲合同法生效时，英国法官是否会像什么都没有发生一样，从判例法的壁龛里挑选出所有传统规则并加以适用，前提是必须明确始终应该明确的一点：这些规则与诚信条款的文义是一致的。我们的英国同事指出，他们需要比欧陆更冷静、更严格和更刚性的合同法，因为伦敦法院受理的典型案件涉及国际保险合同、运输合同或建设工程合同纠纷，而不是像欧陆通常情况那样，涉及私人之间购买二手车和房产合同，我们该对他们说什么呢？⑤毋庸置疑，如果

① See J. Basedow, Codification of Private Law in the European Union: The Making of a Hybrid, Eur. Rev. of Private Law 2001, 35.

② See Art. 1: 201(1).

③ See Art. 2: 301(2).

④ See Art. 4: 103(1)(a).

⑤ See H. Kötz, Towards a European Civil Code: The Duty of Good Faith, in: P. Cane/J. Stapleton (Hrsg.), The Law of Obligations, Essays in Celebration of John Fleming (1998) 243, 256-257.

欧洲法院不在一定范围内监管统一适用的法律，欧洲合同法所实现的法律一体化将立即再次分崩离析。但是，如今没有人能够回答这些限制的具体内容是什么，以及如果要完成这项任务，必须如何重组法院。

问题很多，并且还没有答案。尽管如此，如果欧盟委员会明天就提出开始制定统一的欧洲合同法，而非多年之后，我表示赞同。“起跑信号”不仅是要求自此开始比赛；在比赛中，一切都取决于最大加速度和最高速度。尤尔根·巴泽多说的对：“我们需要的是耐心和坚定的长远眼光。”

三、“跨国化”

当然，不只是欧洲共同民法的发展为比较法提出了新使命。今天经常称之为法律“全球化”或“跨国化”的进程，也对比较法研究方法和研究对象产生极大影响。这里主要是指跨国经济交流的巨大增长、全球通信和信息技术的发展及其实际应用的快速增长、跨国资本和服务市场的出现、跨国移民运动等。它意味着比较法研究的视野得到极大扩展，因为它不再只关注民族国家和国内法律制度，而是必须将其兴趣转向其他规范、其他规范制定者和其他规范制定过程。事实上，民族国家的行动日益被其他行为者的行动所补充和相对化，甚至经常被取代。其他行为者不只包括欧盟和其他地区经济共同体，如北美自由贸易区或南方共同市场。它们还包括世界贸易组织、国际货币基金组织和世界银行等国际组织。这些国际组织虽然根据主权民族国家间的条约而建立，但实际上主要是以自己的权利行事，追求自己设定的目标，而且往往只有在国家主权受到严重限制时，向民族国家提供充足的贷款或其他利益。它们也包括国际非政府组织，亦即所谓的NGO，如世界知识产权组织、国际海事组织、国际商会、欧洲足联、国际奥林匹克委员会等。在行为者数量增加的同时，规范、规则和惯例的多样性也在不断增加。这些规范、规则和惯例虽然不再披着民族国家法律的华丽外衣，但却对人们的行为产生主导性影响，因此日益成为比较法研究的重要对象。其中包括越来越多的国际多边和双边条约，非政府组织的建议、指南和合同范本，以及大量传播于国际间的交易条件、表格、商业惯例和标准条款。它们的作者是国际商会、国际仲裁实践、上述国际非政府组织，甚至活跃于国际舞台的律师事务所。这些律师事务所的电脑中存储各种国际重要合同类型的合同模板，并不断加以区分和完善，与之相比，这种或每种国内法律制度中的建议性任意规则显得无足轻重。事实上，甚至学术界本身也是上述意义的规范制定者之一。因为与联合国国际贸易法委员会的《国际商事合同通则》一样，学术界制定的《欧洲合同法原则》虽然只是建立一种虚拟秩序，只是基于理性的命令，而非基于国家立法，但据报道，《欧洲合同法原则》在国际仲裁实践中已初见成效。

四、比较法的方法转变？

最近，马蒂亚斯·赖曼（Mathias Reimann）批评道，传统的比较法教科书和课程完全没有受到上述发展影响。① 它们仍然以国家法律体系平等并存为基础，仍然使用大量脑力思考如何将这些国家法律体系归入特定法律圈这一过时问题，仍然高度重视对合同法或侵权法具体问题进行比较法讨论。所有这些与现代国际法律界的复杂性无关。我们还必须向学生阐明，在当今实践中，不再是此处是德国法，彼处是法国法或加拿大法，而是将这些法律嵌入具有多样来源的国际或跨国法律文本的复杂网络中。

我不得不承认，比较法教科书并未完全反映现代国际法律界的真实情形。不过，这也有一定的教学原因。当然，各国法律制度平等共存的景象过于简单化了。但它至少可让使用这些教科书的初学者去理解，法律多样性在实践中的含义，为何会有国际私法领域，为何国际合同中会包含法律选择条款。诚然，法律圈严重高估了这一学说。不过，在比较法导论课程中，让学生掌握民法和普通法的区别，可能具有积极意义，但同时也要让学生了解到，在今天这种区别的范围仍然有限。当然，至少专门从事国际并购业务的律师认为，区分因错误撤销合同与因错误和虚假陈述终止合同，是有些老套和幼稚。但我们必须牢记，在未来很长时间内，各地的法学教育仍将以特定的国内法律制度为重点，因此，重要的是给学生早早打上比较法的预防针，哪怕是通过不切实际的例子，来防止他们误以为其法律制度中的教义学内容与自然法一致。这听起来可能更像是在为自己辩护。不管怎样，如果马蒂亚斯·赖曼或其他人能够完成这一壮举，写出一部既能让初学者接受，同时又能全面展现跨国性法律现状复杂性的作品，我会非常高兴。

---

① See M. Reimann, Beyond National Systems: A Comparative Law for the International Age, Tul. L. Rev. 75(2001)1103.

(一)法规的经济学分析

人们一再从其他社会科学角度,对比较法的传统方法提出根本性批评。首先,我想谈谈经济学方法。众所周知,当今的经济学将自己视为一门决策科学。它假定我们这个世界的资源是稀缺的,即资源不足以满足个人需求,然后经济学提出这样一个问题:在资源稀缺的条件下,当个人理性地权衡彼此的收益和成本并打算增加自身优势时,他如何在可供选择的行动方案中作出选择。法律规范对行为决策也很重要,因为它们将各种可供选择的行动方案与不同的激励或惩罚措施联系起来,因而可引导行动。这就提出一个问题,即特定的法律规范是否会引导个人行为的方向,从而有助于在既定的资源稀缺条件下,最大限度地满足个人需求。

不必讳言,我坚信这种经济学指导的法规分析大大拓宽了论证范围。借助经济学分析可说明两件事:一方面可以说明,为何一项特定的法规是以这种方式而非以其他方式设计,为何在与其他设想的规则竞争时,它以这种形式而非以那种形式胜出。另一方面,经济学观点也有助于澄清这一问题,即应如何设计特定的法规,从而激励其对象采取"有效"行为。换句话说,能经济节约地利用我们这个世界的稀缺资源。

30年前,在芝加哥大学担任客座教授时,我第一次意识到,这种思路在比较法领域尤其富有成效。我很快便结识理查德·波斯纳(Richard Posner)。彼时,他正在隔壁办公室里撰写《法律的经济分析》书稿。他从早到晚伏在机械打字机上,没有秘书,没有助理,也没有"第三方资助"。就我们的研究兴趣,我们进行了几次交谈。之后有一天波斯纳来到我的办公室。他说:"你一直告诉我,尽管在概念结构上,不同的法律体系存在巨大差异,但在处理相同的实际问题时,却往往会产生相同的解决方案。对于这种现象,最好的解释不就是,所有法官都在从共同的经济学逻辑的奥秘根源中汲取灵感吗?"

(二)法社会学角色

比较法也不能忽视法社会学的知识,因为正如乌尔里希·德罗布尼希(Ulrich Drobnig)曾说,"社会学的法律事实范畴为比较法……提供了所有比较所必需的第三种比较”。[①] 事实上，现代比较法的功能方法离不开社会学的事实知识。诚然，我们必须承认，比较法学者在他们的实际工作中往往表现得像法律社会学的门外汉，他们的规范性观点建立在日常理论上，日常理论又建立在纯粹直觉和纯粹传闻证据上。至少我们必须得肯定，在许多领域至今仍然缺乏扎实的、可直接用于研究比较法研究的、来源于经验的研究。

（三）“法律文化比较”

其他批评者指责，比较法仍过于注重技术和形式上的“黑字法”。例如，劳伦斯·弗里德曼（Lawrence Friedman）认为：“在具有相似社会结构、制度和社会规范的社会中，法律规范的可比性取决于它们融入社会的程度。”[②] 这无疑也是一种很有前途的方法。弗里德曼自己也承认：“比较法律文化的文献是一部充满差距和希望的文献。”但近年来，出现了一系列“法律文化比较”主题的著作，其中一些是从法律人类学或法律民族学角度出发。[③] 它们是对传统比较法文献的重要补充，因为它们有助于纠正其过于“欧洲中心主义”的方法。事实上，比较法不应局限于比较这类法律制度：它们处于相同发展阶段，在法律技术方面具有相同的差异，它们的历史渊源也基本相同。因此，如果在这一意义上将深入研究边缘化，并将其当作特殊的学术讨论清除，则大错特错。

近年来，皮埃尔·勒格朗（Pierre Legrand）的作品备受关注。在他看来，必须对不同国家的法律生活所蕴含的特定心态、传统和先理解进行比较分析。[④] 这一点也不无道理。事实上，我之所以担心欧洲合同法统一化可能过于仓促，正是基于这一事实，即人的行动会受这些文本指导，如果不考虑他们的心态，统一的文本就是废纸一张。不过，我并不赞成勒格朗的进一步论断：特别是在民法与普通法的关系中，这些心态存在如此深邃和不可跨越的差异，因而任何比较法学者，只要他

---

① U. Drobnig, Rechtsvergleichung und Rechtssoziologie, RabelsZ 18 (1953) 295, 305. K. Zweigert/H. Kötz, Einführung in die Rechtsvergleichung (3. Aufl. 1996) 10–12.

② L. Friedman, Some Thoughts on Comparative Legal Culture, in: David S. Clark (Hrsg.), Comparative and Private International Law, Essays in Honor of John Henry Merryman (1990) 49, 54.

③ See H. P. Glenn, Legal Traditions of the World (2001); I. Edge (Hrsg.), Comparative Law in Global Perspective (2001); J. H. Barton u. a., Law in Radically Different Cultures (1983); D. Nelken (Hrsg.), Comparing Legal Cultures (1997).

④ See P. Legrand, The Return of the Repressed: Moving Comparative Legal Studies Beyond Pleasure, Tul. L. Rev. 75 (2001) 1033; ders., Fragments on Law-as-Culture (1999); ders., Le droit comparé (1999).

认为欧洲法律统一化可以实现，都必然会遭受与希腊神话中的伊克西翁（Ixion）相同的命运——伊克西翁为了追求美丽的赫拉，却被宙斯所骗，抱住了宙斯变出的赫拉形状的云朵。毕竟，我们可以说，德国通过《民法典》实现法律统一化，瑞士通过《民法典》也实现法律统一化，二者均相当的成功，哪怕普鲁士和巴伐利亚法学家的心态可能大相径庭，瑞士德语州和法语州法学家的心态也大相径庭——谁知道呢？或许今天仍然如此。当然，不可否认，英国法学家和欧陆法学家存在这种心态差异。但迄今为止还缺乏确凿证据来支持这一论断：由于这些差异，任何涉及普通法和民法的法律统一化事业都是自欺欺人、无稽之谈。在活跃于国际的律师事务所里，在其实际工作中，这些差异显然不再起主要作用。在其事务所工作中，一位法国律师说道："普通法和民法的差异不再构成影响我们有效地代理客户的沟通问题。"① 在其咨询实践中，一位英国律师分享道："普通法和民法之间并无重大区别。"② 这可能是夸张的说法，目的是显示其交际能力，吸引外国委托人。但我相信，在比较法从业者中，包括在座各位，一定会有许多人根据自己与其他国家律师的合作经验，认识到德国律师工作与法国和英国律师工作存在差异。但通过耐心和可靠的工作，这些差异可得以澄清，统一的解决方案可得以实现。当然，解决方案并非完美无缺，但它们代表着客观进步，值得我们付出努力。这就是我们欧洲法律统一化所需要的一切。

最近，美国的年轻学者对比较法的对象和方法展开猛烈批评。例如，威廉·埃瓦尔德（William Ewald）说，当今比较法的特点是"专注于实质性黑字法学说，回避历史和理论"。③ 我不否认，有些作品可能适用这种批评。然而，我只能默默地为他的论断喝彩。换句话说，比较法本质上是一项哲学事业，任何外国法学家都不可能准确地理解德国法，除非他首先研究《德国民法典》的思想史基础，从康德、赫尔德到萨维尼、耶林，直至最细微的细节。如果我的理解无误，其他作者的作品可谓是基于后现代理论形成的特定变种，并从这一立场批评传统的比较法是

---

① A. de Foucaud, Civil Law and Common Law in Paris as in New York, Int. Bus. Law. 25(1997)15.

② F. Neate, Mystification of the Law, Int. Bus. Law. 25(1997)5, 7.

③ W. Ewald, Comparative Jurisprudence(I): What Was It Like to Try a Rat?　, U. Pa. L. Rev. 143(1995)1889, 1982；对其批判，参见 J. Zekoll, Kant and Comparative Law, Some Reflections on a Reform Effort, Tul. L. Rev. 70(1996)2719。

一无是处。[1] 我们将拭目以待，看看这些新方法能否真正应用于实践，并通过易于理解的方式和大量经验来产生新成果。目前，用理查德·波斯纳的话说，人们的印象仍然为："这是一种在学术讨论、出版和辩论的真空密封媒介中流通的学术形式，很少或压根没有影响到行动世界。"[2]

五、展望

戴维·克拉克（David Clark）曾说，欧洲共同法的革新是"当今最大的比较法事业"。[3] 也许他所言不虚。不管怎样，它是一个世俗化过程。因为如果我们成功地使欧洲共同法成为欧洲法学、法律文献和法律课程的对象，那么或许有一天，当我们回顾过去 250 年的欧洲法律史时，就会发现，尽管法学家们在塑造各国法律制度过程中获得了确定性和力量，但正如耶林的抱怨，其代价是，法学沦为国别法学，法学边界与政治边界重合。没有人知道，此路通向何方。对我来说，我承认我很高兴能在一开始就参与其中。

（编辑：吴冬兴）

① See F. Olsen, The Drama of Comparative Law, Utah L. Rev. 1997, 275; D. Kennedy, New Approaches to Comparative Law: Comparativism and International Governance, Utah L. Rev. 1997, 546; J. Windner, Comparative Politics and Comparative Law, Am. J. Comp. L. 46 (198) 739 以及 A. Peters/ H. Schwenke, Comparative Law Beyond Post-Modernism, Int. Comp. L. Q. 49 (2000) 800 以及最近的 R. Michaels, Im Westen nichts Neues, Zum Stand der Rechtsvergleichung 100 Jahre nach dem Pariser Kongreß, Gedanken anläßlich einer Jubiläumskonferenz in New Orleans, RabelsZ 66 (2002).

② R. Posner, Introduction to Baxter Symposium, Stan. L. Rev. 51 (1999) 1007, 1009 f.

③ D. Clark, Nothing New in 2000? , Comparative Law in 1900 and Today, Tul. L. Rev. 75 (2001) 871, 872.

法律解释的修辞学基础*

[德]海因里希·洪塞尔** 著　韦　达*** 译

摘　要　法律解释的论证属性植根于其修辞学渊源。古代修辞学的争点论在法律上的最大影响是语义与目的之区分。在修辞学的视野中，法律解释的发展即是由文义解释优先演变至目的解释主导的过程。法律解释中的修辞因素使整个解释过程更注重形成正确的论证，而非产生适当的理解。法律解释是一种论证理论，而非认识论。通过认识要素与决断要素的区分，司法判决的正义性便在于如何进行自圆其说且令人信服的论证。

关键词　法律解释　修辞学　文义解释　目的解释　法律论证

一、在一般诠释学与修辞学之间的法律解释

(一)诠释学

我们现在将解释视为一般诠释学(der Allgemeinen Hermeneutik)的分支，即关于理解的学科。“诠释学”一词得名于赫尔墨斯(Hermes)，这位使者向人类传达

*　基金项目：本文系 2023 年度国家社科基金一般项目“欧洲中世纪共同法研究”(项目批准号：23BFX210)与 2023 年度华东政法大学优秀博士学位论文培育项目“阿列克西法律论证理论研究”(项目号：2023-1-015)的阶段性成果。

**　海因里希·洪塞尔(Heinrich Honsell)，苏黎世大学(Universität Zürich)与萨尔茨堡大学(Universität Salzburg)教授。原文刊于 ZfPW Heft 01/2016, S.105-128，关键词系译者所加。

***　韦达，男，上海人，华东政法大学法律史专业 2021 级博士研究生，研究方向为外国法制史。

并解释神的意旨(故此他也被称作“ἑρμηνεύς”或“hermeneus”,即译者)。依照古希腊罗马时代的观念,法律正是由众神传授于人的。

一般诠释学不仅涉及对文本、符号或象征的解释,还包括一切可作为解释对象的事物,如音乐作品、视觉艺术等。其中最重要的还是文本,尤其是宗教和法律文本;自中世纪尾声迄今,《圣经》与《优帝法典》始终是这两个领域的主要解释对象。

与一般的文本解释相比,法律解释的一个特点是其并非仅作注释性理解(Exegetisches Verstehen)——如理解历史文本,它还关注法律的实际运用。他种文本解释仅关切含义(Sinn),而法律解释尤重规则之目的(Zweck)。

抽象的法需要适用于具体案件,即使后者包含立法者未预见到的情况与变化。这是因为法律被要求能在性质类似的案件上适用。想要实现前者,就需要超越一般的解释而进行具体化。

有人曾质疑(司法)决定是否以及在多大程度上受制定法规则的约束。然而,持此见的阿姆斯特茨(Amstutz)与尼格里(Niggli)未免夸大了维特根斯坦(Wittgenstein)的怀疑论见解——维氏指出语词的意义只有通过使用才能完全理解,法律的意义也只有通过具体适用才能认识。[①] 他们的看法受法国哲学家、“解构主义”与“反诠释学”(Antihermeneutik)代表人物德里达(Derrida)影响,[②] 主张否定法律文本的任何先验意义,也同时消解了法律对于法官的约束力,并认为一切法律方法论都仅是无助于法律发现的修辞(Rhetorik)而已。依德里达之见,制定法的意义在于从社会的“噪声”中过滤出音乐以使整体法“聆听”,[③] 或用高赫(Gauch)诗意但并不恰当的比喻来说“橡树不作响,听者使其鸣”(der Hörer es ist, der die Eiche rauschen lässt)[④]。

---

① See Amstutz, in Marie Theres Fögen Sexagenaria, 2007, 47 (53); Amstutz/Niggli, in FS Gauch, 2004, 3 ff.; dies., in FS Walter, 2005, 9 (30); Niggli/Keshelava, in FS Ott, 2008, 133 (136); 批判可见于 Kramer, Juristische Methodenlehre, 4. Aufl. 2013, 319 ff.

② 解构主义并不关心文本的含义,而将之分解为矛盾与悖论。这是一种“青年激进派”(junger Wilder)主导的准革命性潮流,迄今已逐渐消亡。

③ Amstutz, ZSR 2007 II 241 (274) unter Berufung auf Derrida, namentlich La différance, 1972, und De la grammatologie, 1967; deutsche Übersetzung von Engelmann, Postmoderne und Dekonstruktion, 1990, 76 ff. u. 140 ff. 阿姆斯特茨后续的观点(第 271 页)毋庸置评:“文本实则是种奇怪的生物……每当我们试图接近文本时,都会感到其不同往日。文本不间歇地从我们手中溜走;我们抓不着它们,却因其陷入迷乱……”

④ Gauch, recht 2007, 166 (168). 这只是意味着人们将(自然)经历与各种不同的感知联系在一起,这便是美学(“αἴσθησις”“aisthesis”,即感知、感觉)的范畴。但是,当坐在火车窗前看外面的景象时,尽管主观感知不同,但人们也知道风景并未移动,仅是火车在行驶。

尽管前理解(Vorverständnis)之于法律解释关系甚大,[①]而且在抽象或模糊的规范适用领域中并无切实意义上的解释可言,但前述观点并未认识到简单且明确的规范适用的规则特征。仍要看到的是,司法及行政机关对法律的约束是有限的,立法控制的功用亦不能被过高估计。

(二)古代修辞学的基本特征

修辞学渊源赋予解释学以另一特征,修辞学与诠释学不同,其并不指向正确理解,而注重令人信服的论证。就此而论,修辞学并非认识论,而是论证理论(Argumentationstheorie)。解释学起源于修辞学之争点论(Statuslehre)。为了说明法律解释与古代修辞学的这一鲜为人知的关联与影响,有必要展开深入讨论。

修辞学在公元前5世纪和公元前4世纪的古希腊达到鼎盛,其核心范畴是法庭论辩和政治演讲。普罗泰戈拉(Protagoras)、高尔吉亚(Gorgias)、德摩斯梯尼(Demosthenes)、伊索克拉底(Isokrates)等人都教授过修辞学。普罗泰戈拉首先提出"任何事物都有两面性"与"任何问题都有对立观点"(Καὶ πρῶτος ἔφη δύο λόγους εἶναι περὶ παντὸςπράγματος ἀντικειμένους ἀλλήλοις)。[②]这种辩证对抗(dialektische Antagonismus)不仅体现在诉讼中,[③]也在各时期各党派的政治斗争中存在(罗马的平民与贵族、拜占庭的绿党和蓝党、现在的民主党与共和党、右派和左派、自由派和社会主义派、保守党和进步党等)。这些均符合修辞学的发展,并说明了为什么在规则解释中总是存在对立总是相应出现。

修辞学之语义与意图(Wortlaut und Sinn)的对立一直占据法律解释的核心,法律行为中的字面含义与真实意思的分歧亦如是。古希腊修辞学称其为言辞与意义(ῥητὸν - διάνοια),古罗马则称书面与意图(scriptum – sententia)或措辞与意愿(verba – voluntas),其是对立论辩(gegenläufiger Argumente)的核心。[④]

---

① 埃塞尔在1972年的著作《法律发现中的前理解与方法选择》(Vorverständnis und Methodenwahl in der Rechtsfindung)中探讨了相关问题。

② Diogenes Laertius, Leben und Lehren berühmter Philosophen IX 51.

③ 这或许可以用来理解奥古斯丁(Augustinus)在其《独白录》(Soliloquia, II 18, 4)中提出的看法:"凡一切事,此间为真,彼间为假。"奥古斯丁的看法与德里达所谓的异延(différance)仅具有外部形式上的联系,因为前者指涉一种对立评价、观点的提出(真或假、公正或不公),而不是用异延来悬置概念间的差异。后者看法同库萨的尼古拉(Nicolaus Cusanus)相近,即对立的消解与统一(coincidentia oppositorum, De coniecturis II 1 2)。

④ 详例见第二、三章。

阿伯德拉（Abdera）的普罗泰戈拉将修辞学之功能称为“化弱为强”（τὸν ἥττω λόγον κρείττω ποιεῖν）[①]，然而这种颠倒黑白的技艺迅速使修辞学为人诟病，苏格拉底（Sokrates）在审判中也受此指责。[②] 普罗泰戈拉的诡辩家（Sophist）身份[③] 因柏拉图（Platon）和亚里士多德（Aristoteles）（错误地）污名化而经受数百年的批判，并让诡辩家一词至今都作贬义，这种评价连带着修辞学也被打上负面烙印。

古罗马的修辞学主要受公元前 2 世纪赫马戈拉斯（Hermagoras）已亡佚的作品《雄辩术》（Τέχναι ῥητορικαί）影响，该书被西塞罗（Cicero）及后世的昆体良（Quintilian）视作范本，由此修辞学的传统得以间接延续。中世纪晚期欧洲兴起的大学在第一学年的通识课程中教授所谓“三艺”（Trivium），[④] 即修辞、语法和辩证。启蒙运动以来，修辞学又不公正地遭到排斥——人们认为在法庭和议会中的讨论只能涉及真相，修辞学对此则有害无益。直至 20 世纪，修辞学才又迎来了复兴。

同修辞学的境遇类似，法律解释的技艺也一直饱受挑剔，正如歌德（Goethe，Zahme Xenien Ⅱ）所嘲讽的那样：“解释法律的时候头脑要灵活！如果你们学不会东拉西扯，那就试着添油加醋。”那些握有古罗马秘密法（Arkanrecht）的祭司们的吹毛求疵导致了这句法谚的诞生：“极端的正义，就是极端的不公”（Summum ius summum iniuria），[⑤] 西塞罗指出，这话还指对制定法进行恶意（maliziöse）解释。[⑥] 那时的墓碑上还能看到这样的文字：“愿奸邪与讼师（或法典）离我的遗嘱远些”（Dolus malus abesto et iuris consultus/ ius civile）。[⑦] 路德（Luther）则首创了“好律师，坏信徒”的说法，并提出了“唯独圣经”（sola scriptura）学说，指出权威唯圣经所有，以此否定神学家进行解释。

---

① Protagoras bei Aristoteles Rhet. B 24, 1402a 23，参见 Diels/Kranz, Fragmente der Vorsokratiker II 260；另见 Honsell, in FS Koppensteiner, 2001, 593。

② 柏拉图在申辩篇（23d）记载：“苏格拉底教导青年关于天上和地下的事，诱导他们不信奉神灵，颠倒黑白。”

③ 普罗泰戈拉还提出了著名的衡量标准（homo mensura），即人是万物的尺度。

④ 故此在高年级学生看来这几门课“微不足道”。

⑤ 对于这句话的理解可参见 Stroux, Summum ius summa iniuria, 1926 = Römische Rechtswissenschaft und Rhetorik, 1949；参见 ferner Honsell, in 1. FS Kaser, 1976, 111（114 f.）；Eisser, in Summum ius, summa iniuria, Ringvorlesung der Tübinger Juristenfakultät, 1963, 1 ff。

⑥ 西塞罗在《论义务》（I 33）中提到了狡诈地恶意解释法律而造成不公的情况，由此让上引法谚为人周知。对此另可参见 Stroux, Summum ius summa iniuria。

⑦ See dazu D. Nörr, Rechtskritik in der röm. Antike, 1973, 83 ff.

二、古罗马的解释史

(一)法律及文本的神圣性

公元2世纪前,专门的修辞学尚未传入古罗马,针对法律进行解释与类推并未得到承认。人们抱持一种极端的形式主义并狂热信奉文本的神圣性,进行法律行为时更是如此。[①] 念诵程序时的任何错误都会导致法律行为归于无效,这是因为人们相信神圣的文本唯有正确表达方可实现预期效果。故此,祷言(Gebeten)及程序严格遵守规定文本,最小的发音错误都会导致诉讼失败。

盖乌斯(Gaius)对此种程序诉讼描述道(Inst. 4, 30):“然而所有这些诉讼形式都渐渐声名狼藉,因为制定这些程序的先祖们过于狡黠,埋设了稍有不慎就会败诉的陷阱。”誓言(Gelübden)不能存在任何含混或多义,塞尔维乌斯(Servius)在《埃涅阿斯评述》(AeneisKommentar, 7, 120)中指出:“誓言不得模棱两可。”有人曾在一场春祭(ver sacrum)中无意许下了一场范围过广的牺牲,以至于他的孩子也被当作祭品。[②]

表达誓言时的措辞蕴含着巨大风险,假使语义模棱两可,则表意人将被迫接受对其不利的解释。表意人会勉强地试图通过强调自身意图的方式限制上述解释,例如说:“我所称的、据我知晓的、按我理解的动物等等”(Animalia quae ego me dicere sentio, scio, intellegoque)。对此,古罗马神圣法(Sakralrechts)设有“不利于表意人解释”(interpretatio contra proferentem)的原则,[③] 即在语义模糊的情况下,表意人须接受不利解释,这一法律原则至今仍在一些情况中运用。[④]

(这在古罗马时代导致了)人们认为与其根据文本解释意思,倒不如调整对应

---

① Grundlegend Jhering, Geist des römischen Rechts II, 1923, 441 ff.; 470 ff.; 518 ff.; F. Schulz, Geschichte der römischen Rechtswissenschaft, 1961, 7 ff.; Honsell, in FS Coing, 1982, 129 ff.; ders., in FS Kramer, 2004, 193 ff.

② 春祭是意大利的古老风俗,倘若面临巨大危机(großer Gefahr)而需立誓,古罗马人会将下一个春季出生的所有生物都许诺为祭品。显然,献祭新生儿过于残忍,于是古罗马人又会暗中将他们抚养长大并放逐国外(Festus 379)。这一内容在《圣经·旧约》中也有体现,耶弗他(Jephte)献祭了自己的女儿(《士师记》10, 6-12, 7),而以撒(Isaaks)的牺牲只是对亚伯拉罕(Abraham)的考验,并在最终时刻被终止(《创世记》22, 1-19)。在古罗马和希腊神话中,也有避免人祭的例子,除上述外,还有阿乌利斯的伊菲根尼亚(Iphigenie in Aulis)的例子。

③ Honsell, in 2. FS Kaser, 1986, 73 ff.

④ Art. 5 Unfair Contract Terms Directive (93/13 EWG), § 305c Abs. 2 BGB.

事实情况(Sachverhalt)。塞尔维乌斯在《埃涅阿斯评述》(4,512)中又提及这样一句话:“在祭祀中,虚假视作真实”(In sacris simulata pro vero accipiuntur)。故此,人们将面包烤制成羔羊的样子,又用芦苇编织的玩偶代替人牲投入台伯河中。今天,我们仍然可以在其他场合看到这两种祭品,如复活节篮子里的羔羊或在苏黎世春节(Sechseläuten)上焚烧的雪人(Böögg)。这一最初只是祭司用以蒙骗神明的创意,也是一种古老的法律创制,演变为今日仍有一定价值的法律拟制(Fiktion),用以省略冗长的列举和引述。

在相对固定的程序诉讼中,出于文本的神圣性,[①]想用解释来扩大过于狭窄的法定要素不太可行,于是调整事实情况的方式再度出现。例如,动物致损之诉(actio de pauperie)据其语义仅指“四足家畜致损”(si quadrupes pauperiem faxit),但双足或多足畜类也可适用;已安装木料之诉(actio de tigno iuncto)虽指嵌入(他人房屋)的横梁,但可以用于任何建筑材料;针对树木倾倒提起的诉讼也可以适用于葡萄藤。尽管在上述情况中,人们还是需要按照严格的形式主义将其适用对象称为:四足家畜(quadrupes)、梁木(tignum)及树木(arbor)。[②]这便是罗马人向类推迈出的第一步:并非改变语义,而是调整事实情况。

其实对于制定法语义的恪守,反倒产生出法律规避行为,古罗马人正是个中高手[③]——越坚持语义,越能玩弄法律。乌尔比安(Ulpian)说(D. 1, 3, 30):“在法律不赞同却又未明确禁止的地方,就会存在法律规避(Fraus)。规避是一种绕过法律原意(ῥητὸν ἀπὸ διανοίας)的行为,这是其与不法的区分。”尤利安(Iulianus)认为(D. 1, 3, 29):“所谓违法是指触犯了法律明确禁止的行为,所谓规避则是利用法律语义而绕过其实质的行为。”尤利安的意思是,规避法律是做了法律不追求但也不反对的事情,其利用语义与意图的差异,并没有直接抵触法律;但假如有人表面上尊重文本,实际上规避目的,那无疑是在损害法律。古罗马人将规避法律与违法一视同仁,无疑显示出法律适用从语义向目的发展,这将在第二节中具体说明。

---

① 今日仍存在一些不容更改的固定措辞。例如,笔者曾经在奥地利将一份房产买卖合同中法定的但却令人费解的所谓“Aufsandungserklärung”转写为“Auflassung”(让与合意凭证),结果被“土地登记主管”(Grundbuchsführer)以格式不符要求退回。

② 另见 Honsell, in FS Kramer(Fn. 16)193 ff.

③ 例如,古罗马人创制出了物权法上的稻草人制度(interposita persona)与虚伪行为(negotium simulatum);参见 Honsell(Fn. 13)111 ff。

(二)修辞性法律解释

公元前2世纪左右，经济繁荣与贸易蓬勃产生了新的交易法(Modernen Verkehrsrechts)。除了原有的充满形式性、象征性的法律行为，还出现了形式自由的合同，其依赖于双方的合意，如买卖、租赁以及合伙。合同的效力与内容基于沿用至今的诚信原则，今时的法律也与彼时的伦理一样，要求人们必须信守自己的承诺。随着古希腊文化及哲学的传入，修辞学也正式在罗马出现，人们不再对文本与程序抱有过分的信仰，并且区分出了措辞(Verba)与意愿(Voluntas)，并在形式自由的合同中运用诚信原则进行解释。

公元前94年发生的那场引人注目的遗嘱纠纷案，即著名的库里乌斯案(Causa Curiana)，便运用了修辞术解释程式性遗嘱中的真实意图。[①] 该案的焦点在于，指定被监护人作为继承人时是否包含关于补充继承人(Ersatzerbschaft)的安排。西塞罗载此案于《论创造力》(de inventione 2, 12)。某位有妻无子的家主科波尼乌斯(Coponius)立遗嘱道："倘我有子，其为我继承人。"在一系列惯常的法律条款之后，他又写道："倘我子在其成年前去世，那就让库里乌斯先生作继承人。"然而，科波尼乌斯无子而终，于是他的法定继承人与其指定继承人(的补充继承人)就继承权归属提起诉讼。当时最杰出的法学家，也同时是一位祭司的昆图斯·穆奇乌斯·斯凯沃拉(Quintus Mucius Scaevola)代表法定继承人出庭，并依据遗嘱的文本进行论证，当时最著名的修辞家克拉苏斯(Crassus)代表另一方，他认为解释遗嘱的关键并不在于语义(其显然只包含对于被监护人的补充继承)，而在于明确立遗嘱人的意图。据此克拉苏斯称，立遗嘱人实际上希望补充继承人在本人无子的情况下直接获得继承权。最终这位力主衡平(Billigkeit)的修辞家赢得了诉讼，战胜了固守程序的斯卡沃拉。[②] 而今欧陆诸法体系普遍采纳此见解，即如果遗嘱措辞不明，则将指定继承人时设置的补充继承人等同

---

① 参见 Cicero de inventione II 122; de oratore I 180 u. öfter; Quintilian, Institutiones VII 6, 9-10; Aus der Lit. W. Munzinger, Causa Curiana vor dem römischen Centumviralgericht und die testamentarische Substitution, 1855; Stroux, Summum ius summa iniuria (Fn. 13) 29 ff.; 另见 Lit. etwa Wesel, Rhetorische Statuslehre und Gesetzesauslegung der röm. Juristen, 1967, 32 ff., 40 f.; Wieling, Testamentsauslegung im römischen Recht, 1972, 9 ff., 67 ff.; Manthe, in Manthe/UngernSternberg, Große Prozesse der römischen Antike, 1997, 74 ff。

② 斯卡沃拉因其严谨且固守程序法而闻名, vgl. Honsell, Römisches Recht, 8. Aufl. 2015, 15。

视之。[①]

西塞罗(De inv. 121)将该案视作一场基于语义与意图之间差异的诉争(Controversia ex scripto et sententia)。而古罗马人之所以注重考察立遗嘱人的意图，乃是因为拉丁文遗嘱(Testamentum)的词源正是来源于表述(Testatio)和想法(Mentis)。[②]但这种理解是建立在程序的严格性要求与真实意思考察的张力之上的，这一矛盾至今并未完全解决，故此切不能认为库里乌斯案已确定意图较语义更优，衡平原则较遵守形式更优。[③]毕竟在形式确定的遗嘱中，被继承人的真实意思原则上仍需以特定方式体现在文本中，或至少有所暗示(遗嘱解释的暗示说[④])，如不满足上述要求就将被无视。另外，在要求特定形式的法律行为中，还可以适用误载不害真意(Falsa demonstratio non nocet)，虽然当语义同意图存在太大的差异时应如何处理，尚未有令人信服的说法。[⑤]

参与这种诉争的修辞家必须掌握双方(Utramque partem)的论点，在那个时代，认可或反对语义、意图还是目的并无确定的方法论依凭，而仅有一套旨在维护特定立场的修辞术语。如果文本有利于本方，那么修辞家便会说："语句明确，无须解释"(in claris non fit interpretation)，并指责论敌是在刻意混淆(Advokatenrabulistik)。但到了文本不利于本方时，他又会说："了解法律的意义并不在于拘泥语义，而在于清楚他们的意思和目的。"[⑥]昆体良在一篇演讲中忠实复刻了这一修辞传统。[⑦]今天我们也将之视作法律解释的指导方针。在西塞罗的著作中也能找到这样的表述："设若法律措辞清晰，则法官应该恪守法律而非进行解

---

① § 608 ABGB, § 2102 BGB, Art. 492 Abs. 3 ZGB.

② 参见 Inst. 2, 10 pr.:"遗嘱之所以得此名，乃因其为思想的表现(Testamentum ex eo appellatur, quod testatio mentis est.)"，与大多数拉丁单词的词源考证类似，这种引申或许存在争议，但对此并不必深究。我们只需要知道这反映了古罗马人对其的一些理解即可。

③ 反对观点见 Stroux, Summum ius summa iniuria(Fn. 13)28 ff.; 另见 Wesel(Fn. 23)。

④ 根据暗示说(Andeutungstheorie)，从遗嘱文本之外得出的任何意思，必须在文本上能够至少找到一处哪怕不完整的表述，参见 statt aller Grüneberg in Palandt, Kommentar zum Bürgerlichen Gesetzbuch, 75. Aufl. 2016, § 133 Rn. 19 m. w. N. 反对观点见 Wiegand in Basler Kommentar zum Obligationenrecht, 2012, Art. 18 Rn. 54 m. w. N。

⑤ Busche in Münchener Kommentar zum Bürgerlichen Gesetzbuch, 7. Aufl. 2015, § 133 Rn. 14 und Grüneberg in Palandt, BGB (Fn. 28) § 311b Rn. 37 je m. w. N.; Wieling, AcP 172 (1972), 297 (306 ff.); Vogenauer in Historisch-kritischer Kommentar zum BGB, 2013, § § 133, 157 Rn. 88.

⑥ 参见 Celsus Dig. 1, 3, 17。

⑦ 参见 Decl. mai. 331:"时常可以发现，很多事情并非由法律措辞规定，而是由法律的意思及重要性确定。"

释……一旦法官养成了背离文本的习惯,他们将无所依归。”[①]

立足于语义者会强调法律的神圣性,[②]并将法的确定性作为最重要的论点;与之对立,强调考察意图者会主张法律不可避免的不完备性,呼吁衡平并攻击论敌死抠字眼、拘泥文本、曲解语义或制造语言陷阱等。[③]不过,我们所处的时代也同古罗马一样,选择维护法律文本者往往更有利也更容易实现其想法。

根据侧重点在于澄清语义还是探明意图,法律行为的解释可分作客观与主观两种。[④]对此,罗马人的古谚道:“如果文本无歧义,别就意图提问题”,[⑤]这后来演化为所谓的文义明确原则(Sens clair-Doktrin)。不过,对此还可提一句关于合同的古谚:“别太纠结文本,而应考察意图。”[⑥]乌尔比安(Dig. 25, 4, 1, 11)以诏书为例反对上述原则,他强调解释的应容许性与必要性:“即使皇帝的诏书确定简明,也不能忽视对其作解释。”

尽管《学说汇纂》(Digestenstelle)是反对文义明确原则的有力佐证,但该原则依然长期占据主导——措辞明确的文本不能成为修辞对象,而始终作为有效方针与既定真理存在。中世纪至近代的人们也认为只有含糊或晦涩的文本(Ambiguumvel Obscurum)才可以被解释。[⑦]事实上,法国、意大利及英格兰等国至今仍持此见。但在德语区国家,则至少从萨维尼(Savigny)开始,便认为即使语义清楚,但只要同立法理由(Ratio)不符,也需要进行解释——这是因为语义之内涵较后者而言,可能超出,亦可能不及。

行文模棱两可的情况在法学上并不太常见,不过有一个遗嘱解释的例子:“令你树立一尊持金矛像”(statuam auream hastam tenentem),[⑧]这里的理解困难在于,究竟要树立的是一尊拿着金矛的神像呢,还是一尊拿着金矛的金制神像?同时,

---

① De inv. II 127.

② Cicero, De inv. II 126 ff.

③ 在西塞罗的作品中可以找到他对文本解释(Buchstabenauslegung)的讥讽,例如在《论雄辩家》(de oratore I, 236)中,他评价这些法学家为谨小慎微的法律人、控诉的信使、程式的颂唱者与音节的设陷者。另可参考《论穆列纳》(pro Murena)第23节等处,西塞罗批评他们的技艺拙劣,可悲地几乎受困于每个字母与标点符号。

④ Honsell/Mayer-Maly, Rechtswissenschaft, 6. Aufl. 2015, 95 f.

⑤ Paulus Dig. 32, 25, 1.

⑥ Papinian Dig. 50, 16, 219.

⑦ 肖特(Schott)在针对13～18世纪的广泛研究中收集了(法律解释的)大量证据,但并未发现对这一见解提出的任何批判。

⑧ Inst. or. VII 9, 7.

模棱两可的话语还经常出现在神谕里，如德尔菲（Delphi）传于皮洛士（Pyrrhus）的神谕："我告诉你，罗马人可以战胜（Aio te Aecida Romanos vincere posse）。"① 这句主语不明确的神谕可以理解为："你可以战胜罗马人"或者"罗马人可以战胜你"，最终皮洛士的胜利与前者相符。与此相比，意思含糊的文本更常见。②

在庭审演讲中，因诉争问题与申辩结构可以区分出不同的争点，昆体良（Ⅶ 3，1）将定义（definitio）归属于澄清性（coniecturalis）争点："确定事实之后便是进行定义，不能断言自己什么都没做的人，在接下来的辩论中可以断言他所作的并非人们所指控的那一件。"不同的是，西塞罗（de inv. 153）将定义视作法律争议（status legalis）的一个环节。这与我们今天的观点类似，行为如何定义并非一个事实问题，而应考察法律如何规定。如果被告要为自己进行申辩，即指出他的行为与被指控的罪名并不符合，③ 那么他可以声称法律文本和立法者的意图（或立法理由）之间存在差异。有趣的是，这一点在昆体良看来仅是因为法律文义超越了立法者的意图而需要限缩，④ 这其中并不涉及类推（Analogie），后者乃是建立在推理性（ratiocinatio）争点之上。

关于限缩还有一些典型例子，如法律禁止夜间打开城门⑤ 或让外人登上城墙，⑥ 违者处死。但如果外人登上城墙是为了协助防御，或者开启城门是为了让援军入城呢？此时还应课以死罪吗？显然不能，唯有走向偏激的民主制雅典，才可能会有恶毒的指控人提出如此无聊的指责。⑦《修辞指南》（Rhetor ad Herennium 1，19）中记载了一个海事法案例：法律规定，遇风暴而离船的人失去对船只及其所载

---

① Ennius Ann. 179.

② 关于修辞学及地位理论，参见 Lausberg, Handbuch der literarischen Rhetorik, 1990; Ueding, Rhetorik: Begriff – Geschichte – Internationalität, 2005; Fuhrmann, Die antike Rhetorik, 6. Aufl. 2011, 97 ff.; Stroh, Die Macht der Rede, 2009; Matthes, Hermagoras v. Temnos, Lustrum 3, 1958, 58 ff。此处所举部分双关语因跨文化语境的理解障碍，经作者许可后予以选译。——译者注

③ Ulpian D. 1, 3, 30; Cicero de oratore I 140; Rhetor ad Herennium I 19 ff, Quintilian Inst. VII 6. 语义与意图是系属法律的争点；其他可以展开讨论的还有法律的自相矛盾（leges contrariae）、歧义（ambiguum）、三段论法（Qint. Inst. or. VII 7–9）；近期研究见 Ueding, Historisches Wörterbuch der Rhetorik, 2005, Art. Ratiocinatio 595 ff。关于文义与意图另见 Stroux, Summum ius summa iniuria（Fn. 13）29 ff. = Römische Rechtswissenschaft und Rhetorik（Fn. 13）22 ff.; Wieacker, Römische Rechtsgeschichte, 1989, 622 ff.; Wesel（Fn. 23）30 ff.; ders., TR 1970, 343 ff.; Honsell, in FS Coing（Fn. 16）129（138 ff.）; Quintilian Inst. or. VII 6。

④ 考虑到意图优于语义的理解，库里乌斯案亦可归类于此；Wesel（Fn. 23）40。

⑤ Cicero De inv. II 123.

⑥ Quintilian VII 6, 6.

⑦ 如卑劣的苏格拉底审判与阿基努斯审判（Arginusenprozess）。

货物的任何权利,如船和货物得到救援,其所有权由留在船上的人取得。在一次风暴袭击中,所有人都从大船逃到了小船上,只留一人因病无法逃脱。然而大船还是意外地驶入了港口,并依法成了这位病人的财产。继而,前所有者要求返还大船。尽管有上述这些例子存在,但目的论限缩(teleologische Restriktion)长期受到违反法律的指责(详见第三章第三节)。

类推(基于语义内涵过窄而产生的法律漏洞)是一种被称作演绎推理或推论的独立方法,以今日视角观之,我们可以将其称作基于"语义—目的"进行限缩的对应方法。[①] 这两种方法所面对的都是应严格按照法律文本还是考察立法目的之间的张力,他们在结构上是可比的,一边是法律措辞过于狭窄,另一边则是过于宽泛。[②] 值得注意的是,在罗马法时代,至少是在修辞学的著作中,限缩的适用远比类推广泛,而现在则正好相反。

关于法律如何适用于类似案件,《修辞指南》(1,2)[③] 进一步认为:"类推这一方法源自推论法,当某事需要被裁决而无特定法规可供依凭时,可以基于相似性从其他法规中提取。"与此类似,罗马法学家也认为(Julian, Dig. 1, 3, 12):"立法与元老院的决议不可能考虑到所有情况;但如果某一个案件上存有可明确适用的规则,那么法官就负有义务在类似的案件中予以推广。"[④] "类似情况之程序"(procedere ad similia)准确描述了类推、相似性推理以及在判例法中的案例比较的过程。法律必然的不完备性赋予类推以必要,尤利安(Dig. 1, 3, 10)说:"无论是立法,还是元老院的决议,都不可能被制定得能涵盖所有可能情况,但只要最常见的情况体现于内就足够了。"

除此之外,塞内加(Seneca)在《论美善》(de beneficiis, 5, 21, 1)中强调了惯例(consuetudo)之于制定法的优先性:"在许多事情上并无法律,也无适合的诉讼,但人们的生活习惯却可填补其间,这比一切法律都来得强大。"生活在公元前5世纪至公元前4世纪的哲学家狄奥佛拉斯图(Theophrast)也认为,[⑤] 法律忽视了诸多细枝末节的事,西塞罗在《论创造力》(2, 151)中补充说:"法律往往多有省略,但这

---

① Wesel(fn. 23)30 ff., 69 ff.,不过在笔者看来,前引对修辞学之于罗马法影响的怀疑略显激进。

② 两者之异同见诸第三章第三节。

③ 相似观点见 Cicero De inv. 2, 148。

④ 详细可见 Honsell, in FS Kramer(Fn. 16)193 ff。

⑤ 参见 Paul. D. 1, 3, 6;另见 Celsus D. 1, 3, 4 u. 5。

并非遗漏内容，因为人们可通过其他的规则来源进行推论。”

在修辞学的教科书中也说：倘若定义狭隘，那便使用类推。[①] 昆体良（Quintilian Inst. 7. 8. 2）记述了这样一个爱情魔药（Liebestrank）案：法律规定投毒者应处死刑。一位妻子给总殴打她的丈夫服下一瓶爱情魔药，随后悄然离去，任凭丈夫的亲戚如何恳求也不回心转意，最终（思念成疾的）丈夫上吊自杀。这位妇女遂被控投毒罪，理由是爱情药水就是一种毒药，据此类推，既然丈夫因此而亡，那么这位下毒的妻子难道不应该受到惩罚吗？

现代法律上的许多例子（见第三章第二、三节）表明，当事实的描述范围并不精确，而未将本应纳入的事实囊括其间时，人们应当求助于类推。

三、现代法律中的解释

（一）法律为什么需要解释

东罗马帝国的皇帝查士丁尼（Justinian）唤简明性为法律之友（Simplicitas amica legum），[②] 这也能说明为什么他禁止对其立法进行注疏或解释。[③] 尽管《学说汇纂》这本充斥着各种杂乱无章且混乱不堪的案例集，既没有回答众多争议甚久之问题，也远远谈不上消除了所有疑问与矛盾。[④] 不仅如此，即使是系统编纂的《德国民法典》（BGB）也难以实现简明性这一要求，毕竟，简明性与准确性在某种程度上是抵触且难以调和的，而《德国民法典》较强的技术性及对于公众来说过于复杂的措辞也令其饱受批评。

之所以法律及合同不能像外行人所设想的那样达致简明，其首要原因便是语言的不准确性。[⑤] 尽管人们试图通过不断精确与技术化表述予以解决，但这又增加了非法律专业人士的理解难度。要求法律必须简明（如《德国民法典》第307条关于定型化合同及条款的内容），往往会成为一种兜圈子般的尝试，追求

---

① Honsell, in FS Kramer（Fn. 16）.

② Iustinian Inst. 3, 2, 3a; 以及 Lit.: Th. Fleiner, in FS Häberle, 2004, 145 ff.; Schott, ZNR 1983, 101 ff.

③ Constitutio Deo auctore 12; Const. Tanta 19; Cod. 1. 17, 21, 2. 启蒙运动时的立法者也照办了这种态度，比如《奥地利民法典》（ABGB）第8、46款。拿破仑（Napoleon）在得知第一本《拿破仑法典评注》出版后亦惊呼：“我的法典被摧毁了（mon code est perdu）！”, s. Geny, Méthode d'interprétation et sources en droit privé positif, 1919, 16。

④ 《学说汇纂》的诸多矛盾是插入性解释而非直接删改, Stroux, Summum ius summa iniuria（Fn. 13）45 f。

⑤ Wesel, Fast Alles was Recht ist – Jura für Nicht–Juristen, 9. Aufl. 2014, 3 ff.

精确便不再易懂，追求易懂便不再精确。同时还有一些具有开放性的规范性术语或一般规则，如诚实守信、善良风俗、重大理由、适当等，这些都需要加之判断以填充。这类概念也存在于刑法中，如不择手段（skrupellos）、恶性、动机值得同情（achtenswerter Beweggrund）等。甚至有些描述性概念也谈不上精确，例如，多少成员可以被称作帮派（Bande）？多少分贝的响声构成噪声？多少棵树成为森林？如何区分池塘与湖泊？还有，到底什么时候算是“夜幕降临”（Einbruch der Dunkelheit）呢？

另外，即使术语本身含义明确，也可能发生争议。例如，房屋外墙上的玻璃砖是否能被称作窗户？[①] 砾石和沙子是否属于矿藏？[②] “同时 / 同样（Zugleich）”又应如何理解等。[③] 有时法律文本的措辞可能本就出错，[④] 例如，就“禁止踏足草坪”（Betreten des Rasens verboten）而言，骑自行车进入草坪确实不算“踏足”，但我们显然可以基于禁令的意思认为，踏足尚且不可，在草坪上骑车造成的损毁只会更大，因此更应禁止。于是，我们便超越了字义而转向探求规范目的，可以看出，即使是如此简单的规定，如果找不到正确的概括方式（Abstraktionshöhe），也可能适用失败；又或者找不到一个合适的统称术语，难道应该在禁止令上写满所有的行动方式？如禁止踏足、禁止驶入等？这一情况在英语环境中则好解决的多，它有一种比起限制行动更抽象的表述法，即远离草坪（keep off the grass）。

假如考虑到议会民主制下立法的阻碍、众说纷纭中形成合意的困难、游说者的左右以及与欧盟立法的复杂关系，[⑤] 就算是法案起草（仅）交由个人处理，也往往会被浩如烟海的各方提案、修正及所谓的“妥协”（Formelkompromisse）弄得一塌糊涂。甚至由于始终无法达成让各方满意的结果，有些妥协还会故意模糊规定。

---

① BGH JZ 1961，494 中曾做出错误裁判。

② BVerwGE 85，223（227 f.）中予以驳回。

③ BVerfGE 93，121（138）中错误地认为，《德国基本法》（GG）第 14 条第 2 款第 2 句所称“同样”是指平分，并以其为据论证所谓对半原则（Halbteilungsgrundsatz），从而推出所得税不得显著高于 50% 的结论。事实上，该句说的是：“财产应履行义务。财产权的行使应同时有利于社会公共利益。（Eigentum verpflichtet. Sein Gebrauch soll zugleich dem Wohle der Allgemeinheit dienen.）”此处“Zugleich”应当被理解为同时履行义务，而非指代财产的平分。

④ 萨维尼区分了“不明确与不正确”（unbestimmten und unrichtigen）的法律表述，Savigny Syst. I 222 ff。

⑤ 关于立法中的困难，可见 Theisen，in Baldus/Theisen/Vogel，“Gesetzgeber” und Rechtsanwendung，2013，43 ff。

法律需在真实世界中运用，使解释法律与在适用中不断对其具体化产生必要性。尚无一部法律可以在事前抽象中被精确制定，从而能够涵盖所有尚未发生之情势。是故，在一方面，针对现实生活中那些即使是最聪明与有远见的立法者也无法预料的情况，需要进行类推适用（Analoge Anwendung）。所有曾经参与过立法项目的人都了解这些困难，即使在合同法的规则制定中，那些事先设定的法律原则也无法考虑到所有的发展，并且很快就必须回到揣测当事人的意愿上来，这又使得立法过程难上加难。另一方面，抽象表述往往距离实例材料较远，这就使得错误提炼的可能性大增，故此又需要采用限制解释（Restriktive Auslegung）。

即使是清楚明确的文本在遭遇现实案例时也会变得模糊，正如萨维尼所述："每一部法律在涉及生活时都需要解释。"① 从而，客观 - 目的解释与根据适用时语境的解释变得必不可少，与此相对应的是主观 - 历史解释与根据立法时语境的解释②——前者考察社会的一般理解，后者则基于立法者意图，这两者有时候存在矛盾。尤其是，有时候法律（或整个法体系）会被赋予一种与立法者意图不符的新的客观目的（objektiver Sinn）。科勒（Kohler）③ 与拉德布鲁赫（Radbruch）④ 都作过如此表达："法律自身较其制定者更为明智。"⑤ 这句略显夸张的诙谐点出了切实的关键，即通过司法发展法律的必要性。无可争议的是，假如情势或法律的一般观点发生了变化，那么法官可以偏离立法者的意图（如其意图本身可以被确定的话）。⑥ 然而，更常见的情况是，法律文本只是部分地表达了法律目的。立法者并无一种远见以预料生活的复杂性所带来的种种可能。于此，法官的任务是根据法律目的（通过客观 - 目的角度），解决立法者未考虑到的新情况。

虽然上述这些讨论已经说明了，为什么立法者即使步步走对也跟不上现实的多样呈现，但正如我们所看到的，基于语义明确原则，即使文本表意模糊，解释也长期不受认可。

---

① Savigny, System des heutigen Römischen Rechts I, 1840, 209.

② Th. Honsell, Historische Argumente im Zivilrecht, 1982, 19 ff., Kramer（Fn. 1）116 ff.

③ Kohler, GrünhutsZ 13, 1886, 1（40）.

④ Radbruch, Rechtsphilosophie, 2. Aufl. 1932, Nachdruck 2003, 107.

⑤ Kritisch Rüthers, JZ 2011, 593（600）.

⑥ Baldus, in Baldus/Theisen/Vogel（Fn. 62）1 中指出，所谓立法者是一个拟制的概念，立法意图的形成是一个复杂的过程，远非议会讨论所能涵盖。

(二)语义与目的

就法律解释与合同解释而言,语义是解释的出发点与对象。[①] 语义并非解释的手段,而是解释的目的。[②] 语义并非解释的一部分要素,[③] 持此见者是混淆了文本自身、语义解释及其言语方式。虽然如此,如果语义与真实意思(字面与精神)确存不符,则必须更进一步。

萨维尼将法律解释的方法归纳为四个要素:语法(Grammatische)、逻辑、系统及历史。[④] 解释一般由语法开始,任何解释要素事先都不能忽视,还有一些要素来自于(法律适用的)环境(Umfeld),如与其他规则的关系(Verhältnisse)及比较法(Rechtsvergleichung)考察等。

语法要素涉及语词在通常用法中的含义及其在句子结构中的表达,逻辑与系统要素可以合二为一,因为法律中的逻辑本身包含了对无矛盾性与连贯性的要求。以今日视角观之,萨维尼所总结的要素中最致命的遗漏是目的要素,其本应与历史要素作客观对应物。历史解释考察法律制定者的意图,而目的解释则考察法律适用时能够被确定的客观意图。

(三)目的解释、类推与限制

尽管萨维尼正确认识到理解的问题并不仅仅出现在语义含混不清的场合,但他仍然对依照目的展开解释提出怀疑,在《当代罗马法体系》(System I 220)中,萨维尼称:"制定法基础的运用却有疑虑得多,并且应当谨慎从事。"不过,同时萨维尼也认为解释必须展开法律的目的,这是在"……重建内在于制定法之中的意图"。[⑤] 这一看似矛盾之处可作如下解释:对于与制定法目的(Gesetzeszweck)相同的制定法基础(Gesetzesgrund)的保留,[⑥] 并不是为了质疑类推的可行性,因为在萨

---

① Kramer(Fn. 1)59.

② 不过瑞士法视语义为帮助解释的手段,其基于意思表示错误理论,将语义用于确定真实意思,参见 Kramer in Berner Kommentar zum schweizerischen Privatrecht, Art. 18 N 22。

③ Kramer(Fn. 1)86.

④ Savigny(Fn. 63)206 ff.;关于萨维尼的解释学理论,近期文献参见 J. Schröder(Fn. 30)212 ff., 228 ff.; U. Huber, JZ 2003, 1 ff.; Vogenauer in HKK-BGB(Fn. 29)§§ 133, 157 Rn. 10 u. 44。

⑤ Savigny(Fn. 63)212 f; dazu U. Huber, JZ 2003, 1(2).

⑥ 除了原因与目的考察之外,萨维尼将此处的目的与基础等同于立法理由,这样一来他的意思便很明确了。

维尼看来，类推并非法律解释，而是一种法续造（Rechtsfortbildung）；① 相反，这种保留适用于通过目的论限缩修正法律，② 就如同古代修辞学中的用法一样，③ 这部分萨维尼在《当代罗马法体系》第 46 节中予以单独考量。于是，类推并非基于法律目的之不完整展现，而是基于“实在法应当根据自身而得到完善，因为我们认为在实在法中存在一种有机的形成力量”。

如今，法律目的之考察在解释中举足轻重。然而，这一目的应如何探求，必须审慎确定——在立法者的意图与规范的客观目的之间需要进行主次权衡。与此同时，程序或时间规则不适合进行目的论限缩，④ 由此，个案中可能出现有悖公正的情况，但程序法的严格性仍需坚持。

目的论限缩在德国已被承认。瑞士则长期拒斥，并在稍晚的时代才为联邦最高法院（Bundesgericht）认可，⑤ 虽然一些研究至今仍宣称限制（Einschränkung）法律语义是一种违法（Contra legem）解释。⑥ 不过这种说法至少在语义过于冗长，从而导致措辞与意图存在差异时是不正确的，因为此时语义虽被限制但其原有含义仍被遵循。然而，目的论限缩却将产生新的规范效力，也故此需要慎重对待。原则上，只有确定现有语义背离了法律目的，适用者才能忽视文义的明确措辞，这是因为目的论限缩绝不能用于实现仅仅是在主观层面上被期待的规范。萨维尼认为，只要目的论限缩不是为了使语义与目的一致，而是对“对不正确措辞进行修正”，⑦ 那它就是不可接受的。原则上，只要制定法并未不正当至抵触法律的基本原则，其就应当被接受。在权力分立的法治国家，对于不正当的法唯可经由法律

① Savigny（Fn. 63）290 ff.

② 如同第 2 章第 3 节提到的语义—意图争点一样。

③ 推断并未包含于语义—意图争点。

④ 目前《瑞士民法典》（OR）总则编的草案中对程序提出了不同的处理方式，Allg. Teils des OR, Art. 27 OR 2020; Emmenegger/Kurzbein, in Huguenin/Hilty, Schweizer Obligationenrecht 2020, 2013, 90 ff. 据草案内容，程序将依其目的决定在什么时候可以不被考虑，以及谁有权进行这种无效化，另见 Honsell, in 1. FS Mayer-Maly, 1996, 369 ff。

⑤ BGE 121 III 219 ff., 224 E. 1d/aa – Praxisänderung; 123 III 292 ff., 297 E. 2e/aa; 128 I 34, 41 E. 3b; dazu Kramer, Beiheft 15 zur ZSR 1993, 72; ders., 161（164 ff.）; Honsell（Fn. 79）369（374 ff.）; Emmenegger/Tschentscher in BK（Fn. 71）Art. 1 N 393 ff.

⑥ Hausheer/Aebi-Müller in BK（Fn. 71）Art. 2 N 59, 60; ebenso Riemer, recht 1999, 176 und Jaun, ZBJV 137, 21 m. w. N.

⑦ Savigny（fn. 63）216 ff., literally（225）：“结论的内在价值在所有补救方式中是最为危险的，因为此时，解释者最为容易逾越其职责的界限，而延伸到立法者的领域。”另外，第 240 页：“（结论的内在价值）不能被应用于不正确表述的认识和修正。因为，非常明显的是，在此种补救方式之中，并不存在表述与意图的一致化，而是试图对于意图本身进行修正。它作为法发展是有用的，而只在名义上是法解释。”

政策的批判(Rechtspolitischer Kritik)同其斗争。[①]当然,这并不绝对排除对于不公正的制定法进行限制解释(尽管限制与限缩的区分是模糊的),[②]否则就将导致不正义的结果。法官尽可能限制不公正制定法的努力是值得尊重和同情的,[③]但如果这种行为导致后者根本不再具有任何适用范围,则几乎不能被认可。

法官直接修正法律所受的限制,远比其进行类推更为严格。事实上,只要不固执于实证主义理论所谓的"否定命题"(Negativen Satz)——禁止类推与排斥所有不根据法律语义的裁决,那么类推便可免于违背法律之虞。除了上述差异外,今天我们一般认为限缩与类推均受目的支配,从而两者无法在两个解释方向上进行明确区分,毋宁将其看作一体两面的。

而倘若禁止使用类推(如刑法上的禁止类推),那么扩张解释与类推之间的界限就会发挥作用,而依主流观点来看,基于语义的可能范围,这一界限将变得模糊。[④]

我们可以用有轨电车与索道是可以归入"铁路"一词为例,如果将被归入之概念系属于原概念的语义可能范围之内,那这便是在做扩张解释。有轨电车并不在"铁路"一词的核心区域内,按其惯常用法也不被理解为铁路,尽管它确实行驶在铁质轨道上,[⑤]是故可以用这样一个概括词统摄这两个对象,即轨道车辆(Schienenfahrzeug)。然而无论如何扩张语义范围,缆车都不能归属于铁路之内,对此只能通过类推将铁路法上适用的危险责任(Gefährdungshaftung)扩展到缆车之上——这是因为缆车行驶所面临的风险更高。然而,主流意见仍执拗地认为,

---

① Honsell/Mayer-Maly(Fn. 36)109.

② 罗马裁判官即可修正民法(Papinian D. 1, 1, 7, 1):裁判官法是为公众利益而制定的法律,其可支持、补充及修正民法。

③ 对此看法并不一贯。1932年,拉德布鲁赫在其《法哲学》(Rechtsphilosophie, Fn. 66 85)中写道:"我们鄙视违背自己信念的牧师,但崇敬虽受正义感号召,却仍要求自己忠于实在法的法官。"纳粹恐怖政权垮台后,人们读到的却在《南德意志法学家报》(Süddeutsche Juristenzeitung, 1946, 105 ff.)上看到这样的话:"正义和法的安定性之间的冲突是可以得到解决的,只要实在的、通过命令和权力来保障的法也因而获得优先地位,即使其中内容上是不正义的、不合目的性的;除非实在法与正义之矛盾达到如此不能容忍的程度,以至于作为'非正确法'的法律必须向正义屈服。"

④ 参见 Th. Probst, in FS Kramer, 2004, 249 ff.; Rüthers/Höpfner, JZ 2005, 21 ff.; 另有人提及所谓语义限制,如 Klatt, Theorie der Wortlautgrenze. Semantische Normativität in der juristischen Argumentation, 2004, 19 ff.; dazu Morlok, in Gabriel/Gröschner, Subsumtion, 2012, 179(181, 186); Depenheuer, Der Wortlaut als Grenze, Thesen zu einem Topos der Verfassungsinterpretation, 1988; Pötters/Christensen, JZ 2011, 387 ff. 不过所谓语义限制这个提法令人费解,因为类推涉及的是意义而非语义。

⑤ RGZ 1, 247(251 f.). 该案所作定义便有些古怪。

危险责任类似于刑法上的禁止类推，由此基于过错责任的基本原则，涉及前述责任的事实不能予以类推。①

众所周知，在民法上只要满足相关条件即可进行类推，但在刑法上，则必须恪守"法无明文规定不处罚"（nulla poena sine lege clara, certa et praevia），《德国基本法》第 103 条第 2 款、《欧洲人权公约》（EMRK）第 7 条第 2 款及《欧盟基本权利宪章》（EU Grundrechtecharta）第 49 条第 1 款对此均作禁止。由此可以一并得出的是，在特别刑法（Besonderen Strafrecht）中也禁止对嫌疑人不利的类推，这就使得对到底什么是类推进行说明变得格外重要。例如刑法上的经典例子，由于电并非（传统意义上的）财物，故此制定专门的盗窃电力罪是有必要的。②

为了避免刑法上的漏洞而进行的扩张解释，在现实中已经具有类推的性质。例如，盐酸、或者高跟鞋被视作《德国刑法典》（StGB）第 224 条第 1 款第 2 项（危险伤害罪）所述的危险器械。③ 尽管这样的定义违反了惯常的语言用法，但却似乎是可接受的，因为用上述物品伤害他人的不法属性与通常的危险器械类似，此处究竟使用了类推还是扩张解释便无法清晰划分。《瑞士刑法典》（第 123 条第 2 款）的危险伤害罪则避免了这一问题，其使用了更一般的术语"物体"而非"器械"。再比如德国《麻醉品法》（Betäubungsmittelgesetz）中有关植物的表述是否包含可以致幻的蘑菇呢？德国联邦法院对此作出了肯定回复，④ 尽管蘑菇事实上并非一种植物。上述这些例子都让人想起昆体良的话，类推源于语义的缺陷，正是刑法构成要件的缺陷，促成了类推的需要。在法治国家中，限制类推原则具有极高的地位，但在德国，这一限制不仅被废除，取而代之的是运用"健全的民族情感"（gesundem Volksempfinden）进行定罪。

《学说汇纂》上有这样一个源于修辞学的规则："例外不得展开"（singularia non sunt extendenda; expressionio unius est exclusio alterius），⑤ 其禁止对例外规则进行扩张。《意大利民法典》（Codice Civile）第 14 条、《西班牙民法典》（Código Civil

---

① 反对观点可见 Honsell, ZSR 1997, 297 ff。

② 德国、奥地利、瑞士都是如此（§248c StGB, §132 öStBGB, Art. 142 chStGB）。

③ BGHSt 1, 3.

④ 《麻醉品法》第 2 条和附录 1 中只提到植物及其组成部分。因蘑菇系属真菌，故此立法者转而用"生物体"（Organismen）取代了原表述，但这又与第 2 条的规定冲突，参见 BGH 25.10.2006 – 1 StR 384/06, NJW 2007, 524。说来或许并不牢靠，但"蘑菇不是植物"这一生物学上正确意见并不能改变蘑菇在通常情况下可以被视作植物的生活事实，毕竟人们能从水果和蔬菜商那里买到蘑菇。

⑤ Papinian Dig. 40, 5, 23, 3 und Dig. 41, 2, 44, 1.

esp)第4条第2款及《葡萄牙民法典》(Código Civil port)第11条对此规则均予以接受,但它过于笼统和绝对的表述使其并非在任何场合都能有效。法律的意图和目的可能导致一条被视为一般规则之例外的规则被扩张、甚至类推适用。① 除此之外,还需要经常考察的是,制定法中所列举的事项是仅作示例(beispielhaft)还是具有确实性(abschließend)呢?

四、解释的规则

"语义 - 意图"的修辞学起源及其争点属性,使我们尚不能对法律适用何时应倾向于语义,何时应探求其意旨作出普遍化解答。最鲜明的对立出现在合同解释中,例如,在《德国民法典》第133条禁止仅考察文本并强调真实意思,② 类似的还有《奥地利民法典》第1156条、《瑞士民法典》第18条、《法国民法典》第1156条和《意大利民法典》第1362条,《葡萄牙民法典》第9条对法律解释进行规定,③《西班牙民法典》甚至在第1281条并列了两种解释方法。④

近代早期关于语义与意图关系有两条规则,其一,倘若法律未作区分,我们也不应作区分。这一规则的论证方式类似于前述言及的语义明确原则,当法律文本过于宽泛的措辞使其对当事人有利时,人们便会以此为据。其二,不承认法律目的,便是不承认法律。这种目的论证大胆地宣称,目的消失将导致法律完全不能适用。⑤ 上述修辞争点可以展示客观解释与主观解释的对立,⑥ 再加上解释的四个

① Larenz, Methodenlehre, 340; Würdinger, AcP 206 (2006) 946-979; Mayer-Maly, in Strack, Rangordnungen von Normen innerhalb des Gesetzes, 1995, 123 ff., 此处又提出了一个新的修辞学问题,即例外的例外是否也需要进行限制解释? 显然,这将使限制规则的支持者自我否定,因为例外的例外是向原规则的一种回归。

② 该条规定:意思表示之解释,应探求其真意,不得拘泥于辞句字面之文义。

③ 《德国民法典》同《法国民法典》一样并无关于法律解释的规定,这与欧陆其他法典不同。不过《德国民法典》第一草案第1条中包含有类推及一般法律原则,类似于《奥地利民法典》第7条、《瑞士民法典》第1条、《意大利民法典》第12条、《西班牙民法典》第3~4条与《葡萄牙民法典》第9~10条。(关于这些解释规则,参见 Grabau, Über Normen zur Gesetzesinterpretation, 1993)。然而,第二编纂委员会删除了这些内容,因为类推与法律解释密切相关,但后者不包含在民法典中,他们认为:"该条款作为防止援用自然法之风险的防护机制并无必要,因为该风险并不显著……"(Protokolle[1897]I 2).

④ 第1款:如果合同语义清楚明了且对双方意图并无疑问,则应遵循字面含义(Si los términos de un contrato son claros y no dejan duda sobre la intención de los contratantes, se estará al sentido literal de sus cláusulas)。第2款:如果文本措辞似乎与缔约各方显见之意图相悖,则后者优先于前者(Si las palabras parecieren contrarias a la intención evidente de los contratantes, prevalecerá ésta sobre aquéllas)。

⑤ D. 35, 1, 72, 6 上的注疏并不一致; J. Schröder(Fn. 30)153 ff. m. w. N.。

⑥ 相关讨论见 Honsell/Mayer-Maly(Fn. 36)95 ff.; 详见 Kramer(Fn. 1)123 ff.。

要素（规则）未作明确排序且时常矛盾，就给人一种任意解释的印象。[①] 此外，类比（Analogie）与反面论证（Argumentum e Contrario）也存在对立。哪种论证更有说服力取决于法律漏洞是否被认定存在，又或者法律是否被判断为表述明确。由于解释的修辞学起源，对于法律行为的解释取决于内在意愿（Inneren Willen）[②] 还是外在表示（äußere Erklärung）[③] 亦处争议之中，而这种争论之所以得到缓解，无非是因为其在信赖理论（Vertrauenstheorie）的左右下，将问题放在具体情况中解决。因为无论是（如瑞士及奥地利法上）错误地假定了无出知晓（Niemand Kennt）的内在意愿，还是（如在德国法上）正确地遵循文本，内容始终是具有决定性意义的，毕竟受领人有权依照诚实信用原则对其进行理解。[④]

五、比较法的视角

与大陆法相比，英美法更注重遵循文本，并且长期以来恪守语义明确原则的特别严格的变体。例如，1892 年伊舍尔勋爵（Lord Esher）声称："如果法案的措辞明确，你必须遵循它们，即使其将导致显见的荒谬。"[⑤] 不过，这一"平义规则"（Plain–meaning Rule）或"黄金规则"（Golden Rule）[⑥] 存有略微偏离语义的例外——解释制定法和所有书面文件时，应坚持使用单词的语法和一般含义，除非这将导致某种荒谬或与文件的其他部分矛盾。此时可以修改单词的语法或一般含义（给出新的解读），但不得进行大幅度变更。这些条件比起大陆法上在不确定或含混时允许突破语义的范围更窄。同时也意味着透过文本考察目的与意义的渠道被切断，对于立法理由考察也是如此。在英美法上长期存在有不得查阅议会记录

---

① 以下观点与所谓方法选择自由立场相背，Morlok（Fn. 86）. 出于类似的原因，瑞士联邦法院提出了方法多元主义，参见 H.P. Walter, recht 1999, 157 ff.; 奥地利法上的问题参见 Schäffer, in FS Rill, 1995, 595（620 ff.）; 另可参见 Kramer（Fn. 1）121 ff。

② 意思表示理论在瑞士占主流，奥地利亦采之。（参见 Koziol, Bürgerliches Recht, 12. Aufl. 2002, 128 f.）这种不切实际的意思表示理论在这两个国家复兴可能是因为克莱默（Kramer）著于 1972 年的《合同缔结的基础》（Grundfragen der vertraglichen Einigung。）关于 19 世纪的争论，参见 Vogenauer in HKK–BGB（Fn. 29）§§ 133, 157 Rn. 35 f。

③ 尽管《德国民法典》侧重于探求意思，但德国主流观点仍注重考察文义，参见 Vogenauer in HKK–BGB（Fn. 29）§§ 133, 157 Rn. 34 ff.; Ellenberger in Palandt, BGB（Fn. 28）Einf. v. § 116 Rn. 2/3; Honsell, in FS Walter, 2005, 335（336 ff.）; zustimmend Schmidlin, ZSR 2015, 107 ff。

④ 克莱默创设的"规范性共识"（normativen Konsenses, in BK [Fn. 71] Art. 1 Rn. 126 ff.）概念被接受，参见 Honsell（Fn. 101）335（336 f.）。

⑤ R v. The Judge of the City of London Court, 1 QB 273, 290.

⑥ Grey v. Pearson, 6 HL Cas 61, 106, 1857.

的规则(排除规则),不过现今已被废除。[①]

受欧陆法影响,目的解释逐渐取代英美法旧有的规则。丹宁勋爵(Lord Denning)主张一种目的导向的解释法:[②]“应对文本进行语义解释还是目的解释是存乎于最杰出法官之间的古老争论,我的立场是一种自由解释(liberal interpretation),因为(圣徒保罗的《哥林多后书》)‘那字句是叫人死,精意是叫人活’。”[③]丹宁勋爵的看法在英国逐渐占据主导地位,各解释要素不再有固定的顺序,语义的优先性也不再被广泛承认。[④]然而在美国,狭义的语义解释迄今普遍。[⑤]根据卢埃林(LLewellyn)的观察,[⑥]美国法针对判例法的解释规则往往成对出现,并导出完全相反的内容。对于这一点,只有不了解法律解释的修辞起源及其争点运作的人才会感到讶异。[⑦]不过需要强调的是,在私法领域中,英国判例法的地位要高于制定法,这与罗马法类似,[⑧]并且制定法还因其可能给公民带来的负担而不被法院信任。不过,判例法的案例比较与制定法中的类推方法类似。

法国与意大利尽管在各自法典中(《法国民法典》第1156条[⑨]与《意大利民法典》第1362条第2款[⑩])确立了与《德国民法典》第133条相似的真实意思优先规则,但在整个合同法领域仍不断强调语义明确原则。而在《西班牙民法典》中,前已述及,两种解释规则都被法定化。

---

① Vogenauer, Die Auslegung von Gesetzen in England und auf dem Kontinent I/II, 2001, 671 f.; Kramer, in Assmann u. a., Unterschiedliche Rechtskulturen – Konvergenz des Rechtsdenkens 2001, 31 (35).

② Court of Appeal Corocraft Ltd. v. Pan American Airways Inc., 1969, 1 Q.B. 616 ff.; dazu Vogenauer (Fn. 105) 963 ff., 969; 参见 ferner Lord Griffith House of Lords, Pepper v. Hart, 1992 A. C. 50; 参见 Zweigert/Kötz, Einführung in die Rechtsvergleichung I, 1984, 306 ff., 310 ff.; Kramer (Fn. 105) 31 (35); Melin, Gesetzesauslegung in den USA und in Deutschland, 2005, 56 ff. – zum US-amerikanischen Recht。

③ 第3章第6句。

④ Vogenauer (Fn. 105) 795 ff., 855 ff. 1297 ff.

⑤ Honsell, in FS Zäch, 1999, 39 ff.

⑥ The Common Law Tradition – Deciding Appeals, 1960 521 ff., 另见 Zweigert/Kötz (Fn. 106) 311。

⑦ 关于解释的对立统一,可见上文第2章第2节与第三章;另见 Sprau in Palandt, BGB (Fn. 28) Einf. v. § 1 Rn. 47。

⑧ Honsell, in FS Coing (Fn. 16) 129 ff.

⑨ 必须确定缔约双方的合意为何,而非仅局限在条款的字面含义。(On doit dans les conventions rechercher quelle a été la commune intention des parties contractantes, plutôt que de s'arrêter au sens littéral des termes.)

⑩ 在解释合同时,必须调查缔约双方的合意为何,而不能仅限于字面意思。(Nell'interpretare il contratto si deve indagare quale sia stata la comune intenzione delle parti e non limitarsi al senso letterale delle parole.)

六、认识与决断之间的解释与修辞

以现代方法论视之，修辞学的论题由相互对立的论点组成。从而，法律适用何时应专注语义，何时应探求真意并不能一概而论。同样地，何时适用语义明确原则，何时又要遵从确定真实意思表示的指示；何时要运用客观目的解释，何时又要尊重历史上立法者的意图；应当采用类比论证还是反面论证等均需就事论事。在使用个别解释要素时的某种随意性，也可从其修辞起源及其为正方与反方提供论据的争点性质中得到回答。当然，这并不意味着方法论“阴晴不定”（jedem Inhalt dienstbar），[①] 修辞基础及其内容的辩证并未削弱法律解释。我们只需注意解释规则的功能及矛盾即可。

从修辞学的角度来看，法律解释是一门推理艺术，[②] 它应该引致令人信服的结果，但并不意味着其是一种发现正确法律的方法，这等同于一种今日又被提出的论证理论。[③] 诠释学是关于理解的学说，旨在获得真正的知识。方法论旨在为解释指明通往正确解决方案的道路，而修辞学的目标首先不是正确理解，而是令人信服的论证。它不属于发现的范畴，而是属于论证的范畴，它不是一种知识论，而是一种论证论。然而，归根结底，取得说服力和获取正确认知之间的差距并不像其所想的那样大。因为即使通过一种有序的论述，通过论证和反证，我们也可以接近真理，而在法学中，绝对的真理本来就是罕见的。

问题是认识（kognitive）与决断（dezisive）要素在法律结论的给出中承担什么作用？[④] 考虑到它们在解释方面涉及不同的问题，此二者是可以调和的。在认识

---

① Ogorek, in FS Hassemer, 2010, 170.

② “Techne”与“ars”可指技艺与技术，由此法学与修辞学可被视作博雅教育中的文雅技艺（artes urbanes）。

③ 参见 Alexy, Theorie der juristischen Argumentation, 8. Aufl. 1983; Christensen/Kudlich, Theorie richterlichen Begründens, 2001; U. Neumann, Juristische Argumentationslehre, 1986, 1 ff. m. w. N.; ders., in Brugger/Neumann/Kirste, Rechtsphilosophie im 21. Jahrhundert, 2008, 233 ff., mit dem Hinweis (239 ff. m. w. N.), 这里所谓的修辞并非说服（Überredung），而是使人信服（Überzeugung）。

④ A. Merkl, JBl 1918, 425 ff., 444 ff., 463 ff.;“雅努斯之面”（Janusköpfigkeit）的评价并不甚为妥帖，新近研究见 U. Neumann, in Lerch, 1918, 425 ff, 444 ff, 463 ff. Neumann, in Lerch, Die Sprache des Rechts, Vol. 2 (Recht verhandeln), 2005, 370 (383 f.)，是文指出，即使认识范围被超越，也并非单纯决断的问题，而是要进行理性决策。另见 Grimm, in Krawietz/Topitsch/Koller, Ideologiekritik und Demokratietheorie, 1982, 149 (151 f.)。

领域,传统的解释要素有:客观解释和主观解释,即文本的客观含义是什么、作者是如何理解的、与文本中其他段落是否存在矛盾等问题。然而决断领域则是在几种解释要素中优先考虑哪一种的问题,对文本进行客观解释还是主观解释,进行类比还是进行反证,倾向于法律确定性还是个案正义。至少可以说,在基本原则上目的优先于语义,不能为了省事而将明显可以进行合理区分的内容概括了之。如其所谓,"那字句是叫人死,精意是叫人活。"以及"公平要居在旷野,公义要居在肥田。"(das Recht wohnt in der Wüste, aber die Gerechtigkeit weilt in den Gärten)① 然而,这样的观点尤其是在公共事务中,远未得到广泛认可。

规范越具体,就越容易在不需决断的情况下确定其含义和目的。相反,规范越抽象含混,认识就变得更加困难,决断就越发重要。由于在法院判决的论证中,决断要素通常占据主导,那么如果法院在裁决程序的开头不写"经由法律认定"(für Recht erkannt),② 这将更加诚实且令人信服,因为这样说表示的是一种认识过程。尽管真相似乎只是在表面上被发现,但法院应进行能自圆其说且使当时各方信服的论证。只要裁决并非认识过程,而是一个决断问题,那么经由法律授权而取得的正当性将大幅削弱。即便这一过程经由所谓包含归纳推理的司法三段论(Justizsyllogismus),但这种法律实证主义的残余,早就不敷使用。③

(编辑:杨知文)

---

① Jesaja 32, 16.

② 《德国民事诉讼法》(ZPO)第311条及《德国刑事诉讼法》(StPO)第260条中对此未作要求,类似的还有基于《德国民事诉讼法》第309条的标题将法院判决(Urteils)称作裁定(Erkenntnis)或法官裁定(erkennenden Richters)。德国联邦宪法法院(BVerfG)也遵循这一方式,尽管其判决很少涉及确定基本法文本的含义,后者又过于抽象和宣示性以致无益于宪法法院力主的"价值体系的具体化"(Konkretisierung einer Wertordnung),甚至无助于进行解释。值得说明的是,宪法法院进行规范审查程序中作出的裁决往往更像是政治决策,而非法官认知的展现。详见Honsell/Mayer-Maly(Fn. 36)114 ff., 151 ff. m. w. N。

③ Bung, Subsumtion und Interpretation, 2004, 14, 37 ff. m. w. N.; Honsell/MayerMaly(Fn. 36)83 ff.; U. Neumann(Fn. 117)p.241.

大型语言模型在法律文本零样本语义标注中不可思议的有效性 *

[美]雅罗米尔·萨维尔卡、凯文·阿什利 ** 著
孙自豪 *** 译

摘　要　ChatGPT 的出现使得包括法律界在内的公众认识到大型语言模型(LLMs)的潜在用途(如文件起草、问题回答和摘要)。尽管该技术在以法律文本为重点的各种语义注释任务中表现良好,但随着更

* 本文原文信息为 Savelka J and Ashley KD (2023) The unreasonable effectiveness of large language models in zero-shot semantic annotation of legal texts. Frontiers in Artificial Intelligence. 6: 1279794。该文属"知识共享许可协议 4.0"(the Creative Commons Attribution 4.0)下的开放获取(OPEN ACCESS)内容,相关链接可参见 https://creativecommons.org/licenses/by/4.0/。大型语言模型(Large Language Models),指的是类似于 ChatGPT 的巨大规模的自然语言处理模型。这些模型具有数以亿计的参数,通过在大规模文本数据上进行预训练,可以执行多种自然语言理解和生成任务。零样本(Zero-shot),表示模型在处理之前没有见过的任务或类别时的能力。零样本学习是指模型能够通过学习已知任务的一些通用知识来执行未知任务,而不需要专门的训练。语义标注(Semantic Annotation)是指为了理解文本的含义而为文本中的实体或概念分配标签。在法律文本中,语义标注可能包括对法律概念、法条、案例等进行自动标记。不可思议的有效性(Unreasonable Effectiveness)是指某种技术或方法超出了人们对其期望的效果,通常表现为出乎意料的好性能。这个短语最初是由匈牙利裔美国理论物理学家尤金·维格纳(Eugene Wigner)在一篇题为"The Unreasonable Effectiveness of Mathematics in the Natural Sciences"(1960)的文章中提出的,用于描述某些数学方法在物理领域表现出的出乎意料的有效性。因此,整个题目的含义是,大型语言模型在处理法律文本时,即使在没有专门训练的情况下,也能以一种出乎意料的好方式执行语义标注任务。这可能是因为这些模型在预训练阶段学到了通用的自然语言理解能力,使其能够在不同领域的任务中表现出色。——译者注

** 雅罗米尔·萨维尔卡(Jaromir Savelka),美国卡内基梅隆大学计算机科学学院助理研究员;凯文·阿什利(Kevin D. Ashley),美国匹兹堡大学法学院教授,国际人工智能和法律协会前主席。

*** 孙自豪,女,山东淄博人,华东政法大学法律方法论专业博士研究生,研究方向为法律方法论。
本文系 2018 年度国家社科基金重大项目"新兴学科视野中的法律逻辑及其拓展研究"子课题"基于大数据的智能法律检索"(项目号 18ZDA034)的阶段性研究成果。

新、功能更强（GPT−4）或更具成本效益（GPT−3.5−turbo）的模型涌入，需要探讨其对法律文本进行语义标注能力的最新进展。在向成熟的生成式人工智能系统过渡的过程中，通过检验 GPT−4 和 GPT−3.5−turbo（−16k）的性能，并将其与上一代 GPT 模型进行比较，结果显示 GPT−4 和 GPT−3.5−turbo（−16k）在涉及判决意见、合同条款或法律条文的三项法律文本注释任务中表现出色。比较各类模型的性能和成本发现，GPT−4 模型在三项任务中的两项上明显优于 GPT−3.5 模型，性价比高的 GPT−3.5−turbo 与价格高出 20 倍的 text−davinci−003 模型性能相当。虽然可以在单个提示中注释多个数据点，但其性能会随着批量的增加而降低。这项工作为许多实际应用（如合同审查）和研究项目（如实证法律研究）提供了有价值的信息。法律学者和执业律师都可以利用这些发现来指导他们将大型语言模型整合到涉及法律文本语义标注的各种工作流程中的决策。

关键词 法律文本分析　大型语言模型（LLM）　零样本分类　语义标注　文本标注

一、简介

本文分析了最新一代生成式预训练转换器（Generative Pre−trained Transformers，GPT）即 GPT−3.5−turbo（−16k）和 GPT−4 在零样本学习环境下对各种类型法律文本的语义注释能力。本文旨在对 OpenAI 最新一代 GPT 模型的发布和更新作出反应，并评估过去使用 text−davinci−003 模型进行的类似研究得出的结论是否仍然成立，以及在何种程度上成立。因此，我们不仅要关注最新模型的性能，还要将其与早期 GPT 模型的性能进行比较。为此，我们使用了三个法律文件语料库中的选定内容，这三个法律文件语料库是由不同的研究小组在过去收集并人工标注的。我们的目的是比较这些大规模语言模型（LLM）在语义注释法律文档方面的有效性。数据集经过精心选择，代表了涉及语义注释的各种法律任务和文件。具体来说，我们关注的是美国退伍军人上诉委员会的裁决、商业合同以及各州有关公共卫生突发事件的法律规定中较短的文本片段，通常只有一个或几个句子。因此，我们评估了这些模型在典型的合同审查、法律法规条款调查或判例法分析任务中的有效性。我们还比较了这些通用（未经微调[①]）GPT 模型在根据简洁的、一句话长度的语义类型定义对来自此类法律文件的小批量短文本片段进行标注时的性能，以及传统统计机器学习（ML）模型（随机森林）和微调 BERT 模型（RoBERTa）的性能。

ChatGPT[②] 的发布使公众意识到 GPT 模型具有编写流畅文本和回答问题的能力。尽管 GPT-3 的底层技术早在 2020 年就已问世，[③] 但这一更易于使用的工具版本的便捷可得性正在促使法律从业者、教育者和学者们共同期待法律行业在不久的将来将如何变革或被迫变革。研究人员已经将这项技术应用于传统上为法律专家保留的任务。Perlman 声称，ChatGPT 需要重新设想如何获取法律服务并为律师的职业生涯做好准备。他在用 ChatGPT 自动生成的一篇学术文章的人类撰写的摘要中提出了这一观点。[④]Katz 等人在统一律师资格考试（UBE）中测试了 GPT-4，观察到系统轻松通过了考试。[⑤] 这些应用案例表明，新兴技术未来可应用于提供法律服务和增加司法获取途径，包括法律文件起草、法律问题解答和 / 或咨询，以及用通俗易懂的语言解释复杂的法律事务和总结法律文件。[⑥]

法律文本的语义标注涉及根据概念类型对法律文件中的句子或其他部分进行标注，例如，句子在法律论证中所扮演的修辞角色、合同条款的类型以及法律条文的类型或目的。尽管法律文本的语义标注可能看起来不像这些未来应用案例那么引人注目，但我们认为，它可能会成为大型语言模型在法律领域最具前景和价值的应用。由于种种原因（如误导性建议的危险、职业道德、对提供法律服务者的限制），法律专业人士不能将理解法律文件的任务委托给机器。语义标注能够以法律专业人员理解的术语对大型法律文件库进行概念性索引，并可以使用它们来查

① 转换器语言模型是在大型文本库上预先训练的。对语言模型的微调包括在新数据上对其进行训练，以提高其在特定任务上的性能。“Fine-tuned”（微调）是指在训练机器学习模型之后对模型进行进一步调整的过程。在机器学习中，特别是在使用预训练模型的情况下，fine-tuning 是为了使模型更好地适应特定任务或领域。——译者注

② OpenAI：ChatGPT。载 https：//chat.openai.com/，访问日期：2023 年 2 月 11 日。

③ Brown，T.，Mann，B.，Ryder，N.，Subbiah，M.，Kaplan，J.D.，Dhariwal，P.，et al.（2020）.Language models are few-shot learners. Adv. Neural Inf. Process. Syst. 33，1877–1901. doi：10.5555/3495724.3495883

④ Perlman，A. M.（2022）. *The Implications of Openai's Assistant for Legal Services and Society.*

⑤ Katz，D. M.，Bommarito，M. J.，Gao，S.，and Arredondo，P.（2023）. Gpt-4 Passes the Bar Exam.

⑥ Xu，H.，and Ashley，K. D.（2023）. Argumentative segmentation enhancement for legal summarization. Automat. Semant. Anal. Inf. Legal Text 3441，141–150. 载 https：//ceur-ws.org/Vol-3441/paper15.pdf。

找和自行审查相关的法律论证、合同条款或法律规定。

语义标注是许多合同审查或案例分析高量工作流程的核心所在,但目前这些工作流程对于除了最大型法律团队和项目之外的其他人来说成本太高,因为它们需要昂贵的法律专业人员花费时间手动标注法律示例的训练集。监督式机器学习使用这些带标签的数据作为训练集的一部分,以便自动学习标注以前未见过的概念类型的实例。GPT 模型提供了在没有任何训练样本的情况下自动标注新实例的可能性,即零样本学习(zero-shot learning)。具体来说,即可以用一两句话的类型定义来取代人工标注的需求。工作流程将变得更加渐进。自动化将提前生成注释,而不是需要大量手动注释才能开始工作,法律专业人员可以将时间集中在确保注释有意义和有用上。因此,GPT 和类似技术具有以下潜力:(1)大幅降低电子发现或合同审查等应用的成本;(2)开启各种新颖的、原本在经济上并不可行的应用;(3)使目前只有少数精英法律工作者及其客户才能使用的这些复杂工作流程平民化。

例如,我们的工作可使法律从业人员和研究人员对法律文本数据集进行高效的探索性标注,而无须花费成本对大型语言模型进行微调。微调取决于标记数据的可用性。通常,这个过程可能不需要大量的标记数据,也许只需要几十份文件。然而,如果想要在一个尚未标记的法律文本数据集上执行任务,成本可能会很高,尤其是在还不能完全确定哪些类型应纳入类型系统的情况下。零样本方法使得我们能够逐步勾画和改进类型系统。其中一个方法是列出类型,对每种类型进行长句描述,然后使用 GPT 模型进行零样本注释,根据结果改进描述,并重新应用自动注释。根据任务的复杂程度和注释的预期用途,以这种方式生成的标签通常就足够了。在其他情况下,这些标签可能是对预期任务可行性的迫切证明,从而有可能花费更多资源对数据集进行人工标注以进行微调。

为了探究各种最先进的 GPT 模型对各类法律文件中的短文本片段进行语义标注的能力,我们分析了以下研究问题:

1. 使用非层次类型系统中的简短类型定义来描述简短的文本片段,GPT-3.5-turbo(-16k)模型和 GPT-4 模型对这些文本进行分类的效果如何?与 text-davinci-003 模型相比,GPT-3.5-turbo(-16k)模型和 GPT-4 模型根据类型系统的类别对这些文本进行分类的效果如何?

2. 与单独注释每个数据点相比，对批量数据点进行注释的效果如何？

我们的工作在以下方面为人工智能与法律研究做出了贡献。据我们所知，这是第一项全面的研究，具体体现在：

1. 比较了 text-davinci-003、GPT-3.5-turbo（-16k）和 GPT-4 模型在零样本设置下对裁判意见、合同条款以及法律法规条款中的简短文本片段进行语义标注的能力。

2. 调查了 OpenAI 最先进的 GPT 模型在法律文本注释任务中的性能和成本权衡。

我们在随附的 GitHub 存储库中发布了实验中使用的提示以及模型设置。①

二、相关工作

GPT 模型的零样本学习能力得到了多个人工智能与法律研究小组的认可。Fangyi Yu 等人以日本律师资格考试为基础，在 COLIEE 蕴含任务的背景下探讨了这些问题，大大改进了当时最先进的技术。② 同样地，Katz 等人成功地将 GPT-4 应用于美国统一律师资格考试，③ 而 Bommarito 等人则应用于由美国注册会计师协会开发的统一注册会计师考试。④Sarkar 等人研究了包括大型语言模型（BERT）在内的各种技术在零样本 / 少样本法律文本中分类的潜力。⑤Savelka 等人使用 GPT-4 评估了涉及相关法定术语的案例句子的解释价值。⑥ 其他研究聚焦于 GPT

① https://github.com/jsavelka/unreasonable_effectiveness. GitHub 存储库（Repository，简称 Repo）是一个用于存储、管理和共享代码或项目的地方。GitHub 是一个基于 Git 版本控制系统的代码托管平台，而 Git 是一个分布式版本控制系统，用于跟踪文件的变化并协同多人在同一个项目上工作。——译者注

② Yu, F., Quartey, L., and Schilder, F.（2022）. Legal Prompting: Teaching a Language Model to Think Like a Lawyer. ACL. COLIEE（Conference on Legal Information Extraction and Entailment）是一个关注法律信息提取和蕴涵（entailment）任务的国际会议。在 COLIEE 蕴含任务中，通常会提供一个信息检索的场景，系统需要根据给定的法律文件库（通常是裁判文书等法律文本）和查询，判断某个查询是否能够从文本库中推断出。这个任务涉及理解法律文本、逻辑推理和语义理解等方面，对于评估自然语言处理和信息检索系统在法律领域的性能具有挑战性。——译者注

③ Katz, D. M., Bommarito, M. J., Gao, S., and Arredondo, P.（2023）. Gpt-4 Passes the Bar Exam.

④ Bommarito, J., Bommarito, M., Katz, D. M., and Katz, J.（2023）. Gpt as knowledge worker: a zero-shot evaluation of（ai）cpa capabilities. arXiv [preprint]. doi: 10.2139/ssrn.4322372

⑤ Sarkar, R., Ojha, A. K., Megaro, J., Mariano, J., Herard, V., and McCrae, J. P.（2021）. "Few-shot and zero-shot approaches to legal text classification: a case study in the financial sector", in Proceedings of the Natural Legal Language Processing Workshop 2021（Punta Cana: Association for Computational Linguistics）, p.102–106.

⑥ Savelka, J., Ashley, K. D., Gray, M., Westermann, H., and Xu, H.（2023）. Can gpt-4 support analysis of textual data in tasks requiring highly specialized domain expertise? Automat. Semant. Anal. Inf. Legal Text 3441, 1–12. 可在线访问：https://ceur-ws.org/Vol-3441/paper1.pdf。

模型进行法律推理的能力[①]、美国最高法院案例建模[②]、向非专业人士提供法律信息[③]以及支持在线争议解决。[④]

分析裁判意见中的句子等小文本片段的功能或角色是法律文本处理中的一项重要任务。[⑤]先前利用监督式机器学习（ML）或专家制定规则的研究大致可分为两类。首先，任务可能是根据某些预定义的类型系统（如修辞角色，证据、推理、结论）对较小的文本单元（通常是句子）进行标注。来自多个领域和国家的例子包括美国的法院[⑥]和行政裁决[⑦]，印度[⑧]或加拿大[⑨]的跨领域法院裁决，国际法院[⑩]或仲裁决定[⑪]，或来自多个国家和法律领域的司法裁决。[⑫]研究人员还专注于识别报告

① Blair-Stanek, A., Holzenberger, N., and Van Durme, B. (2023). Can gpt-3 perform statutory reasoning? arXiv [preprint]. doi: 10.1145/3594536.3595163; Nguyen, H.-T., Goebel, R., Toni, F., Stathis, K., and Satoh, K. (2023). How well do sota legal reasoning models support abductive reasoning? arXiv [preprint]. doi: 10.48550/arXiv.2304.06912.

② Hamilton, S. (2023). Blind judgement: agent-based supreme court modelling with gpt. arXiv[preprint]. doi: 10.48550/arXiv.2301.05327.

③ Tan, J., Westermann, H., and Benyekhlef, K. (2023). "Chatgpt as an artificial lawyer?," in Artificial Intelligence for Access to Justice (AI4AJ 2023), ed L. Karl Branting (Braga: CEURWS).

④ Westermann, H., Savelka, J., and Benyekhlef, K. (2023). "Llmediator: Gpt-4 assisted online dispute resolution," in Artificial Intelligence for Access to Justice (AI4AJ 2023), ed L. Karl Branting (Braga: CEURWS).

⑤ Savelka, J., Walker, V. R., Grabmair, M., and Ashley, K. D. (2017). Sentence boundary detection in adjudicatory decisions in the united states. Traitement Automat. Lang. p.58, 21.

⑥ Savelka, J., and Ashley, K. D. (2017). "Using conditional random fields to detect different functional types of content in decisions of United States courts with example application to sentence boundary detection," in Workshop on Automated Semantic Analysis of Information in Legal Texts, 10.

⑦ Walker, V. R., Pillaipakkamnatt, K., Davidson, A. M., Linares, M., and Pesce, D. J. (2019). "Automatic classification of rhetorical roles for sentences: comparing rule-based scripts with machine learning," in ASAIL@ICAIL 2385 (Montreal, QC); Zhong, L., Zhong, Z., Zhao, Z., Wang, S., Ashley, K. D., and Grabmair, M. (2019). "Automatic summarization of legal decisions using iterative masking of predictive sentences," in ICAIL (Montreal, QC), p.163–172.

⑧ Bhattacharya, P., Paul, S., Ghosh, K., Ghosh, S., and Wyner, A. (2019). "Identification of rhetorical roles of sentences in Indian legal judgments," in JURIX 2019, Vol. 322 (Amsterdam: IOS Press), p.3.

⑨ Xu, H., Savelka, J., and Ashley, K. D. (2021a). "Accounting for sentence position and legal domain sentence embedding in learning to classify case sentences," in Legal Knowledge and Information Systems (Amsterdam: IOS Press), p.33–42; Xu, H., Savelka, J., and Ashley, K. D. (2021b). "Toward summarizing case decisions via extracting argument issues, reasons, and conclusions," in Proceedings of the 18th International Conference on Artificial Intelligence and Law (São Paulo), p.250–254.

⑩ Poudyal, P., Savelka, J., Ieven, A., Moens, M. F., Goncalves, T., and Quaresma, P. (2020). "Echr legal corpus for argument mining," in Proceedings of the 7th Workshop on Argument Mining (Barcelona), p.67–75.

⑪ Branting, K., Weiss, B., Brown, B., Pfeifer, C., Chakraborty, A., Ferro, L., et al. (2019). "Semi-supervised methods for explainable legal prediction," in ICAIL (Montreal, QC), p.22–31.

⑫ Savelka, J., Westermann, H., and Benyekhlef, K. (2020). Cross-Domain Generalization and Knowledge Transfer in Transformers Trained on Legal Data. CEUR WS.

案件结果的部分。[①] 第二项任务涉及识别由多个段落组成的几个连续的功能部分，就像在美国[②]、加拿大[③]、法国[④]、捷克[⑤] 甚至是多辖区[⑥] 的法律领域中所做的那样。

根据语义类型对法律规范进行分类一直是人工智能与法律领域持续关注的话题。研究人员在人工标注的文本上训练了传统的统计监督式机器学习模型，以识别法规文本中的定义、禁令或义务，[⑦] 或将法规中的句子分类为定义性、发布性或变更范围的条款。[⑧] 其他工作侧重于对法规进行更细粒度的语义分析，以识别义务、权限、前提、主体代理人或主题，[⑨] 概念和定义。[⑩] 分析欧盟立法文件的悠久传统也采用了人工文本注释。[⑪] 机器学习模型在人工标注了法定术语较好或较差解

① Petrova, A., Armour, J., and Lukasiewicz, T. (2020). "Extracting outcomes from appellate decisions in US state courts," in JURIX (Amsterdam), p.133; Xu, H., Savelka, J., and Ashley, K. D. (2020). "Using argument mining for legal text summarization," in JURIX, Vol. 334 (Amsterdam: IOS Press).

② Savelka, J., and Ashley, K. D. (2018). "Segmenting us court decisions into functional and issue specific parts," in JURIX (Amsterdam), p.111–120.

③ Farzindar, A., and Lapalme, G. (2004). "Letsum, an automatic text summarization system in law field," in JURIX (Amsterdam).

④ Boniol, P., Panagopoulos, G., Xypolopoulos, C., El Hamdani, R., Amariles, D. R., and Vazirgiannis, M. (2020). "Performance in the courtroom: automated processing and visualization of appeal court decisions in France," in Proceedings of the Natural Legal Language ProcessingWorkshop.

⑤ Harasta, J., Savelka, J., Kasl, F., and Míšek, J. (2019). Automatic Segmentation of Czech Court Decisions Into Multi-paragraph Parts. Bern: Jusletter IT.

⑥ Savelka, J., Westermann, H., Benyekhlef, K., Alexander, C. S., Grant, J. C., Amariles, D. R., et al. (2021). "Lex rosetta: transfer of predictive models across languages, jurisdictions, and legal domains," in Proceedings of the Eighteenth International Conference on Artificial Intelligence and Law (Montreal, QC), p.129–138.

⑦ Biagioli, C., Francesconi, E., Passerini, A., Montemagni, S., and Soria, C. (2005). "Automatic semantics extraction in law documents," in Proceedings of the 10th International Conference on Artificial Intelligence and Law (Bologna), 133–140; Francesconi, E., Montemagni, S., Peters, W., and Tiscornia, D. (2010). Integrating a Bottom-Up and Top-Down Methodology for Building Semantic Resources for the Multilingual Legal Domain. Berlin: Springer.

⑧ de Maat, E., Krabben, K., and Winkels, R. (2010). "Machine learning versus knowledge based classification of legal texts," in Legal Knowledge and Information Systems (Amsterdam: IOS Press), p.87–96.

⑨ Wyner, A., and Peters, W. (2011). "On rule extraction from regulations," in Legal Knowledge and Information Systems (Amsterdam: IOS Press), p.113–122.

⑩ Winkels, R., and Hoekstra, R. (2012). "Automatic extraction of legal concepts and definitions," in Legal Knowledge and Information Systems: JURIX 2012: the Twenty-Fifth Annual Conference, Vol. 250 (Amsterdam: IOS Press), p.157.

⑪ Pouliquen, B., Steinberger, R., and Ignat, C. (2006). Automatic annotation of multilingual text collections with a conceptual thesaurus. arXiv [preprint]. doi: 10.48550/arXiv.cs/0609059; Boella, G., Di Caro, L., Lesmo, L., and Rispoli, D. (2012). "Multi-label classification of legislative text into eurovoc," in Legal Knowledge and Information Systems: JURIX 2012: the Twenty-fifth Annual Conference, Vol. 250 (Amsterdam: IOS Press), p.21.

释的案例句子上进行训练，也学会了在新案例中选择更高质量的解释。①

根据各种语义类型对合同条款进行分类也受到了人工智能与法律界的广泛关注。Chalkidis 等人采用了统计机器学习和手工创建规则相结合的方法，从终止条款、管辖法律或管辖权等类型对条款进行分析。② 后来，他们采用了各种深度学习方法，如 CNN、LSTM 或 BERT。③Leivaditi 等人提供了一个基准数据集，包括 179 份租赁协议文件，重点关注实体和风险的识别；④Steven H. Wang 等人发布了一份并购协议理解数据集（MAUD）。⑤ 在我们的工作中，我们重点研究了合同理解 Atticus 数据集中（Contract Understanding Atticus Dataset，CUAD）的 12 种语义类型。⑥

三、数据

与 Savelka 一样，⑦ 我们在实验中使用了三个现有的人工标注数据集。每个数据集都支持涉及不同类型法律文件的各种任务。所有数据集都包含专家附加在（通常）短文本片段上的注释。我们对这些数据集进行了过滤和处理，以使它们适用于本实验。

在 BVA 数据集中（左），虽然“证据”（Eevidence）是主要类型，但其余四种类型也有合理的代表性。CUAD 数据集（中）没有明显占主导地位的类型。相对较少的示例（约 100 个）代表了几种类型。PHASYS 数据集（右）严重偏向于“响应”（Response）标签（62.4%）。三个数据集中语义类型示例数量的分布情况如图 1 所示。

---

① Savelka, J., and Ashley, K. D.(2022). Legal information retrieval for understanding statutory terms. Artif. Intell. Law 30, 1–45. doi: 10.1007/s10506-021-09293-5.

② Chalkidis, I., Androutsopoulos, I., and Michos, A.(2017). “Extracting contract elements,” in Proceedings of the 16th edition of the International Conference on Articial Intelligence and Law (London), p.19–28.

③ Chalkidis, I., Fergadiotis, M., Malakasiotis, P., and Androutsopoulos, I.(2021).Neural contract element extraction revisited: letters from sesame street. arXiv [preprint]. doi: 10.48550/arXiv.2101.04355.

④ Leivaditi, S., Rossi, J., and Kanoulas, E.(2020). A benchmark for lease contract review arXiv[preprint].doi: 10.48550/arXiv.2010.10386.

⑤ Wang, S. H., Scardigli, A., Tang, L., Chen, W., Levkin, D., Chen, A., et al.(2023). Maud: an expert-annotated legal nlp dataset for merger agreement understanding. arXiv [preprint]. 可在线访问：https://arxiv.org/abs/2301.00876。

⑥ Hendrycks, D., Burns, C., Chen, A., and Ball, S.(2021). “Cuad: an expert-annotated nlp dataset for legal contract review,” in 35th Conference on Neural Information Processing Systems (NeurIPS 2021) Track on Datasets and Benchmarks.

⑦ Savelka, J.(2023). Unlocking practical applications in legal domain: evaluation of gpt for zero-shot semantic annotation of legal texts. arXiv [preprint].doi: 10.1145/3594536.3595161.

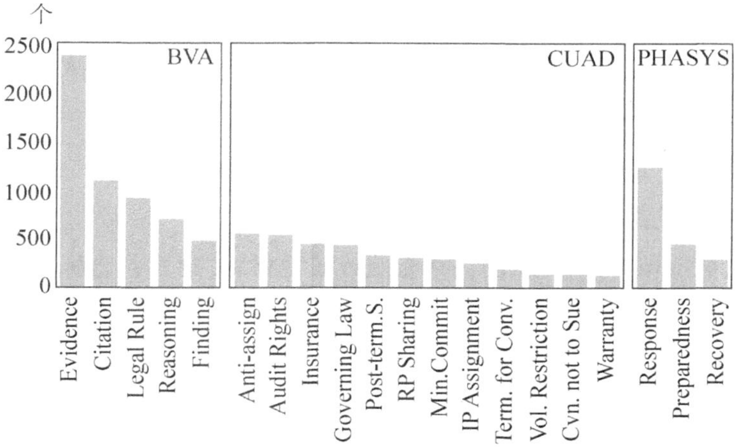

图 1　语义类型分布

(一)美国退伍军人事务局(Board of Veterans'Appeals, BVA)关于军人索赔的决定

美国退伍军人上诉委员会(BVA)① 是美国退伍军人事务部(VA)内的一个行政机构,负责审理退伍军人对退伍军人事务部地区办事处所作决定不服而提出的上诉。BVA 审查的问题范围很广,包括伤残赔偿、遗属津贴以及其他补偿和抚恤金申请。Walker 等人分析了 BVA 在 2013 年至 2017 年做出的 50 项裁决。② 所有裁决都是任意选择的案例,涉及退伍军人因服役相关创伤后应激障碍(PTSD)而提出的索赔。对于每项决定,研究人员会提取涉及事实问题的句子。然后,对这些句子进行人工标注,标明它们在相应裁决中所扮演的修辞角色:③

· 调查结果(Finding)——陈述裁决事实的权威性调查结果、结论或裁定——这是一种"事实上的"决定,而不是"法律上的"决定。

· 推理(Reasoning)——报告事实裁决者在做出事实认定时根据证据进行的推

① 美国退伍军人事务部:退伍军人上诉委员会。可在线访问:https://www.bva.va.gov/(访问日期:2023 年 2 月 9 日)。

② Walker, V. R., Pillaipakkamnatt, K., Davidson, A. M., Linares, M., and Pesce, D. J.(2019)."Automatic classification of rhetorical roles for sentences: comparing rule-based scripts with machine learning," in ASAIL@ICAIL 2385(Montreal, QC).

③ Walker, V. R., Han, J. H., Ni, X., and Yoseda, K.(2017)."Semantic types for computational legal reasoning: propositional connectives and sentence roles in the veterans' claims dataset," in Proceedings of the 16th Edition of the International Conference on Articial Intelligence and Law(London), p.217–226.

理,或对证据证明价值的评估。

· 证据(Evidence)——陈述证人证词的内容,或作为证据引入的文件内容,或描述其他证据。

· 法律规则(Legal Rule)——抽象地陈述一条或多条法律规则,但不说明在裁决的案件中是否满足规则的条件。

· 引文(Citation)——引用法律权威或其他材料,通常包含标准符号,以编码所引用来源的有用信息。

表 1 显示了每个语义类型的文档(裁决决定中的句子)的基本属性。长度(最小值、平均值、最大值)以词为单位进行测量。

表 1　BVA 数据集属性

语义类型	总数(个)(count.)	最小值(min.len)	平均值(mean.len)	最大值(max.len)
调查结果(Finding)	485	5	24.4	72
推理(Reasoning)	702	3	26.7	92
证据(Evidence)	2416	4	24.8	204
法律规则(Legal Rule)	935	5	34.8	115
引文(Citation)	1112	1	13.5	163
总计(Overall)	5650	1	24.4	204

Walker 等人的原始 PTSD 数据集包含 478 个简单标注为“Sentence”的句子。① 这大概是为不符合上述任何定义的句子预留的一个通用类别。考虑到我们实验的性质,且研究人员也没有提供这类句子的简明定义,因此我们从数据集中排除了这种类型的句子。图 1(左)显示了标签的分布情况。虽然证据(Evidence)句明显是主要标签,但其他四种句子类型也有合理的代表性。表 1 列出了这些文件(判决书中的句子)的基本属性。句子的平均长度为 24.4 个单词,最长的句子有 204 个单词。我们没有对该数据集进行任何其他修改。因此,这里报告的结果

① Walker, V. R., Han, J. H., Ni, X., and Yoseda, K. (2017). “Semantic types for computational legal reasoning: propositional connectives and sentence roles in the veterans’ claims dataset,” in Proceedings of the 16th Edition of the International Conference on Articial Intelligence and Law (London), p.217–226.

可以与其他研究小组早期的研究结果进行比较(但有一些注意事项)。①

该数据集中的句子由两名训练有素的法学专业学生组成的团队进行人工分类，并由一名精通法律推理的法学教授进行整理。该数据集已公开发布，因此可以接受审查。② 虽然有与该数据集相关的详细的公开注释指南 ③，但我们在为 GPT 模型构建提示时，还是使用了数据集存储库 Readme 文件 ④ 中提供的非正式简洁类型定义，如 Savelka 的研究 ⑤ 中所示。这些定义与上述定义非常接近。

(二)合同理解 Atticus 数据集(Contract Understanding Atticus Dataset, CUAD)

合同理解 Atticus 数据集是一个由 510 份商业法律合同组成的语料库，这些合同是在专业律师的监督下通过人工标注的。这项工作产生了超过 13000 个注释。⑥Hendrycks 等人发布的数据集确定了 41 类法律条款，这些条款通常在与公司交易有关的合同审查中被视为重要条款。最初的 41 个类别由条款级注释和子句级注释(如生效日期、当事人姓名)⑦ 组成。在这项研究中，我们仅使用了条款级别的类型(通常包括一个或多个句子)。具体而言，我们决定使用语料库中存在的 12

---

① Walker, V. R., Pillaipakkamnatt, K., Davidson, A. M., Linares, M., and Pesce, D. J. (2019). "Automatic classification of rhetorical roles for sentences: comparing rule-based scripts with machine learning," in ASAIL@ ICAIL 2385 (Montreal, QC); Savelka, J., Westermann, H., and Benyekhlef, K. (2020). Cross-Domain Generalization and Knowledge Transfer in Transformers Trained on Legal Data. CEUR WS; Westermann, H., Savelka, J., Walker, V. R., Ashley, K. D., and Benyekhlef, K. (2021). "Data-centric machine learning: Improving model performance and understanding through dataset analysis," in Legal Knowledge and Information Systems (Amsterdam: IOS Press), p.54–57.

② Walker, V. R., Pillaipakkamnatt, K., Davidson, A. M., Linares, M., and Pesce, D. J. (2019). "Automatic classification of rhetorical roles for sentences: comparing rule-based scripts with machine learning," in ASAIL@ ICAIL 2385 (Montreal, QC).

③ 可在线访问: https://github.com/LLTLab/VetClaims-JSON/tree/master/LLT%20Annotation%20 Protocols(访问日期: 2023 年 2 月 9 日)。

④ https://github.com/LLTLab/VetClaims-JSON/blob/master/README.md.

⑤ Savelka, J. (2023). Unlocking practical applications in legal domain: evaluation of gpt for zero-shot semantic annotation of legal texts. arXiv [preprint]. doi: 10.1145/3594536.3595161.

⑥ Atticus 项目: 合同理解 Atticus 数据集(CUAD)。可在线访问: https://www.atticusprojectai.org/cuad(访问日期: 2023 年 2 月 9 日)。

⑦ "Clause-level" 和 "sub-sentence-level annotations" 是关于文本标注的两个层次。Clause-level Annotations(条款级别注释)意味着对文本中的整个法律条款进行标注。在合同中，一个法律条款通常是一个独立的、完整的法律陈述，可能由一个或多个句子组成。条款级别的注释关注于对整个法律条款进行理解和分类。Sub-sentence-level Annotations(子句级别注释)是指对文本中的子句或句子片段进行标注。在合同中，这可能涉及标注法律条款中的特定子句，比如生效日期或各方的名称。子句级别的注释更加细粒度，专注于对法律文本中特定部分的理解和分类。——译者注

种最常见的条款级别类型。

·反转让(Anti-assignment)——如果合同被转让给第三方,是否需要得到一方的同意或通知?

·审计权(Audit Rights)——审计对方的账簿、记录或实际位置以确保合规的权利。

·不起诉协定(Covenant not to Sue)——是否限制一方当事人向交易对方提出索赔?

·管辖法(Governing Law)——合同的解释受哪个州/国家法律的管辖?

·知识产权归属转让(IP Ownership Assignment)——一方当事人创造的知识产权是否成为对方当事人的财产?

·保险(Insurance)——一方必须为交易对方的利益提供保险的要求。

·最低承诺(Minimum Commitment)——一方必须在每个时间段购买的最低数量或单位。

·终止后服务(Post-termination Services)——合同终止或到期后,一方是否仍需履行义务?

·收入-利润分享(Revenue-Profit Sharing)——一方是否必须与对方分享收入或利润?

·为方便起见终止合同(Termination for Convenience)——一方是否可以无故终止合同?

·交易量限制(Volume Restriction)——如果一方对产品/服务的使用超过阈值,则需要增加费用或征得同意。

·保修期(Warranty Duration)——针对缺陷或错误的保修期是多长?

表2显示了每个语义类型的文档(即合同条款)的基本属性。长度(最小值、平均值、最大值)以词为单位进行测量。

表2　CUAD数据集属性

语义类型	总数(个)(count.)	最小值(min.len)	平均值(mean.len)	最大值(max.len)
反转让(Anti-assignment)	549	5	46.1	703
审计权(Audit Rights)	540	8	46.6	219
不起诉协定(Covenant not to Sue)	136	12	65.8	340

续表

语义类型	总数（个）（count.）	最小值（min.len）	平均值（mean.len）	最大值（max.len）
管辖法（Governing Law）	440	7	33.8	141
知识产权归属转让（IP Ownership Assignment）	252	6	61.5	217
保险（Insurance）	446	5	44.1	240
最低承诺（Minimum Commitment）	300	2	51.4	306
终止后服务（Post-termination Services）	336	14	70.2	275
收入－利润分享（Revenue-Profit Sharing）	311	10	49.7	210
为方便起见终止合同（Termination for Convenience）	195	4	38.4	333
交易量限制（Volume Restriction）	143	12	43.6	264
保修期（Warranty Duration）	135	10	48.3	145
总计（Overall）	3783	2	48.7	703

图 1（中）显示了条款类型的分布情况。没有一种类型在分布中占主导地位。较常见的类型，如反转让（Anti-assignment）或审计权（Audit Rights），出现的次数均超过 500 次，而较少代表的类型，如不起诉协定（Covenant not to Sue）或保修期（Warranty Duration），出现的次数仍超过 100 次。文件（合同条款）的基本属性见表 2。条款平均长度为 48.7 个单词，最长的句子有 703 个单词。除了上述描述的筛选之外，我们没有对该数据集进行任何其他转换。因此，我们将重点放在了 Hendrycks 等人所描述的一部分任务子集上。①

Hendrycks 等人指出，合同由法学生标注并由经验丰富的律师进行审核。法学生接受了由经验丰富的律师设计的 70～100 小时的标注培训。该过程得到了详尽的文件支持，文件详细说明了如何在超过一百页的合同中识别每个标签类别。数据集包括简要的、仅一句话的类型定义，这些定义是公开可用的。② 这些定义大致对应于上面提供的定义。我们在 GPT 模型的提示构建中利用了这些定义。

① Hendrycks, D., Burns, C., Chen, A., and Ball, S. (2021). "Cuad: an expert-annotated nlp dataset for legal contract review," in *35*th Conference on Neural Information Processing Systems (NeurIPS 2021) Track on Datasets and Benchmarks.

② Atticus 项目：Atticus 商业合同标签。载 https://www.atticusprojectai.org/atticus-labels，访问日期：2023 年 2 月 9 日。

（三）PHASYS 法规分析

在匹兹堡大学公共卫生研究生院，研究人员对与公共卫生系统（PHS）的应急准备和响应有关的州和地方法律法规进行了人工编码。他们使用这些代码生成、分析和比较网络图，这些图代表了各州公共卫生应急准备监管框架的各种功能特征。正如 Sweeney 等人所详细描述的，① 他们从法律信息全文服务中检索了相关法规的候选集，并确定了相关的文本跨度。然后，他们根据编码手册 ② 中的说明对相关跨度进行编码，将这些跨度的相关特征表示为数字编码序列。在这项工作中，我们将重点关注该编码的一个特定维度，即法律条文在以下三个方面的目的：

· 应急准备（Emergency Preparedness）——在灾难 / 紧急情况发生之前制订计划的活动，也称为"紧急准备"（Emergency Readiness）。

· 应急响应（Emergency Response）——在灾难 / 紧急情况发生后努力减轻其影响的活动。

· 应急恢复（Emergency Recovery）——在灾难 / 紧急情况结束后，应对其影响并试图恢复到正常状态而进行的活动。

表 3 显示了每个语义类型的文档（法律条款）的基本属性。长度（最小值、平均值、最大值）以词为单位进行测量。

表 3　PHASYS 数据集属性

语义类型	总数（个）（count.）	最小值（min.len）	平均值（mean.len）	最大值（max.len）
应急准备（Emergency Preparedness）	450	22	110.9	1062
应急响应（Emergency Response）	1231	22	145.7	6390
应急恢复（Emergency Recovery）	291	29	164.1	3459
总计（Overall）	1972	22	140.4	6390

① Sweeney, P. M., Bjerke, E., Potter, M., Guclu, H., Keane, C., Ashley, K., et al. (2013). "Network analysis of manually-encoded state laws and prospects for automatio," in Network Analysis in Law, eds R.Winkels, N. Lettieri, and S. Faro, p.53–77.

② PHASYS ARM 2—LEIP 编码手册。载 https://www.phasys.pitt.edu/pdf/Code_Book_Numerical_Defintions.pdf, 访问日期：2023 年 2 月 9 日。

将各州与紧急状况有关的法律规定按目的分类，有助于进行跨州比较。

按照 Savelka 等人所描述的方法，[①] 法律法规文本被自动划分为文本单元，这些文本单元通常是非连续的文本跨度，可以用引文作为参考。引文被理解为代表文档结构的树状结构中的唯一路径。每个文本单元包含可在该路径的每个节点上找到的文本片段。

图 1（右）显示了根据目的划分的条款类型的分布情况。响应（Response）类别明显占主导地位，共出现 1231 次（占比为 62.4%）。这一存在问题的类别不平衡产生了有趣的问题，值得进一步研究（第六部分）。文件（即法定条款）的基本属性见表 3。这些条款平均长度为 140.4 个词，最长的句子有 6390 个词。上述编码手册为三种类型分别提供了简短（一句话）的定义。这些定义与上文提供的定义大致对应。我们在构建 GPT 模型的提示时使用了这些定义。

四、实验

我们使用了多个系统和实验设置作为 GPT 模型在零样本设置中的基准。我们将介绍作为基准的模型、经过评估的 GPT 模型和实验设置。

（一）模型

1. 随机森林（Random forest）[②]

随机森林 [③] 是一种集成分类器，它在数据集的子样本上拟合多个决策树。它可以被理解为一个专家团队（决策树），每个专家团队检查不同的数据片段（子样本）。在所有专家分析完各自的数据后，他们会聚在一起，通过求平均值作出最终决定。这种方法不仅有助于提高预测准确率，还能防止过度拟合——这是一种常见的缺陷，即模型在训练数据上表现良好，但在未见数据上却无法泛化。作为随

① Savelka, J., Grabmair, M., and Ashley, K. D. (2014). "Mining information from statutory texts in multi-jurisdictional settings," in Legal Knowledge and Information Systems (Amsterdam: IOS Press), p.133–142.

② Random Forest（随机森林）是一种集成学习方法，属于机器学习中的监督学习算法，主要用于分类和回归任务。随机森林的基本思想是构建多个决策树，然后通过对这些决策树的结果进行整合来提高模型的性能和泛化能力。每个决策树都是基于对输入特征的随机子集进行训练的，这样可以增加模型的多样性，减少过拟合的风险。——译者注

③ Ho, T. K. (1995). "Random decision forests," in Proceedings of 3rd International Conference on Document Analysis and Recognition, Vol. 1 (Montreal, QC: IEEE), p.278–282.

机森林的实施，我们使用了 scikit-learn 的随机森林分类器模块。①

在我们的实验中加入随机森林模型，是为了将 GPT 模型与广受好评的传统机器学习技术进行比较。请注意，随机森林模型仍然无法像更先进的模型那样捕捉语义。还要注意的是，随机森林作为一种监督式机器学习模型，需要训练数据，这与所评估的 GPT 模型形成了鲜明对比，后者在零样本设置中不需要任何特定任务的训练数据。

2.RoBERTa②

根据 Vaswani 等人提出的变压器架构③的 BERT（来自变压器的双向编码器表示，bidirectional encoder representation from transformers）④受到了极大的欢迎。大量使用类似架构的模型被提出，如 RoBERTa⑤、ALBERT⑥或 T5⑦。这些模型的核心功能是对下游任务进行微调。原始模型通常在大型通用语言资源语料库（如维基百科或图书语料库）上进行训练，以执行弱监督任务，如掩码标记预测或下一句预测。对于下游任务，人们通常会在核心模型上添加一个小型层，用于处理特定类别的分类等任务，如本研究中的任务。然后，使用特定任务的数据集，从预训练阶段优化的参数开始，对增强模型进行进一步训练（微调）。

在这项工作中，我们使用了 Liu 等人描述的 RoBERTa（一种稳健优化的 BERT 预训练方法）。⑧在现有的模型中，我们选择使用较小的 roberta-base 模型，

① Scikit learn：随机森林分类器。可在线访问：https://scikit-learn.org/stable/modules/generated/sklearn.ensemble. RandomForestClassifier.html，访问日期：2023 年 2 月 5 日。

② RoBERTa（Robustly optimized BERT approach，鲁棒优化的 BERT 预训练方法）是由 Facebook AI Research（FAIR）于 2019 年提出的一种自然语言处理（NLP）领域的预训练模型，在 BERT（Bidirectional Encoder Representations from Transformers）模型的基础上进行了一些改进和优化，旨在解决 BERT 中一些限制和问题，如动态掩码、更长的训练序列、移除 NSP（Next Sentence Prediction）任务和更大的批量训练和更多的训练数据。——译者注

③ Vaswani, A., Shazeer, N., Parmar, N., Uszkoreit, J., Jones, L., Gomez, A. N., et al.（2017）. Attention is all you need. Adv. Neural Inf. Process. Syst. 30, p.5998–6008.

④ Devlin, J., Chang, M.-W., Lee, K., and Toutanova, K.（2018）. Bert：pre-training of deep bidirectional transformers for language understanding. arXiv [preprint]. doi：10.48550/arXiv. p.1810, 04805.

⑤ Liu, Y., Ott, M., Goyal, N., Du, J., Joshi, M., Chen, D., et al.（2019）. Roberta：a robustly optimized bert pretraining approach. arXiv [preprint]. doi：10.48550/arXiv. p.1907, 11692.

⑥ Lan, Z., Chen, M., Goodman, S., Gimpel, K., Sharma, P., and Soricut, R.（2019）. Albert：a lite bert for self-supervised learning of language representations. arXiv [preprint]. doi：10.48550/arXiv.1909.11942.

⑦ Raffel, C., Shazeer, N., Roberts, A., Lee, K., Narang, S., Matena, M., et al.（2019）. Exploring the limits of transfer learning with a unified text-to-text transformer. arXiv [preprint]. doi：10.5555/3455716.3455856.

⑧ Liu, Y., Ott, M., Goyal, N., Du, J., Joshi, M., Chen, D., et al.（2019）. Roberta：a robustly optimized bert pretraining approach. arXiv [preprint]. doi：10.48550/arXiv. p.1907, 11692.

该模型有 1.25 亿个参数。RoBERTa 采用与 BERT 相同的架构。不过，Liu 等人对 BERT 的预训练进行了复制研究，发现 BERT 的训练明显不足。他们利用由此获得的洞察，提出了一种更好的预训练程序。他们所做的修改包括：用更大的批次和更多的数据进行更长时间的训练，移除下一个句子的预测目标，在平均更长的序列上进行训练（仍限于 512 个标记），以及动态改变应用于训练数据的掩码模式。需要注意的是，还有其他一些模型可能比本研究中使用的 roberta-base 模型性能更好。例如，更大的模型可能会获得更好的性能。此外，还有一些在法律文本上预先训练过的模型，如 Chalkidis 等人[①]或 Zheng 等人[②]提出的模型。不过，本文的目的并不是要与最先进的模型相匹配或超越它们。本文旨在说明，现代 GPT 模型在零样本环境下也能有相当好的表现。因此，本文将广泛使用的经过微调的 roberta-base 作为上限基准。请注意，微调步骤需要特定任务的注释数据。

3.Generative pre-trained transformers（GPT）[③]

原始的 GPT 模型[④]是一个仅有 12 层解码器的变换器，具有掩码自注意头（Masked self-attention heads）[⑤]，其核心能力同样是对下游任务进行微调。GPT-2 模型在很大程度上沿用了原始 GPT 模型的细节，并做了一些修改，如将行归一化（Layer Normalization）[⑥]移至每个子块的输入端，在第一个自注意块后增加行归一

---

① Chalkidis, I., Fergadiotis, M., Malakasiotis, P., Aletras, N., and Androutsopoulos, I. (2020). "Legal-bert: the muppets straight out of law school," in Findings of the Association for Computational Linguistics: EMNLP, p.2898–2904.

② Zheng, L., Guha, N., Anderson, B. R., Henderson, P., and Ho, D. E. (2021). "When does pretraining help? assessing self-supervised learning for law and the casehold dataset of 53, 000+ legal holdings," in Proceedings of the Eighteenth International Conference on Artificial Intelligence and Law (São Paulo), p.159–168.

③ "Generative Pre-trained Transformers"（GPT）是一系列由 OpenAI 开发的自然语言处理（NLP）模型。这个系列的模型采用了"预训练 – 微调"（pre-training and fine-tuning）的方法，首先在大规模的文本数据上进行预训练，然后在特定任务上进行微调以适应具体应用。——译者注

④ Radford, A., Narasimhan, K., Salimans, T., and Sutskever, I. (2018). Improving Language Understanding by Generative Pre-training.

⑤ "Masked self-attention heads"（掩码自注意头）是指在自注意力机制（self-attention mechanism）中的一种特殊实现方式。自注意力机制是 Transformer 模型中的关键组件，用于处理序列数据中不同位置之间的关联关系。"Masked self-attention heads" 中的 "masked" 表示在计算这些相似度时，会对当前位置之后的位置进行掩码，使得模型在预测当前位置时不会受到未来位置的影响。这种掩码确保了模型在生成序列时只能依赖于当前位置之前的信息，而不能使用未来的信息。——译者注

⑥ 在训练模型前，通常要对数据进行归一化处理来加速模型收敛。行归一化（Layer Normalization）又称"横向规范化"，是针对数据的每一行进行归一化，即只看一条数据，算出这条数据所有特征的均值，即对单个样本的所有维度来做归一化；与之相对的是列归一化（batch normalization），又称"纵向规范化"，是指针对数据的每一列特征进行归一化，是对同一 batch 内的数据的同一纬度做归一化。——译者注

化,以及修改初始化。与原始模型相比,它显示出了卓越的多任务学习能力。① 下一代 GPT 采用了与 GPT-2 几乎相同的架构。唯一不同的是,它在变换器层中交替使用密集和局部带状稀疏注意力模式。Brown 等人的研究重点是研究性能与模型大小的关系,他们训练了 8 个不同大小的模型(参数从 1.25 亿到 1750 亿)。其中最大的模型通常称为 GPT-3。这些模型的有趣特性是,它们似乎是非常强大的零样本和少样本学习者。这种能力似乎随着模型规模的增大而提高。② 最近发布的 GPT-4 模型的技术细节尚未披露,因为人们担心该技术可能会被滥用,而且生成式人工智能市场竞争激烈。③

在我们的实验中,我们使用了 gpt-4(GPT-4)、gpt-3.5-turbo(-16k)和 text-davinci-003(均为 GPT-3.5)模型。到目前为止,GPT-4 是 OpenAI 发布的最先进的模型。GPT-4 和 gpt-3.5-turbo(-16k)模型侧重于用户与系统之间的对话。另一方面,text-davinci-003 是一个更通用的模型,专注于文本补全。它建立在之前的 text-davinci-002 模型的基础上。④ 而 text-davinci-003 本身是基于 code-davinci-002 的。code-davinci-002 侧重于代码完成任务,有时也被称为 codex。⑤

(二)实验设计

1. 基准线

对于随机森林分类器,我们将三个数据集分别拆分为 10 个大小相似的子类。拆分是在评估文本片段所在的文档层面进行的。因此,来自特定文档的所有文本片段都被分配到同一个子类中(例如,来自单个 BVA 决策的所有句子)。这对防止来自单个文档的文本片段同时出现在训练集和测试集中非常重要。在交叉验证

---

① Radford, A., Wu, J., Child, R., Luan, D., Amodei, D., and Sutskever, I.(2019). Language Models are Unsupervised Multitask Learners.

② Brown, T., Mann, B., Ryder, N., Subbiah, M., Kaplan, J.D., Dhariwal, P., et al.(2020). Language models are few-shot learners. Adv. Neural Inf. Process. Syst. 33, 1877–1901. doi: 10.5555/3495724.3495883.

③ OpenAI(2023). Gpt-4 Technical Report.

④ Ouyang, L., Wu, J., Jiang, X., Almeida, D., Wainwright, C., Mishkin, P., et al.(2022). "Training language models to follow instructions with human feedback," in Advances in Neural Information Processing Systems(Cambridge, MA: MIT Press).

⑤ Chen, M., Tworek, J., Jun, H., Yuan, Q., Pinto, H. P. O., Kaplan, J., et al.(2021). Evaluating Large Language Models Trained on Code. OpenAI:研究人员的模型索引,载 https://beta.openai.com/docs/model-index-for-researchers/instructgpt-models,访问日期:2023 年 1 月 15 日。

的每次迭代中，我们都使用网格搜索（grid search）[①] 来选择最佳的超参数集（对训练集进行 5 倍内部交叉验证）。所考虑的超参数空间取决于所使用的 n-grams 类型（1-grams，{1 2}-grams 或 {1 2，3}-grams）、估计器数量（10，100）和最大树深度（8，无限制）。

我们在每个交叉验证子集的训练集上对基础 RoBERTa 模型进行了 10 次微调。[②] 我们采用了与评估随机森林性能相同的拆分方法，将序列长度设为 512，批量大小设为 16。作为优化器，我们采用了 Adam 算法，[③] 初始学习率设置为 4e-5。每次训练结束后，我们都会存储模型的检查点。在训练集上评估出的表现最佳的检查点被用来对相应的测试子集进行预测。

2.GPT

在评估通用（非微调）GPT 模型的性能时，我们使用了 OpenAi Python 库 [④]（OpenAI 的 REST API 的封装程序）将其应用于一批文本片段。[⑤] 为了尽量降低成本，我们尽可能地增大了批处理的大小。它们的大小受限于提示中可容纳的已评估文本片段的大小（GPT-4 为 8k 标记，gpt-3.5-turbo 和 text-davinci-003 为 4k 标记，gpt-3.5-turbo-16k 为 16k 标记），同时还要留有足够的空间用于完成预测。对于 text-davinci-003，我们重复了 Savelka 中进行的基准实验，[⑥] 其中 BVA 判决句的批量大小设置为 50，CUAD 合同条款的批量大小设置为 20，PHASYS 法律法规条款的批量大小设置为 10。在这项工作中，我们对 GPT-4 和 gpt-3.5-turbo（-16k）使用动态大小的批次，在上述提示限制允许的范围内将尽可能多的数据点放入一个批次中。

为了生成自动预测，我们将每个批次嵌入如图 2～图 4 所示的提示模板中。在这些图中，{{document_type}} 标记被替换为“裁决决定（adjudicatory

① Scikit learn：GridSearchCV。可在线访问：https：//scikit-learn. org/stable/modules/generated/sklearn.model_selection.GridSearchCV.html。网格搜索（grid search）是一种自动化的方式，用于搜索定义机器模型架构的各种参数（称为超参数）的最优值。

② 在每个时期中，模型循环遍历一次所有训练数据。

③ Kingma，D. P.，and Ba，J.（2014）. Adam：a method for stochastic optimization. *arXiv*[preprint]. doi：10.48550/arXiv.1412.6980.

④ GitHub：OpenAI Python 库，载 https：//github.com/openai/openai-python，访问日期：2023 年 2 月 9 日。

⑤ 包装器（Wrapper）封装了一个软件应用程序，使数据兼容或将复杂性抽象化。

⑥ Savelka，J.（2023）. Unlocking practical applications in legal domain：evaluation of gpt for zero-shot semantic annotation of legal texts. arXiv［preprint］. doi：10.1145/3594536.3595161.

decisions)"(BVA)、"合同(contracts)"(CUAD)或"法规和条例(statutes and regulations)"(PHASYS)。我们用类型系统中的语义类型名称替换 {{category_n_name}} 标记符,用相应的定义替换 {{category_n_definition}} 标记符。最后,标记为 {{text_snippet_n}} 的标记符会被替换为分析过的文本片段。模型将预测的标签列表作为响应返回(提示完成)。我们要强调的是,构建提示的重点是最大限度地提高成本效益,因此,所提议方法的可访问性可能会在一定程度上限制所评估的 GPT 模型的性能。

我们设置的 GPT 参数如下。Temperature 控制着输出的创造性:temperature 越高,输出的创造性越强,但也可能不那么符合事实。我们将其设置为 0.0,相当于没有随机性。top_p 参数与 temperature 有关,也会影响输出结果的创造性。我们将 top_p 设置为 1,建议将 temperature 设置为 0.0。max_tokens 参数控制输出的最大长度。我们将其设置为 500(一个标记大致相当于一个单词)。frequency_penalty 参数影响重复性。我们将其设置为 0,以确保不对重复施加任何惩罚来允许重复。最后,我们将相关参数 presence_penalty 设为 0,以确保不会对在输出中多次出现的标记进行惩罚,这种情况在我们的使用案例中经常出现。

```
You are a legal annotation assisstant focused on analyzing sentences
coming from {{document_type}} in terms of the following categories:
                                            ❷                    ❶
1. {{category_1_name}} ❸
Definition: {{category_1_definition}} ❹

2. {{category_2_name}}
Definition: {{category_2_definition}}

[...]
```

图 2　GPT-4 和 gpt-3.5-turbo(-16k)模型的系统提示模板

注:前言①用来激活模型以生成语义类型预测;文档类型标记 {{document_type}} ②根据数据集被替换为文档类型(例如,BVA 替换为"裁决决定");类别 _n_ 名称标记 {{category_n_name}} ③用语义类型的名称代替;类别 _n_ 定义标记 {{category_n_definition}} ④用相应的定义代替。

```
SENTENCES
Snippet 1: {{text_snippet_1}}  #
Snippet 2: {{text_snippet_2}}

[...]

EXPECTED OUTPUT
Return only the labels for the snippets above. Do not return any
other text. Use the following format:

Snippet 1: <LABEL>
Snippet 2: <LABEL>
Snippet 3: <LABEL>
...
```

图 3　GPT-4 和 gpt-3.5-turbo(-16k)模型的用户提示模板

注：文本 _ 片段 _n 标记 {{text_snippet_n}}(#)被替换为分析后的文本片段。

3. 评估指标

我们使用精确度(P)、召回率(R)和 F_1 值(F_1)(传统的信息检索度量标准)来评估各个系统的性能。① 性能评估是针对每个语义类型的个别文本片段进行的。因此，语义类型 T^j 的 P^j、R^j 和 F_1^j 计算如下：

$$P^j = \sum_{i=1}^{|S|} \frac{t_h(s_i) = T_j \wedge t_a(s_i) = T_j}{t_a(s_i) = T_j}$$

$$R^j = \sum_{i=1}^{|S|} \frac{t_h(s_i) = T_j \wedge t_a(s_i) = T_j}{t_h(s_i) = T_j}$$

$$F_1^j = \frac{2P^j R^j}{P^j + R^j}$$

S 代表数据集中所有文本片段的集合(如 BVA 决定中的所有句子)；T_j 代表特定类型(如拨款 *Funding*)；$t_h(s_i)$代表人类专家对句子 s_i 的语义标注；$t_a(s_i)$是自动生成的句子 s_i 的语义标注。每个数据集的整体 P、R 和 F_1 度量都是在微观层面计算的。

① 精确度(Precision)是正确的正面预测数与正面预测总数的比率。召回率(Recall)是正确的正面预测数与正面预测实例数之比。F_1 值是精确度和召回率的调和平均值，这两个指标同等重要。

```
TASK
We are analyzing short text snippets coming from {{document_type}}
in terms of the following categories:❶                   ❷

1. {{category_1_name}}
Definition: {{category_1_definition}}

2. {{category_2_name}}❸
Definition: {{category_2_definition}}❹

[...]

TEXT SNIPPETS          ❺
Snippet 1: {{text_snippet_1}}
Snippet 2: {{text_snippet_2}}
[...]

LABELS:
Snippet 1:
```

图 4 text-davinci-003 模型的提示模版

注:前言①用来激活模型以生成语义类型预测;文档类型标记 {{document_type}} ②根据数据集被替换为文档类型(例如,BVA 替换为“裁决决定”);类别 _n_ 名称标记 {{category_n_name}} ③用语义类型的名称代替;类别 _n_ 定义标记 {{category_n_definition}} ④用相应的定义代替;文本 _ 片段 _n 标记 {{text_snippet_n}} ⑤被替换为分析后的文本片段。

五、结果

表 4 显示了将 GPT 模型和基准模型应用于涉及裁决意见(BVA)、合同条款(CUAD)和法律法规条款(PHASYS)的三项任务的实验结果。似乎零样本 GPT 模型的表现相当不错。特别是当我们考虑到这些模型仅仅是根据带有一句话描述的类型列表来运行时,这一点就更加明显了。零样本模型甚至在与在域数据上训练的监督式机器学习算法相比时,表现得相当有竞争力。监督模型是在大量可用数据(几千个示例)上训练出来的,而 GPT 模型尚未在任何域内注释示例上进行过训练。GPT-4 模型在 BVA 和 CUAD 任务上的表现甚至与随机森林模型不相上下。但它与经过微调的 RoBERTa 模型的性能不匹配,这是意料之中的。值得注意的是,RoBERTa 模型利用了成千上万的特定任务注释数据来达到所报告的性能,而 GPT-4 模型则无法访问任何此类数据。gpt-3.5-turbo(-16k)模型的性能略低于 GPT-4 模型。这并不奇怪,因为 GPT-4 是一个功能更强大、价格更昂贵的模型。有趣的是,性价比较高的 gpt-3.5-turbo 模型与价格昂贵得多的 text-davinci-003 性能相当。gpt-3.5-turbo-16k 的性能较低,很可能是由于提示符的规模较大,单个批次中可能包含了太多的数据点。

表 4　实验结果

—	RandF			BERT			td−003			gpt−3.5			gpt−16k			gpt−4		
	P	R	F1	P	R	F1	P	R	F1	P	R	F1	P	R	F1	P	R	F1
BVA	0.84	0.84	0.83	0.92	0.92	0.92	0.81	0.70	0.73	0.80	0.68	0.71	0.73	0.53	0.57	0.84	0.81	0.82
Citation	0.99	0.98	0.99	1.0	1.0	1.0	0.98	0.94	0.96	0.95	0.90	0.92	0.86	0.40	0.55	0.97	0.88	0.92
Evidence	0.79	0.98	0.87	0.94	0.95	0.94	0.93	0.65	0.77	0.92	0.64	0.75	0.92	0.50	0.64	0.92	0.84	0.88
Finding	0.82	0.66	0.74	0.85	0.88	0.87	0.50	0.56	0.53	0.56	0.59	0.57	0.61	0.39	0.47	0.66	0.73	0.70
Legal rule	0.92	0.85	0.89	0.94	0.96	0.95	0.86	0.61	0.72	0.82	0.52	0.64	0.53	0.64	0.58	0.85	0.84	0.84
Reasoning	0.70	0.27	0.40	0.74	0.70	0.72	0.30	0.72	0.43	0.29	0.76	0.42	0.24	0.82	0.37	0.44	0.63	0.52
CUAD	0.89	0.89	0.89	0.95	0.95	0.95	0.84	0.84	0.83	0.87	0.86	0.86	0.81	0.80	0.80	0.90	0.90	0.90
Anti−assign0.	0.91	0.97	0.94	0.99	0.98	0.99	0.81	0.94	0.87	0.93	0.93	0.93	0.92	0.88	0.90	0.92	0.95	0.93
Audit rights	0.86	0.96	0.91	0.96	0.97	0.97	0.95	0.91	0.93	0.96	0.89	0.93	0.89	0.82	0.86	0.94	0.96	0.95
C0. not to sue	0.97	0.81	0.88	0.97	0.94	0.96	0.73	0.71	0.72	0.77	0.83	0.80	0.65	0.81	0.72	0.94	0.91	0.93
Governing law	1.0	1.0	1.0	0.99	1.0	1.0	0.99	1.0	0.99	1.0	1.0	1.0	0.99	0.94	0.96	0.98	0.98	0.98
IP assignment	0.90	0.86	0.88	0.94	0.93	0.93	0.75	0.96	0.84	0.71	0.96	0.81	0.63	0.89	0.74	0.90	0.91	0.91
Insurance	0.94	0.97	0.95	0.97	0.97	0.97	0.97	0.95	0.96	0.98	0.95	0.97	0.96	0.87	0.92	0.96	0.98	0.97
Min. commit.	0.82	0.79	0.80	0.92	0.93	0.92	0.68	0.67	0.67	0.82	0.66	0.73	0.71	0.60	0.65	0.82	0.79	0.80
Post−term. S.	0.78	0.76	0.77	0.85	0.85	0.85	0.80	0.42	0.55	0.64	0.78	0.70	0.55	0.70	0.62	0.81	0.79	0.80
Profit sharing	0.82	0.92	0.87	0.94	0.94	0.94	0.76	0.81	0.78	0.88	0.87	0.87	0.77	0.81	0.79	0.91	0.89	0.90
Termination C.	0.90	0.88	0.89	0.95	0.96	0.96	0.83	0.96	0.89	0.85	0.93	0.89	0.80	0.84	0.82	0.86	0.97	0.91
Volume rest.	0.86	0.50	0.63	0.90	0.90	0.90	0.47	0.45	0.46	0.47	0.29	0.36	0.49	0.27	0.35	0.64	0.48	0.55

续表

—	RandF			BERT			td−003			gpt−3.5			gpt−16k			gpt−4		
	P	R	F1	P	R	F1	P	R	F1	P	R	F1	P	R	F1	P	R	F1
Warranty dur.	0.95	0.79	0.86	0.95	0.93	0.94	0.82	0.81	0.81	0.91	0.74	0.82	0.80	0.70	0.75	0.92	0.89	0.91
PHASYS	0.69	0.69	0.64	0.74	0.75	0.74	0.64	0.54	0.54	0.68	0.51	0.53	0.68	0.31	0.24	0.67	0.53	0.54
Response	0.69	0.95	0.80	0.80	0.84	0.82	0.72	0.57	0.63	0.79	0.44	0.56	0.83	0.11	0.20	0.78	0.43	0.55
Preparedness	0.63	0.18	0.28	0.64	0.56	0.60	0.33	0.68	0.45	0.32	0.83	0.46	0.25	0.97	0.39	0.33	0.82	0.47
Recovery	0.82	0.40	0.53	0.65	0.63	0.64	0.77	0.17	0.28	0.77	0.36	0.49	0.71	0.09	0.16	0.76	0.49	0.60

注：F1 分数表示性能。总体数据集统计（BVA、CUAD、PHASYS 行）使用微观精度（micro−P）、召回率（R）和 F1 分数表示。RandF 指随机森林，BERT 指基础 RoBERTa。td−003 部分报告了 text−davinci−003 模型的性能。gpt−3.5 和 gpt−16k 分别指的是 gpt−3.5−turbo（−16k）模型的性能。gpt−4 一栏报告了最强大的 GPT−4 模型的性能。粗体数值描述了模型在数据集上的整体性能。

表 5 中的三个混淆矩阵提供了 GPT-4 模型在零样本条件下性能的更详细信息。就 CUAD 合同条款而言，该系统似乎只能区分少数类别，如最低承诺（Minimum Commitment）、利润分享（Profit Sharing）或数量限制（Volume Restrictions）。至于 BVA 的裁决决定，“推理”（Reasoning）类似乎是问题最多的一类，该系统将大量的证据（Evidence）句子（654 例）错误地归类为推理（Reasoning）句子。PHASYS 法规条款似乎是最大的挑战，系统将大量的“应急响应”（Emergency Response）条款误标为“应急准备”（Emergency Preparedness）。

表 5　零样本学习条件下 GPT-4 模型的混淆矩阵

CUAD												
—	AA	AR	CS	GL	IP	IN	MC	PT	PS	TC	VR	WD
Anti-assignment	519	6	1	1	6	1	4	7	4	1	15	2
Audit rights	3	519	0	2	0	3	1	20	0	0	2	3
Cvnt. not to sue	1	0	124	0	0	0	0	3	0	1	3	0
Governing law	1	1	0	431	1	0	0	2	3	0	0	0
IP assignment	6	0	8	1	230	1	0	6	4	0	0	0
Insurance	3	1	0	1	1	435	0	9	3	0	0	0
Min.Commitment	2	1	0	2	0	0	237	1	9	2	34	2
Post-term.services	2	11	1	1	14	5	6	267	4	1	13	4
Profit sharing	0	1	0	0	0	1	9	11	278	1	5	0
Termination Cnv.	8	0	2	0	0	0	12	6	1	189	0	2
Volume restriction	4	0	0	1	0	0	26	1	5	0	69	2
Warranty duration	0	0	0	0	0	0	5	3	0	0	2	120

（a）

BVA					
—	CIT	EVD	FND	LR	RSN
Citation	982	1	1	25	6
Evidence	31	2020	26	4	107
Finding	3	59	354	5	112
Legal rule	86	5	12	782	36
reasoning	10	331	92	119	441

（b）

PHASYS			
—	RES	PRP	REC
Response	519	70	77
Preparedness	666	369	72
Recovery	38	6	142

（c）

注：表 5 中，列显示的是由人类专家指定的真实标签，行报告的是系统的预测结果。从模型在 CUAD 数据集上的详细表现可以看出，大多数类型都处理得相当成功。BVA 数据集的混淆矩阵显示，推理类型具有挑战性，并且经常与其他类型（Evidence，Legal Rule）混淆。PHASYS 数据集的性能表明，大量的“恢复（Recovery）条款”被预测为另外两种语义类型。同时，很大一部分“响应（Response）条款”被误标为“准备（Preparedness）条款”。

六、讨论

GPT 模型在零样本设置中的表现表明,该方法在从法律文件中提取的短文本片段的语义注释方面具有广阔的潜力。结果显示,零样本方法在许多依赖语义标注的现有工作流程(如合同审查或判例法分析)中具有可行性。该方法的各种应用(如独立应用、人机协作)可能会大大降低试验和执行此类工作流程的成本。操作 GPT 模型的技术门槛相对较低,某些变体(如 ChatGPT)甚至没有技术门槛。在实验方面,经济障碍也(几乎)不存在,并且当使用批量预测(如本文所采用的)在典型规模的文档集(如数百或数千份合同)上运行工作流程时,经济障碍也相对较低。

在本文中,我们将拟议方法的成本视为一个重要因素。这是因为零样本大型语言模型最有价值的好处可能是使涉及法律文件语义标注的复杂工作流程变得更加平民化。由于对专业技术和工作量规模的要求,目前只有一小部分精英法律团队可以使用此类工作流程。通过零样本大型语言模型进行语义标注的成本,将远远低于人工标注或基于监督式机器学习范式的现有企业解决方案。尽管如此,它仍可能产生不可忽略的成本。

为了便于分析,让我们考虑一下 text-davinci-003 目前的定价方案「比 GPT-4 便宜,但比 gpt-3.5-turbo(-16k)模型贵」,该方案基于模型提交和生成的标记数量。[①] 目前,费用设置为每 1000 个标记(包括完成)0.02 美元。假设我们希望最大限度地提高模型性能,不考虑成本,我们可以单独分析每个数据点(即文本片段),充分利用可用的提示符。这可能需要提供更详细的语义类型定义,以及提供更多的示例。虽然这可以提高文本片段分析任务的性能,但在本研究提出的三项任务中,交换的标记数量将大幅增加。

尽管实际上可能涉及更多的文件,但分析 50 份裁决书(如 BVA 语料库中的裁决书)的任务是相当现实的。[②] 使用本研究中采用的批量处理方法,这样的分析成本将不超过 9.26 美元。相反,如果最大化性能并分析每个提示的一个数据点,成本可能达到 462.96 美元。对 CUAD 而言,批量处理的差异是 15.50 美元,而单个数据点的成本是 309.98 美元;对于 PHASYS 而言,批量处理的差异是 16.16 美

---

① OpenAI:定价,载 https://openai.com/api/pricing/,访问日期:2023 年 2 月 11 日。

② 标记数的计算方法是:分析文本片段的数量乘以提示大小(4097),再除以批量大小(50)。

元，而单个数据点的成本是161.59美元。因此，假设文件数量与本研究中研究的数据集相当，批量处理方法的成本在几美元到最多几十美元的范围内。而逐个分析文本片段的方法可能达到数百美元的成本。虽然在许多用例中这样的成本仍然可以接受，但在其他许多情况下，它构成了一个显著的障碍。

在探讨了方法之间潜在成本的差异之后，我们还希望了解它们在性能上的差异。为此，我们在BVA数据集上进行了一次有限的实验，将（i）本研究中使用的批量处理方法与（ii）只有一个示例发生变化（而不是一批50个）的方法进行比较，其中的提示符保持完全相同。这个有限的实验在随机抽取的10个BVA决定（总计1175个句子）上进行。

表6报告了上述实验的结果。首先，很明显，将模型聚焦于预测单一标签而不是一批50个标签在一定程度上提高了性能。至于将F_1值从0.80提高到0.81是否能够证明成本增加12.6倍是合理的，这还是一个未决问题。答案可能取决于具体情况。虽然表6中列出的绝对货币数字可能看起来并不高，但现实的分析可能会涉及比本有限实验中的10条意见更多的意见。在这种情况下，成本的差异可能会决定分析是否经济可行或过于昂贵。需要注意的是，将过多的示例包含在单个提示符中可能会严重降低性能，正如gpt-3-5-turbo-16k的性能所示（见表4）。

表6　分批预测的效果

—	P	R	F1	Tokens	Cost
每批50个数据点（Batches of 50 data points）	0.85	0.78	0.80	71600	$1.43
每条提示一个（One per prompt）	0.87	0.79	0.81	897751	$17.96

注：此表显示了text-davinci-003模型在精确度（P）、召回率（R）和微观F_1度量（F_1）方面的性能。Tokens列报告了每种方法与模型交换的标记数量。Cost列估算了在本文发表时根据OpenAI对text-davinci-003模型的定价方案进行此类交换的成本。

零样本语义分析最令人兴奋的应用或许在于实现传统上需要手动执行或被认为是不可行的独特的工作流程。通常情况下，由具有稀缺和有价值专业知识的人进行手动注释的成本是不经济的。编写精确而详细的注释指南以及培训其他个体根据指南执行任务的成本可能同样高昂。因此，一种只需指定简洁（一句话长）的语义类型定义的方法很有吸引力。利用这种定义的大型语言模型的有效性至少可以通过以下方式进行有限的评估：（1）将模型应用于不超过几百个数据点；（2）专家手动检查预测结果。这种方法的吸引力同样适用于法学研究，尤其是实证法学研究。[①] 我们（乐观地）预计，在不久的将来，过去耗资巨大的大规模项目可能会成为常规工作。

七、局限性

虽然我们实验的结果令人鼓舞，但也存在明显的局限性。首先，模型的性能远非完美，零样本大型语言模型的性能与在数千个示例数据点上训练的微调语言模型系统的性能之间仍有差距。因此，在对语义标注不准确容忍度较低的工作流程中，零样本大型语言模型预测可能需要让人类专家参与其中。这种人机交互的结果可能是一个高质量的数据集，其规模能够对强大的领域自适应的大型语言模型进行微调。

零样本方法在三个数据集上的性能有所不同。在 CUAD 数据集上的表现似乎非常合理，但在 BVA 数据集上的表现则存在明显的局限性。具体来说，该模型在推理（Reasoning）类型上表现不佳。它将许多其他类型的句子误标为推理（Reasoning）类型，并且未能正确识别许多推理（Reasoning）类型的句子（见表 5）。这与监督式机器学习模型的表现一致。尽管与零样本 GPT 模型相比，经过微调的基础 RoBERTa 在处理这种语义类型时显然更加成功，但它仍然很吃力（F_1= 0.71）。随机森林模型的表现不如零样本模型。因此，正确识别这种类型可能需要极其细微的概念，而这些概念可能很难通过简洁的单句定义（零点样本 GPT 模型）或单词出现特征（随机森林）来获取。在这种情况下，所提出的方法可能（暂时）还不够强大，唯一可行的解决方案可能是对大型语言模型进行微调。

零样本 GPT 模型在 PHASYS 数据集上的表现并不十分令人满意，需要进一步研究。为了本研究的目的，我们确定了该数据集带来的几个挑战，这些挑战甚至给监督式机器学习模型也带来了困难（见表 4）。首先，该数据集明显不平衡，应急响应（Response）语义类型占据了可用数据点的 62.4%。其次，与其他两个数据集相比，语义类型的定义似乎不太清晰，质量也较低。PHASYS 注释指南通常

① Gray, M., Savelka, J., Wesley, O., and Ashley, K.D. (2023). "Automatic identification and empirical analysis of legally relevant factors," in ICAIL (Braga), p.101–110.

只列出类型的名称，甚至不包括定义。因此，我们假设该数据集的手动注释在很大程度上依赖于人工注释者的非正式专业知识，而这并未充分体现在注释指南中。最后，可能存在与 BVA 数据集中的推理（Reasoning）类型相同的问题。应急响应（Response）与应急准备（Preparedness）之间的细微差别可能过于微妙，无法用一个简洁的定义来概括。

与此相关的一个局限源于我们专注于涉及相对简短类型定义的注释任务，这些定义来自非层次化类型系统，描述相对简短的文本片段。在法律领域的各种任务中，需要处理更长的文本片段，这些片段涉及更复杂的定义或需要进行更精细的区分。例如，可能需要比较关于特定事实情况的法律论点的优劣势，或标记某些合同语言中固有的风险。在涉及更长、更复杂文档的情况下，使用基于 GPT 的模型可能需要更复杂的方法。

OpenAI 的 GPT 模型不断变化这一事实是本研究的另一个限制。我们使用的模型在未来可能不再可用。这一众所周知的局限性普遍影响了对 GPT 模型的研究。

八、结论

我们使用三个不同类型的法律文件语料库（裁判意见、合同条款和法律法规条款）对几个 OpenAI 的 GPT 模型进行了评估，涉及三个语义标注任务。我们在零样本设置中使用了这些模型。我们向模型提供了一个简洁的、一句话长度的语义类型定义列表。任务是将一批简短的文本片段分配到所定义的类别中。实验结果非常令人鼓舞，其中最成功的 GPT-4 模型在裁判决定句子的修辞作用方面达到了（微观）F_1= 0.82，在合同条款类型方面达到了 0.90，在公共卫生系统应急响应和准备的法律法规条款的目的方面达到了 0.54。

我们比较了批量注释法和逐个数据点逐个注释的方法，比较了预测的准确性以及它们的成本。虽然逐个数据点（文本片段）进行分析可以略微提高性能，但这种改进的分析成本远高于原来的方法（超过 10 倍）。我们的研究结果对于那些打算利用最先进的大型语言模型的功能来降低现有高负荷工作成本的法律专业人士、教育工作者和学者至关重要，这些工作涉及法律文件的语义标注，或者需要通过手动执行或监督式机器学习（经济上并不可行）的新型工作流程。这些大型语言模型的零样本能力有可能使原本只能为一小部分精英法律业务及其客户保留的复杂工作实现大众化，至少对于本文涉及的法律任务类型是这样的。

九、进一步的工作

尽管我们在大型语言模型对各种类型法律文本的语义注释性能研究获得了有价值的见解，但它仍然受到一些局限，还有很大的改进空间。因此，我们提出了几个未来工作的方向：

（1）使用示例来增强语义类型定义应该能够带来性能的提升。这值得进一步研究。

（2）在进行批量处理预测（在单个提示中分析多个文本片段）时，文本片段的顺序可能很重要。在我们的研究中，我们使用了随机排序。了解使用特定类型排序的效果，如文本片段在文档中出现的顺序，可能会带来有趣的见解。

（3）标签不平衡和/或语义类型的细微定义（如在PHASYS数据集中遇到的情况），似乎给零样本大型语言模型的法律文档语义标注带来了巨大的挑战。

（4）我们还设想，这种方法可以成功地与高速相似性注释框架①相结合，从而在资源稀缺的情况下实现高成本效益的注释。

数据可用性声明

BVA数据集可在https://github.com/LLTLab/VetClaims-JSON上在线获取（访问日期：2023年2月9日）。CUAD数据集可在https://www.atticusprojectai.org/cuad上在线获取（访问日期：2023年2月9日）。有关PHASYS数据集的可用性信息，请查阅https://www.phasys.pitt.edu/contact.html。本研究生成的数据是对数据点的预测标签。请求访问数据集的事宜，请联系KA，邮箱：ashley@pitt.edu，或JS，邮箱：jsavelka@cs.cmu.edu。

（编辑：吕玉赞）

---

① Westermann, H., Savelka, J., Walker, V. R., Ashley, K. D., and Benyekhlef, K.（2019）. "Computer-assisted creation of boolean search rules for text classification in the legal domain," in JURIX, Vol. 322（Amsterdam: IOS Press）, p.123; Westermann, H., Savelka, J., Walker, V. R., Ashley, K. D., and Benyekhlef, K.（2020）. "Sentence embeddings and high-speed similarity search for fast computer assisted annotation of legal documents," in JURIX, Vol. 334（Amsterdam: IOS Press）, p.164. 高速相似性注释框架（High-speed similarity annotation frameworks），通常用于处理大规模数据集中的相似性任务，其中需要快速而有效地对数据进行注释或分类。这些框架可能采用一种或多种技术，以加速相似性计算和注释过程。——译者注

附:《法律方法》稿约

《法律方法》是由华东政法大学法律方法论学科暨法律方法研究院编辑出版,陈金钊、谢晖教授共同主编的连续出版物。本出版物自2002年创办以来已出版多卷,2007年入选CSSCI来源集刊,并继续入选近年来CSSCI来源集刊。从2019年起,本出版物每年拟出版3至4卷。作为我国法律方法论研究的一方重要阵地,我们诚挚欢迎海内外理论与实务界人士惠赐稿件。

稿件请以法律方法研究为主题(含译文),包括部门法学领域有关法律方法的研究论文。稿件字数应在1万~2万字为宜。本出版物审稿实行明确的三审制度,对来稿以学术价值与质量为采稿标准,并由编辑委员会集体讨论提出相应的最终用稿意见。本出版物已实行独立作者署名的制度。本出版物将不断推进实施用稿与编辑质量提升计划。

一、栏目设置

本出版物逐渐形成一些相对固定的栏目,如域外法律方法、法律方法基础理论、司法方法论、部门法方法论等。当然,也会根据当期稿件情况,相应设置一定的主题研讨栏目。

二、版权问题

为适应我国信息化建设,扩大本出版物及作者知识信息交流渠道,本出版物已被《中国学术期刊网络出版总库》及CNKI系列数据库收录,其作者文章著作权使用费与本出版物稿酬一次性给付。如作者不同意文章被收录,请在来稿时声明,本出版物将做适当处理。

三、来稿要求

1. 本出版物属于专业研究连续出版物,只刊登有关法律方法论研究方面的稿件,故请将这方面的作品投稿本出版物。

2. 稿件须是未曾在任何别的专著、文集、网络上出版、发表或挂出,否则本出版物无法采用。

3. 来稿如是译文,需要提供外文原文和已获得版权的证明(书面或电子版均可)。

4. 来稿请将电子版发到本出版物收稿邮箱 falvfangfa@163.com 即可,不需邮寄纸质稿件。发电子邮件投稿时,请在主题栏注明作者姓名与论文篇名;请用附件 Word 文档投稿,文件名也应包括作者姓名和论文篇名。请把作者联系方式(地址、邮编、电话、电子信箱等)注明在文档首页上,以便于联系。

5. 本出版物一般在每年的 6 月和 12 月前集中审稿,请在此之前投稿。本出版物不收任何形式的版面费,稿件一经采用即通知作者,出版后邮寄样书。

6. 来稿需要有中文摘要(300 字左右)、关键词(3～5 个)。欢迎在稿件中注明基金项目。作者简介包括:姓名,性别,籍贯,工作(学习)单位与职称、学历和研究方向。

7. 为方便作者和读者,稿件注释请采用页下脚注,注释序号用"①②③…"即可,采用连续注形式。非直接引用原文时,注释前需要加"参见";引用非原始资料时,需要注明"转引自"。每个注释即便是与前面一样,也要标注完整,不要出现"同前注…""同上"。正文中注释序号的位置,应统一放在引用语句标点之后。

四、注释引用范例

1. 期刊论文

陈金钊:《法治之理的意义诠释》,载《法学》2015 年第 8 期,第 20 页。

参见匡爱民、严杨:《论我国案例指导制度的构建》,载《中央民族大学学报(哲学社会科学版)》2009 年第 6 期,第 65 页。

2. 文集论文

参见焦宝乾:《也论法律人思维的独特性》,载陈金钊、谢晖主编:《法律方法》(第 22 卷),中国法制出版社 2017 年版,第 119-120 页。

3. 专著

参见王泽鉴:《民法思维:请求权基础理论体系》,北京大学出版社 2009 年版,第 165-166 页。

4. 译著

[德]卡尔·拉伦茨:《法学方法论》,陈爱娥译,商务印书馆 2005 年版,第 160 页。

5. 教材

张文显主编:《法理学》(第 4 版),高等教育出版社 2011 年版,第 274 页。

6. 报纸文章

葛洪义:《法律论证的"度":一个制度问题》,载《人民法院报》2005 年 7 月 4 日,第 5 版。

7. 学位论文

参见孙光宁:《可接受性:法律方法的一个分析视角》,山东大学 2010 年博士论文,第 182 页。

8. 网络文章

参见傅攀峰:《中国法域外适用的立法现状及其完善》,载中国法学网 http://iolaw.cssn.cn/zxzp/202210/t20221019_5550387.shtml,最后访问日期:2022 年 12 月 20 日。

9. 外文文献

See Joseph Raz, "Legal Principles and The Limits of Law", Yale Law Journal, vol.81, 1972, p.839.

See Aleksander Peczenik, On Law and Reason, Dordrecht/Boston/London: Kluwer Academic Publishers, 1989, p.114-116.

Tom Ginsburg, "East Asian Constitutionalism in Comparative Perspective", in Albert H. Y. Chen, ed., Constitutionalism in Asia in the Early Twenty-First Century, Cambridge: Cambridge University Press, 2014, p.39.

引用英文以外的外文文献请依照其习惯。

《法律方法》编辑部

2024 年 1 月